마르틴 루터의 영향력을 매력적으로 풀어내는 책이다. 루터는 단지 루터파 교인만을 위해서가 아니라, 기독교 전체에 깊은 발자취를 남겼다. 더욱 놀라운 점은, 신앙이 있든 없든 모든 사람이 어떤 형태로든 그의 영향 아래 있다는 사실이다. 나는 루터가 기독교 세계관과 거리가 먼 사람들을 위해서도 종교개혁을 이루었다고 감히 말하고 싶다. 칼 야스퍼스가 학생들에게 늘 강조했듯이, 해석보다 소통이 중요하다. 한스 슈바르츠에게 루터는 누구나 이해하고 공감할 수 있도록 소통한 인물이며, 이 책을 통해 모든 독자가 기독교 문화와 그 가치의 방향성을 더 깊이 이해하게 될 것이다. 이 책은 (하인츠 실링의 《마르틴 루터》와 같은) 다른 주목할 만한 작품과 어깨를 나란히 할 뛰어난 작품으로, 예리한 통찰과 예상치 못한 비교를 통해 루터의 입장을 명확하게 부각하면서 독자에게 즐거움을 준다. 종교와 역사에 관한 다양한 해석이 넘쳐나는 오늘날, 종교개혁의 의미를 찾는 진지한 학생과 평신도에게 꼭 필요한 책이다. 모든 독자에게 진심으로 추천한다.

전영호, 세인트폴 신학대학원 조직신학 명예 교수

16세기 당대와 루터교를 넘어 모든 교회의 예언자이자 스승으로서 깊은 영향력을 발휘한 마르틴 루터와 그의 신학을 탄탄하게 풀어낸 책이다. 한스 슈바르츠는 루터와 종교개혁에 대한 방대한 지식을 생생하고 이해하기 쉬운 이야기로 간결하게 정리하여, 루터 신학의 핵심 주제들과 현대의 적용 방식에 대한 제안을 우리에게 제시한다. 전통적인 주제들 외에도, 점성술을 거부하고 과학에 열려 있었던 루터를 소개하는 흥미로운 부분도 포함되어 있다.

존 플레스, 컨콜디아 신학교 목회학 및 선교학 교수

한스 슈바르츠는 마르틴 루터의 신학이 일반적인 인식보다 훨씬 다양한 방식으로 우리 문화에 깊은 흔적을 남겨 왔다는 점을 자세하고도 이해하기 쉽게 설명한다. 루터교인이 아니더라도, 심지어 그리스도인이 아니더라도 루터에 대해 알 필요가 있다. 저자는 루터의 지혜가 현대인의 삶에 어떻게 스며들 수 있는지 보여 주며, 오늘날의 경제적·사회적 불평등과 과학의 역할 같은 사회적 관심사를 루터의 관점에서 조명한다. 많은 신학자들이 루터를 현실과 동떨어진 방식으로 다루지만, 이 책은 그런 거리감을 허문다.

마크 매츠, 그랜드 뷰 대학교 신학부 학과장

모두를 위한 루터

LUTHER FOR EVERYONE
by Hans Schwarz

Copyright ⓒ 2024 by Fortress Press
Translated from the German by Hans Schwarz

Luther für Nichtlutheraner
Copyright ⓒ 2021 by Brill Ferdinand Schöningh

All rights reserved.

This Korea translation copyright ⓒ 2025 by Viator Inc.
This Korean translation of *LUTHER FOR EVERYONE* is published by arrangement with Hans Schwarz.

이 한국어판 저작권은 한스 슈바르츠와 독점 계약한 비아토르에 있습니다. 신 저작권법에 의해 한국 내에서 보호를 받는 저작물이므로 무단전재와 무단복제를 금합니다.

모두를 위한 루터

한스 슈바르츠 | 최주훈 옮김

✝

𝕷𝖚𝖙𝖍𝖊𝖗 𝖋𝖔𝖗 𝕰𝖛𝖊𝖗𝖞𝖔𝖓𝖊

교회 너머 문명을 움직인 개혁가

차례

한국어판 서문	9
서문	13
들어가는 글	16
참고 문헌	339
약어표	342
주	343

1	신앙의 기본 원리	25
2	세계를 향한 개혁	41
3	'오직 은혜로': 루터파를 넘어	65
4	헤아릴 수 없는 하나님	87
5	복음은 율법이 아니다	121
6	하나님의 두 통치	141
7	모두를 위한 교육	169
8	소명은 사제만의 것이 아니다	191
9	소통의 정석	213
10	약탈적 자본주의에 반대하며	227
11	과학에 열려 있는 기독교 신앙	253
12	점성술은 미래를 보여 주지 않는다	263
13	그리스도인의 결혼	277
14	행복한 예배	301
15	마르틴 루터: 이단인가, 성인인가, 개혁자인가?	325

한국어판 서문

한국 개신교 신자 대부분이 장로교 신자인데 왜 한국 사람들이 마르틴 루터에 관심을 가져야 할까? 이유는 간단하다. 장로교는 종교개혁의 개혁파 전통에 뿌리를 두고 있기 때문이다. 1529년 마르부르크 종교 대화에서 개혁파의 훌드리히 츠빙글리와 루터는 15개 항목 중 14개에 동의할 정도로 신학적으로 가까웠다. 하지만 루터의 영향은 장로교의 토대를 닦은 장 칼뱅에게서 더 뚜렷하게 드러난다. 칼뱅은 루터를 직접 만나지 않았지만, 그를 '교회의 가장 훌륭한 목자'라 부르며 깊이 존경했다. 칼뱅이 개혁파 예배에 시편 찬송가를 도입한 것도 루터의 아이디어를 빌려온 것이다. 루터는 종교개혁의 선구자로, 그의 영향력은 종교개혁 반대자들이 '이단'이라는 뜻을 담아 루터와 그와 함께하는 교인들을 '루터파Lutheran'라고 부를 만큼 강력했다.

실제로 마르틴 루터는 종교개혁 운동에서 중요한 인물로, 여러 사람과 관계를 맺으며 큰 영향을 끼쳤다. 예를 들어, 잉글랜드의 헨리 8세와는 문서로 논쟁을 벌였고, 왕이 결혼 문제로 루터에게 조언을 구한 적도 있다. 헝가리에서는 1526년 모하치 전투에서 남편을 잃은 마리아 여왕에게 "네 편의 위로의 시"를 보내기도 했는데, 그는 보름스 회의에서 루터를 비판했던 황제 카를 5세의 여동생이었다. 이 인연 덕분에 1502년에 세워진 비텐베르크 대학교가 신학과 자연과학 분야에서 독일 최고의 교육 중심지로 성장했다. 이 대학은 종교개혁 시기에 유럽 각지에서 온 사람들로 북적이며, 유럽 내 학생 수가 가장 많은 대학으로 발돋움하게 된다.

루터는 성경을 독일어로 번역하며 현대 독일어의 기초를 세운 인물이기도 하다. 16세기 독일에서는 교육이 주로 남학생만의 특권이었지만 그는 남녀 모두 교육받기를 장려했고, 덕분에 독일 개신교는 가톨릭보다 오랫동안 교육에서 앞서갈 수 있었다. 그는 일상에서 사람들에게 조언을 주는 상담자 역할로도 유명했다. 예를 들어, 주교와 레겐스부르크 시의회가 성모 마리아 교회 순례 수입이나 이자 지급의 합법성 문제로 다툴 때, 시의회 측에서 루터에게 해결책을 묻기도 했다.

사회적으로도 루터의 영향은 상당하다. 중세 가톨릭교회는 이자를 금지했지만, 실상은 높은 이자율로 사람들이 빈곤에 빠지는 일이 허다했다. 루터는 이런 문제를 비판하며 경제적 정의를 고민했고, 이는 로마가톨릭 교회에도 간접적인 영향을 미쳤다. 그 외에도 그가 교회 내에 끼친 영향력을 무시할 수 없다. 예를 들어, 이전에 없던 성직자와 평신도를 위한 교육 활동이라든지 예배를 위해 회중 찬송가를 만든 것도 루터의 영향이다.

기독교와 직접 관련이 없더라도 마르틴 루터는 중요하다. 오늘날 우리는 '법'이라는 틀 안에서 살아가지만, 그보다 더 강하게 우리를 묶는 것은 전통과 문화의 규범이다. 루터도 하나님을 섬기기 위해 수도원에 들어갔을 때 이런 제약을 느꼈다. 하지만 그는 인간으로서 하나님을 완벽히 만족시킬 수 없다는 사실을 깨달았다. 누구나 그렇듯 그에게도 부족함이 있었고, 우울과 절망에 빠지기도 했다. 그러나 루터는 복음에서 자유를 발견하며 이를 극복하게 된다. 그리고 마침내 하나님을 더 이상 율법으로 억압하는 분이 아니라, 우리의 약점과 장점을 모두 받아 주시는 분으로 믿게 되었다. 하나님은 우리 모두가 그 자비로운 은총에 감사로 응답하며 살기를 바라신다.

루터가 말하는 그리스도인은 일상의 모든 구속에서 벗어난 자유로운 삶을 누리는 존재다. 하지만 그리스도인의 자유는 무책임한 방종이 아니라, 하나님의 사랑에 감사하며 살아가는 자유를 뜻한다. 루터와 그의 후계자들이 전한 윤리는 억지로 규칙을 따르는 의무가 아니라, 우리의 불완전함에도 불구하고 은혜에 감사로 응답하는 삶의 태도다. 이것이야말로 루터가 말씀에서 깨달은 핵심이며, 칼뱅 같은 개혁자들이 이어 간 정신이다. 한국의 그리스도인들에게도 루터는 하나님 앞에서 자유롭고 감사하는 삶을 살도록 이끄는 영감의 원천이 될 것이다. 이 글을 한국어로 번역해 준 최주훈 박사에게 깊이 감사드린다.

2024년 12월
한스 슈바르츠

서문

 마르틴 루터에 관한 서적은 이미 넘쳐난다. 2017년 루터의 95개 논제 발표 500주년을 맞아, 이 종교개혁자에 관한 수십 권의 책이 출간되었다. 이제는 루터교회 전통과 무관한 독자들도 쉽게 루터 관련 서적을 접할 수 있다. 그럼에도 이 저서를 집필하게 된 계기는 가톨릭 출판사 쉐닝의 대표 마르틴 일러트의 제안 때문이었다. 루터에게 관심 있는 이들에게 관련 문헌은 이미 풍부하겠지만, 그에 대해 아무것도 모르거나 관련이 없는 독자라면 상황이 다를 것이다. 일러트의 제안을 수락한 이유는 루터가 단지 루터교회만을 위한 인물이 아니기 때문이다. 그는 단순히 루터파를 창시한 종교개혁자가 아니며, 그의 영향력은 루터교회와 종교개혁 시대를 훨씬 넘어선다. 그는 매우 구체적인 방식으로 새로운 시대를 만들어 나간 인물이다. 예컨대, 종교개혁 당시 가톨릭 도시였던 레겐스부르크의 사례를 보면 알 수 있다. 이 도시에는 아름다운 성모 마리아상이 있었고, 그 앞에서 기도하는 순례자들의 행렬이 끊이지 않았다. 여기서 발생한 수익금의 귀속을 두고 레겐스부르크 주교와 시민들이 갈등을 빚고 있을 때, 시의회는 누가 그 수익을 가져가야 하는지에 대해 루터에게 자문을 구했다.

목회 방문차 독일을 세 차례 찾아간 교황 요한 바오로 2세가 루터와 종교개혁을 명시적으로 언급한 것은 그리 놀라운 일이 아니었다. 많은 국가의 그리스도인들이 여러 교파가 공존하는 환경에 살고 있다. 따라서 개신교인이라도 로마가톨릭 전통의 뿌리와 주요 가치를 이해할 필요가 있고, 그 반대도 마찬가지다. 하지만 지금까지 마르틴 루터는 가톨릭 신자들에게, 심지어 같은 개신교 내에서도 거의 알려져 있지 않고, 그래서 종종 의심의 대상이 되곤 한다. 이런 오해를 해소하기 위해서라도 우리는 그를 더 깊이 이해할 필요가 있다.

이 책은 마르틴 루터와 그의 사상을 옹호하려는 의도로 쓴 것이 아니다. 오히려 나는 오늘날 우리 교회와 사회가 그에게 어떤 빚을 지고 있는지를 설명하려고 한다. 루터의 영향력이 교회의 영역을 넘어선다는 사실은 분명하지만, 사람들은 종종 이를 간과하고 '루터와 유대인' 같은 자극적인 주제로 축소시키곤 한다. 하지만 우리는 루터가 신이나 성인이 아니라 다른 사람들과 마찬가지로 약점을 지닌 '시대의 아들'임을 기억해야 한다. 이것이 이 책의 핵심 주제는 아니지만, 간과해서도 안 될 중요한 지점이다. 이 책의 초점은 루터가 그리스도인의 신앙과 사회에 유익을 끼친 방식에 맞추어질 것이다.

본래 독일에서 출간된 책을 미국에서 출간할 수 있게 해 준 포트리스 출판사의 윌 베르캄프와 라이언 헤머에게 감사한다. 관련 자료를 모으고 문장을 다듬어 준 레겐스부르크 대학교의 안드레아 바우어에게도 감사드린다. 마지막으로, 사랑하는 아내에게 감사를 전한다. 다음 책은 천천히 쓰겠다고 약속했는데, 그 약속을 어긴 줄 알고도 아무 말 없이 작업에 전념할 수 있게 해 준 아내가 없었다면 이 책이 나올 수 없었을 것이다. 이제야 서로를 위해 더 많은 시간을 갖게 되었다.

2020년 여름
레겐스부르크에서
한스 슈바르츠

들어가는 글

로마가톨릭이나 정교회 신자가 마르틴 루터에게 관심 가져야 할 이유가 무엇일까? 가톨릭 신자에게 루터는 교회를 분열시킨 골칫덩어리였고, 정교회 교인에게는 관심도 없는 먼 이방인 아니던가? 그리고 이것은 루터에게도 마찬가지 아니었을까? 루터는 고대 교회가 합의한 보편공의회의 결정을 존중하고 이를 고수했지만, 총대주교, 대주교, 관구장 같은 정교회 직제나 이콘 공경 같은 정교회 신학의 핵심 주제들과 아무런 관련이 없다. 그렇다면 왜 군이 이 책의 제목을 "모두를 위한 루터"라고 붙여야 할까?

학창 시절에 경험한 에피소드를 하나 소개하겠다. 나는 신학과 영문학을 함께 공부했는데, 학점 이수를 위해 프랑스어도 배워야 했다. 프랑스어 첫 시간에 '제단' '그리스도의 몸' '성체' 같은 신학 용어들이 툭툭 튀어나왔다. 그러자 몇몇 학생들이 불평하며, 그런 용어는 교회에서나 사용되는 것이니 여기서 다룰 필요가 없다고 따졌다. 하지만 강사였던 죄벨라인 선생은 이 어휘들은 교양 교육의 일부이니 빠짐없이 배워야 한다며 단호하게 응수했던 기억이 난다. 루터를 배워야 하는 이유도 이와 같다. 그가 누구인지, 무슨 말을 했고 어떤 흔적을 남겼는지 배워야 하는 까닭은, 그가 루터파에만 제한되지 않고 교양 교육에서도 빠질 수 없는 인물이기 때문이다. 루터교회 교인이 가톨릭 신학자인 토마스 아퀴나스나 칼 라너를 배워야 하는 것처럼 말이다.

절친한 친구인 그리스 정교회 수도원장이 언젠가 내게 이런 말을 했다. "한스, 당신네(루터교인)도 성례라는 게 있는가?" 나는 루터교회에도 세례와 성만찬이 있음을 설명해 준 다음, 성례로 규정하지는 않지만 결혼예식이나 견신례, 목사 임직을 위한 안수례 같은 것도 교회에서 거행한다고 곁들여 설명해 주었다. 그러자 그 친구가 "어? 우리랑 거의 같네" 하며 굉장히 신기다는 반응을 보였다. 단적인 에피소드지만, 서로에 대해 알수록 우리는 서로 깊이 이해하게 된다. 하지만 현실을 보면, 우리는 다른 교회 전통과 역사에 처참할 정도로 무지하다. 종종 서로에 대한 무지가 편견을 일으키고 종국에는 쓸데없는 갈등을 만들어 혐오를 일삼기도 한다. 당신이 루터교회 신자가 아니더라도 루터를 알아야 할 중요한 이유가 여기 있다. 혹시 신실한 당신도 루터를 이단 혹은 교회 분열의 원흉으로 생각하지는 않는가?

　　루터에 대해 별 관심이 없는 사람도 종교개혁의 영향에서 벗어나기란 쉽지 않다. 의심의 여지 없이 그 영향은 광범위하며, 이 사실은 마르틴 루터가 95개 논제를 발표한 지 500주년이 되던 2017년에 좀 더 분명하게 드러났다. 독일에서는 2008년부터 10년 동안 다양한 문화 이벤트를 주최하며 종교개혁 500주년이라는 역사적인 해를 준비했다. 전 세계가 관심을 보인 10년간의 종교개혁 기념행사는 다양한 관점으로 기획되었고, 전시회, 음악회 및 다양한 문화 행사가 독일 전역에서 열렸다. "종교개혁과 자유"(2011), "종교개혁과 음악"(2012), "종교개혁과 정치"(2014) 등 해마다 굵직한 주제를 중심으로 행사가 열렸다.

　　이 모든 행사에서 가장 중요한 도시는, 단연코 루터의 도시 비텐베르크다. 1508년 가을 루터가 이곳에 발을 들인 이래로 비텐베르크는 종교개혁의 가장 중요한 장소로 기억된다. 루터의 95개 논제가 게시되었던 역사적 장소도 비텐베르크 성채 교회다. 이런 배경에서 종교개혁 500주년을 기념하기 위한 공식 행사 일정인 〈루터 10년Lutherdekade〉이 비텐베르크라는 작지만 역사적인 도시에서 개막되었다. 수도사 루터가 16세기의 관습대로 비텐베르크에 바지선을 타고 엘베강을 건너온 모습 그대로 2008년 9월 20일 마르틴 루터로 분장한 인물이 강을 건너 비텐베르크에 이르자 시민과 군중들은 열

럴한 환호로 환영했다. 개장 행사의 일환으로 비非루터교회를 포함한 세계 각국 교회가 한 그루씩 후원해서 500그루의 '루터 정원'을 만드는 식수 행사도 함께 열렸다. 이는 종교개혁이 전 세계 기독 교회를 연결하고 화합과 화해를 상징한다는 의도를 담고 있다.

이전의 종교개혁 기념행사와 특별하게 다른 점이라면, 루터교회끼리 단합하거나 세력을 과시하는 행사가 아니라 모든 교회의 일치와 화해에 무게 중심을 두었다는 점이다. 그래서 사람들은 종교개혁 축제Reformationsfeier 대신 종교개혁 기념일Reformationsgendenken이라는 표현을 잘 사용한다. 마르틴 루터가 95개 논제를 발표한 그날은 이제 가톨릭이 거리를 두는 루터교회만의 축제일이 아니라, 루터교회와 로마가톨릭 모두가 기억하고 회고하는 기념일로 이해된다. 16세기에는 교리와 교파로 서로를 가르고 구분하는 것이 화두였다면, 500년이 지난 오늘날 교회의 관심은 교리적 한계를 넘고 서로의 간격을 좁히는 데 있다. 그렇다고 역사를 과거사로 간단히 처리하거나 서로의 차이를 카펫 밑으로 몰래 숨겨 버리는 것은 곤란하다. 오늘 우리의 과제는 시대적 맥락을 고려하여 과거를 냉정히 바라보고 그 역사가 오늘 우리에게도 적절하고 유효한지 묻는 것이다.

예를 들어, 1981년 5월 6-7일 독일 뮌헨에서 열린 교회일치위원회JEC의 첫 회의록을 보면 다음과 같은 내용이 있다. "추기경 라칭거는 트리엔트 공의회 교리 결정에 대한 재검토가 필요하다고 강조했다. 개신교와 가톨릭의 대화에 항상 전제되는 다음 사항을 여기서 공식화하는 것이 중요했다. 즉 새로운 현실이 생겨났고, 기존의 거대한 불일치가 사실상 더는 존재하지 않는다는 것이다."[1] 교황 요한 바오로 2세가 독일을 방문한 후 구성된 첫 번째 회의에서는, 16세기에 행해진 서로의 교회를 향한 교리적 판단, 즉 루터교회의 신앙고백 문서들과 트리엔트 공의회의 교리적 비난은 시대의 유물이라는 점이 분명해졌다. "일반적인 신념에 따르면, 이처럼 과거 문서에 담긴 교리적 정죄는 오늘날 우리에게 더는 적용되지 않는다."[2] 1983년 초 로마가톨릭 신학자 피터 만스Peter Manns(1923-1991)는 마르틴 루터 탄생 500주년을 맞아 마인츠의 유럽사 연구소에서 특별 강연을 한 일이 있다. 거기서 그는 루터를 "모든 기독교 신앙의 '교부'"라고 설명하면서 세간의 이목을 집중시켰다.[3] 루터가 종교개혁을 통해 강조했던 신앙 원리('오직 그리스도, 오직 성경, 오직 은혜, 오직 믿음')는 루터가 만든 교설이 아니라, 이전부터 있던 전체 기독교 세계의 신앙 원칙이기도 하다. 루터는 교회를 떠나지 않았으며, 자신의 교회를 따로 세우려고 하지도 않았다.

종교개혁 기념일인 1999년 10월 31일, 로마가톨릭(에드워드 이드리스 캐시디 추기경과 월터 카스퍼 주교)과 루터교회(루터교세계연맹 의장 크리스티안 크라우스 주교, 사무총장 이스마엘 노코, 부의장 6명)가 독일 바이에른 주에 있는 아우크스부르크에 모여 "칭의 교리에 관한 공동선언문"에 서명했다. 선언문 서문은 종교개혁자들이 강조한 칭의 교리가 가톨릭교회의 이해와 달랐다는 점을 명시하고, 이 모든 논쟁이 '죄 많은 인간이 어떻게 하나님과 화해할 수 있는가?'에 관한 서로 다른 관점에서 비롯되었다고 지적한다. 루터교회 신앙고백서와 가톨릭의 트리엔트 공의회의 결정문은 분명히 서로 다른 판단을 내린다. 그리고 이 교리적 결정은 오늘날에도 교회 분열의 근거로 힘을 발휘한다. 하지만 20세기 들어 수십 년 동안 이어진 로마가톨릭교회와 루터교회의 심도 있는 대화는 상황을 조금씩 바꾸어 놓았다. 두 교회는 그간의 대화를 바탕으로 "칭의론의 기본 진리에 대한 합의einen Konsens in Grundwahrheiten der Rechtfertigungslehre"에 이르렀고, "[칭의 교리의] 다양한 해석이 더는 교리적 정죄의 원인이 되지 않는다"[4]고 공식 선언했다. 따라서 1996년 독일 방문 당시 교황 요한 바오로 2세가 "이전 세대가 풀 수 없다고 생각했던 갈등이 해소되었다"고 말한 것은 타당한 결론이다. "이러한 진전은 신앙의 내용 자체와 신앙을 표현하는 형식을 신중하게 구분했기에 가능했다."[5]

그러므로 단순히 특정 교리나 진술을 비교하는 것만으로는 부족하다. 우리는 그 진술이 무엇을 뜻하는지 물어야 하며 그런 방식으로 대화해야 한다. 대화 속 진술이 담고 있는 의미와 서로의 공통점, 차이점을 제대로 알고 싶다면 상대방과의 사귐이 깊어져야 한다. 루터교회 신자가 아니더라도 루터에 대해 알아보는 것은 합리적이고 때로는 필요하다. 이는 가톨릭 신자라도 세계를 바꾼 종교개혁의 선구자인 루터와 완전히 무관할 수 없기 때문이다. 그렇다면 루터교 신앙의 기본 원칙은 무엇일까? 이 원칙들은 정말 로마가톨릭이나 다른 개신교 신앙과 다른 것일까?

참된 설교는
'하나님은 하나님이시다'
라고 선포한다.
루터의 통찰에 따르면,
복음은 싸구려 제품으로
취급되는 값싼 은혜가 아니다.
하나님의 말씀은
우리를 참으로 두렵게 만든다.
그러나 동시에 그 말씀은
소스라치게 놀라는
양심을 위로하고 다독이는
복음의 약속이다. 우리는
'죄인인 동시에 의인'이다.
도덕적 구속에
속박되는 존재가 아니라,
모든 것에서 자유로운
하나님의 자녀다.

1

신앙의 기본 원리

몇 년 전 한국인 학생 한 명이 내 연구실을 찾아왔다. 학위 과정이 거의 끝나가던 때라, 귀국하면 어느 교파에 소속될 계획인지 물었다. 그는 한국에서 일반 대학교를 다니다 그리스도인이 되었기 때문에 특정 교파에 속해 있지 않다고 했다. 그리고 이렇게 말했다. "저에게 소속은 그리 중요하지 않습니다. 진짜 중요한 건 제가 참된 그리스도인이 되는 것입니다." 물론 그의 말이 틀린 것은 아니다. 하지만 한국에서는 교파 소속이 꽤 중요한 문제다. 교파에 속하지 않으면 신학교나 교회에서 일하기가 쉽지 않기 때문이다. 그래서 나는 이렇게 말해 주었다. "기독교 신앙은 그렇게 단순한 문제가 아닙니다. 교회마다 복음을 이해하고 실천하는 방식이 달라서, 때로는 자신의 신앙적 입장을 분명히 밝혀야 할 순간이 올 겁니다." 나는 한국 루터교회를 잘 알고 있었기에, 한국에 돌아가면 루터교회에 들어가 보는 게 어떻겠냐고 조심스럽게 제안했다. 잠시 고민하던 그는 결국 동의했고, 필요한 준비 과정을 마친 뒤 한국 루터교회의 목사가 되었다.

모든 교파는 복음을 보는 관점이 조금씩 다르다. 서방교회 전통에 속한 로마가톨릭 교회와 루터교회는 모두 라틴어 문화권에서 시작되었기에 법적 개념을 중시하는 공통점이 있다. 서방교회는 전통적으로 교회법을 중요하게 여기고, 루터교회도 칭의론에서 법정의 요소를 강조하는 경향이 있어 이러한 유사성이 두드러진다. 하지만 이런 표면적 유사성에도 불구하고, 두 교회가 가장 소중히 여기는 가치는 상이하다. 로마가톨릭 신자들은 교회 전통을 따르며 교황의 판단을 최종 권위로 받아들이는 반면, 루터교회 신자들은 인간의 노력과 무관하게 하나님이 베푸시는 '은혜'를 모든 것의 중심에 둔다. 이와는 또 다른 신학적 여정을 걸어온 동방교회의 신학은 인간이 점진적으로 하나님을 닮아 가는 과정, 즉 '신화theosis, Vergöttlichung'를 강조한다. 이는 성령으로 충만해져 하나님의 영이 우리 안에 가득 차오르는 상태를 의미한다. 그리스 문화와 사상에서 영향을 받은 동방교회에서는, '오직 은혜로만' 구원받는다는 루터교회의 칭의 개념이 상대적으로 덜 중요한 위치를 차지한다.

1. 신앙의 지침: 신앙고백

루터교회는 신앙고백 위에 세워졌다. 일부 교회들은 사도신조나 역사적 신앙고백 문서들이 교회 분열의 원인이라고 비판하며 이를 거부한다. 예컨대 1881년 미국 인디애나 주 앤더슨에서 설립된 하나님의 교회Church of God가 대표적이다. 이 교회는 "성경만이 삶의 유일한 기준"이라며 신앙고백 문서를 배척했다(독일의 자유교회인 하나님의 교회 연합이나 한국의 안상홍이 1964년에 세운 하나님의 교회는 이와 전혀 다른 단체다—역주). 이 교단은 교회의 분열을 극복하고 성경만을 신앙의 기반으로 삼아 모든 사람을 통합하려고 했다. 그러나 흥미롭게도 신도 100만 명이 넘는 규모로 성장한 이 교회는 창립 100주년을 맞아 자신들의 믿음을 체계적으로 정리한 신앙고백서《우리는 믿는다We Believe》를 썼다(앤더슨 대학교 신학대학원 발행).

신앙의 장구한 역사를 보면, 신앙고백 없이 성경만으로 믿음을 정립하고 실천하기는 어렵다. 같은 성경이라도 읽는 사람이나 공동체에 따라 자유주의, 보수주의, 근본주의 등 다양한 해석이 나올 수 있기 때문이다. 루터교회는《신앙고백서》를 신앙의 지침으로 활용한다. 예를 들어, 이 책에는 1530년 "아우크스부르크 신앙고백서Confessio Augustana"가 포함되어 있는데, 이는 루터파 신자들이 신성로마제국 황제 앞에서 자신들의 신앙의 올바름을 밝히기 위해 쓴 역사적 문서다. 500년이 지난 오늘날에도 이 문서는 루터교 신자들의 믿음을

루터교회는 《신앙고백서》를 신앙의 기준으로 삼고 있다. 대표적인 예가 1530년에 작성된 "아우크스부르크 신앙고백서"다. 이 문서는 루터파 신자들이 신성로마제국 황제 앞에서 자신들의 신앙을 변호하기 위해 작성한 것으로, 오늘날까지도 루터교회의 핵심적인 신앙 기준으로 여겨진다. 그림은 벤체슬라우스 홀라르(1607-1677)가 그린 삽화다. 이 삽화는 "아우크스부르크 신앙고백서"의 총 28개 조항을 시각화한 것으로, 촛대의 메달 부분에 1부의 21개 조항을, 하단에 교회가 배격하는 2부의 7개 조항을 담고 있다.

안내하는 중요한 기준으로 자리하고 있다.

물론, 사도신조와 아우크스부르크 신앙고백서가 아무리 중요해도 그것은 일종의 지침일 뿐 신앙의 표준이 아니라는 사실은 매우 중요하다. 신앙의 궁극적 규범은 오직 성경뿐이다. 따라서 신앙고백서를 비롯한 다른 모든 자료들은 항상 성경에 비추어 꼼꼼히 검토되어야 한다. 이런 원칙은 루터교회 신앙고백서에서도 "우리는 예언자들과 사도들이 기록한 신구약 성경은 모든 교리와 교훈을 평가하고 판단하는 유일한 규범과 표준임을 믿고 가르치며 고백한다"[1]라는 표현을 통해 명확히 선언되고 있다.

마르틴 루터에게 성경은 의심의 여지 없이 기독교 신앙의 최종적 권위다. 하지만 성경이 다양한 장르로 구성되어 있다는 점에서 복잡성이 발생한다. 성경에는 시(시편), 편지(바울 서신), 율법(구약의 정결법), 내러티브(출애굽) 등 여러 형식이 포함되어 있다. 루터는 구약의 율법을 "유대인을 위한 작센법전"으로 보았다. 그는 이것이 주로 이스라엘 민족에게 주어진 특정한 규범이며, 현대 그리스도인에게 직접 적용되는 보편적 규범이 아니라고 판단했다.[2] 그래서 루터는 성경에서 그리스도와 관련된 '중심'(기독교 신앙의 핵심)과 그리스도와 덜 연관된 '주변'을 구분했다. 그럼에도 불구하고, 루터에게 성경 전체는 하나님이 역사 속에서 자신을 드러내신 계시의 기록이다.

성경은 여러 문서의 집합체로, 각기 다른 시기에 쓰이고 편집되었다. 그렇기에 성경을 올바르게 이해하려면 각 문서의 역사적 배경을 살피는 것이 필수적이다. 문맥을 무시한 채 단어만 떼어 의미를 정하거나, 단어들을 임의로 조합하거나, 역사적 맥락 없이 현대적 관점으로만 해석하는 방식은 피해야 한다. 성경은 퍼즐이나 십자말풀이처럼 단편적으로 접근할 책이 아니며, 항상 역사와 문맥 속에서 이해되어야 한다. 물론, 이러한 접근은 성경을 '하나님의 말씀'으로 고백하는 신앙과 일정 부분 긴장 관계를 형성할 수 있다. 우리의 신앙고백에 따르면, 성경은 다른 어떤 문헌과도 본질적으로 다른 특별한 위치를 가진다. 바로 이 지점에서 해석학적 도전이 발생한다.

2. 율법과 복음의 구분

성경은 무엇보다 율법과 복음이 담긴 책이다. 우리는 이 책을 통해 하나님과 만난다. 마르틴 루터가 "내 힘만 의지할 때는 패할 수밖에 없도다"라고 찬송한 이유도 여기에 있다.[3] 우리는 삶을 깊이 돌아볼수록 우리가 계획하고 바랐던 삶과 지금의 모습이 다르다는 사실을 깨닫는다. 우리는 스스로 인생을 주도한다고 믿지만, 실상은 삶 앞에서 철저히 무력하다. 성경의 언어로 말하자면 "인간은 죄인"이다. 이는 하나님의 첫 번째 계명에서 분명해진다. "나는…네 하나님 여호와니라. 너는 나 외에는 다른 신들을 네게 두지 말라"(출 20:2-3). 하지만 우리는 얼마나 자주 하나님이 아닌 다른 것을 더 소중히 여기며 살아가는가! 따라서 이 계명은 우리의 죄성을 드러내는 율법이다.

하지만 우리가 이 첫 계명의 뒷부분 "너는 나 외에는 다른 신들을 네게 두지 말라"만 읽고, 앞부분 "나는 너를 애굽 땅, 종 되었던 집에서 인도하여 낸 네 하나님 여호와니라"를 강조하지 않으면, 이 말씀은 하나님의 계명이 가진 참된 성격을 잃는다. 하나님의 계명은 명령을 담은 엄위한 율법인 동시에 기쁜 소식이 약속된 복음이다. 우리는 하나님께 버림받은 존재, 세상에서 쫓겨나 홀로 된 존재가 아니다. 하나님은 우리의 주님이며 보호자시다. 이 선한 약속은 십계명의 첫 계명을 무거운 율법에서 위대한 복음으로 바꾼다. 따라서 우리는 성경 말씀을, 율법을 담은 부분과 복음을 담은 부분으로 나눌 수 없다. 성경은 늘 두 가지 방식으로 우리에게 말한다. 먼저, 하나님과 멀어진 인간의 깊은 죄를 드러내고 그 절망적인 현실을 깨닫게 한다. 그리고 우리가 이 죄를 진심으로 두려워할 때, 하나님의 은혜로운 손길이 우리에게 열린다.

우리는 설교가 윤리 강연으로 빠지거나, 율법을 감춤으로써 값싼 은혜로 전락하는 것을 모두 경계해야 한다. '우리는 모두 열심히 살았으니 천국에 간다'거나 '하나님은 무조건 용서하시니 마음껏 살라'는 메시지는 공허하고 무책임하다. 이런 설교는 교인들을 방종으로 이끄는 지름길이다. 참된 설교는 '하나님은 하나님이시다'라고 선포한다. 루터의 통찰에 따르면, 복음은 싸구려 제품으로 취급되는 값싼 은혜가 아니다. 하나님의 말씀은 우리를 참으로 두렵게 만든다. 그러나 동시에 그 말씀은 소스라치게 놀라는 양심을 위로하고 다독이는 복음의 약속이다. 우리는 '죄인인 동시에 의인'이다. 도덕적 구속에 속박되는 존재가 아니라, 모든 것에서 자유로운 하나님의 자녀다.

율법과 복음의 구분은 루터의 '두 통치론'으로 확장된다. 이는 하나님이 두 가지 방식으로 세상을 다스리신다는 신학이다. 루터는 하나님이 왼편의 나라는 율법으로, 오른편의 나라는 복음으로 다스리신다고 보았다. 여기서 율법은 세상의 질서를 유지하고 악을 억제하는 시민법으로 이해되며, 그리스도인과 비그리스도인 모두에게 적용된다. 사도 바울도 로마서 13장에서 세상 권세는 하나님이 세우신 것이니 순종해야 한다고 가르쳤다. 이 가르침을 충실히 따른 루터파 교인들은 때로 세속 권위에 지나치게 순종한다는 비판을 받아 왔다. 반면, 개혁파 신학자 칼 바르트Karl Barth(1886-1968)는 다른 관점을 제시했다. 그는 "교회가 '어느 정도의' 정치적 성격을 띠어야 했다는 사실은, 국가가 가지는 '어느 정도의' 교회적 성격을 인정하고 존중하는 것과 균형을 이룬다"고 말했다. "진정한 교회는 진정한 국가의 모델이자 원형이 되어야 한다."[4]

한편 제2차 세계대전 직후에 루터교 신학자 발터 퀸네트Walter Künneth(1901-1997)는 《기독교 정치 윤리Christliche Ethik des Politischen》를 저술하면서 "마귀와 신 사이의 정치Politik zwischen Dämon und Gott"라는 의미심장한 부제를 붙였다. 그는 많은 그리스도인이 나치의 악하고 유혹적인 이념을 제때 알아차리지 못해 "나치가 하나님의 뜻을 따라 독일 민족을 이끈다"고 믿었다고 지적했다. 반면, 디트리히 본회퍼Dietrich Bonhoeffer와 한스 폰 도나니Hans von Dohnanyi 같은 루터교 인사들은 히틀러 정권에 맞서 싸우며, 하나님이 그런 권력을 원치 않으심을 몸소 증명했다. 이처럼 인간은 악과 하나님 사이에서 갈등한다. 루터 역시 이 세상에서 두 나라, 즉 악의 나라와 하나님의 나라가 끊임없이 충돌한다고 강조했다.

그렇다면 하나님이 복음으로 다스리시는 오른편의 나라는 어떨까? 루터는 우리의 심장(양심)은 황제나 교황이 다스리기는커녕 한 뼘도 움직일 수 없고, 오직 하나님만이 복음으로 다스리실 수 있는 영역이라고 강조한다. 그러나 왼편의 나라를 단순히 세속 국가로, 오른편의 나라를 교회로 섣불리 이해하면 곤란하다. 국가나 교회 모두 사람들에게 구속력 있는 법이 필요하기 때문이다. 몇 년 전 미국 루터교 신학교에서 가르칠 때, 한 학생이 의무적으로 제출해야 할 학기 논문을 쓰지 않겠다고 했다. 논문을 안 쓰면 이 과정을 통과할 수 없다고 말하자, 그는 "여기는 왜 은혜가 없나요?"라고 반문했다. 그래서 나는 이렇게 말했다. "아니요, 은혜가 있습니다. 하지만 이곳이 신학교라 해도 모든 사람이 따라야 할 규칙, 즉 율법도 있습니다."

복음만으로 나라를 다스릴 수 없듯이, 아무리 열정적인 신자로 가득한 교회도 복음만으로 이끌 수는 없다. 세상과 교회에는 죄를 짓는 사람들이 있기 마련이고, 법이 없으면 공동체가 유지될 수 없다. 법은 다양한 사람들이 함께 살아가기 위한 기본 틀이다. 그리스도인들은 세상의 모든 영역에서 질서를 지키고, 부정과 불의로 세상이 혼란에 빠지지 않도록 노력해야 한다. 교회도 예외가 아니다. 교회에는 율법과 복음이 모두 필요하다. 교회에 율법이 없으면 방종에 빠지고, 복음이 없으면 독선에 빠진다. 이것이 종교개혁자들이 깨달은 두 통치론의 핵심이며, 이 세상에서 그리스도인으로 살아가는 윤리의 근본이다.

3. 성례와 '오직 그리스도'

루터교회의 또 다른 특징은 성례에 대한 이해와 관련된다. 로마가톨릭 교회는 트리엔트 공의회(1545-1563)에서 성례를 세례성사, 견진성사, 성체성사, 고해성사, 혼인성사, 성품성사, 병자성사 등 일곱 가지로 정의했다. 이는 종교개혁 진영의 성례 이해와 차이가 난다. 예를 들어, 개혁파 교회는 1563년 《하이델베르크 요리문답》에서 성례를 세례와 성만찬, 두 가지로 명시한다. 반면 루터교회는 엄밀하게 구체적인 개수를 공식적으로 정해 놓은 일이 없다. 다만 루터는 자신의 《대교리문답》(1529)에서 세례와 성만찬을 "그리스도께서 제정하신 두 성례"라고 설명한다.[5] 하지만, 2세대 개혁자 필립 멜란히톤 Philipp Melanchthon(1497-1560)은 세례, 성만찬, 참회(회개의 성례)를 "하나님의 명령과 은혜의 약속이 결합한 거룩한 의식"이라

성례에 대한 이해는 각 교파의 신학적 특징을 잘 드러낸다. 루터교회는 성례를 '하나님의 보이지 않는 은혜를 가시적으로 나타내는 표징'으로 본다. 그림은 네 폭으로 구성된 〈종교개혁 제단화〉의 중앙 패널이다. 이 작품에는 개신교의 탄생 배경과 종교개혁이 추구한 교회의 모습이 압축적으로 담겨 있다.

고 정의한다.[6] 심지어 그는 목사 안수처럼 교회에서 직분자를 세우는 의식도 성례로 간주했다.

여기서 우리는 성례가 어떻게 이해되느냐에 따라 그 수가 달라짐을 알 수 있다. 루터처럼 그리스도가 직접 제정하신 것만 성례로 보면 세례와 성찬 두 가지로 한정된다. 하지만 멜란히톤처럼 하나님의 명령과 은혜의 약속을 기준으로 삼으면, 참회나 안수 같은 의식은 물론이고, 교회의 더 많은 축복 행위들까지 성례에 포함될 수 있다. 로마가톨릭처럼 전통을 중시하면 성례는 일곱 가지로 늘어난다. 그렇다면 초기 교회 역사에서는 어떠했을까? 성례의 개념은 종교개혁 시대보다 훨씬 더 포괄적이어서, 때로는 30개 이상의 의식을 성례로 여겼다. 루터교의 이해에 따르면, 성례는 그리스도가 제정한 하나님의 보이지 않는 은혜를 가시적으로 나타내는 표징이다. 바로 이 점에서 오순절파나 다른 복음주의 진영 교회와 차이가 두드러진다. 이 교파들은 '성례'라는 용어 자체가 가톨릭적 색채를 띤다는 이유로 피하고, 성찬을 그리스도의 희생을 기억하는 의식으로, 세례를 신앙고백의 공개적 선언으로 본다. 이들은 하나님의 은혜보다 인간의 결단과 행동을 더 강조한다. 이는 신앙에서 인간의 응답을 중심에 두느냐, 그리스도 안에서의 하나님 은혜를 중심에 두느냐와 관련된 신학적 차이를 반영한다.

"오직 그리스도!"이는 마르틴 루터의 사상을 핵심적으로 드러내는 표어다. 루터 이전의 교회 전통이나 교황은 이런 말을 하지 않았다. 루터에게 그리스도는 "하나님의 심장을 보여 주는 거울"[7]이다. 그리스도를 통해 우리는 하나님이 우리와 어떻게 관계하시는지를 감지할 수 있다. 루터는 "창세기 28:12에 나오는 것처럼, 그리스도의 성육신은 하나님으로 향하는 거룩한 사다리이며, 그분을 통해 우리가 하나님을 알게 된다"[8]고 말한다. 이에 루터교회는 칼케돈 공의회(451)를 따라 예수 그리스도를 "참 인간이시며 참 하나님"으로 고백한다. 그리스도께서 참 인간이자 참 하나님이 아니셨다면, 우리와 하나님 사이를 중보할 수 없었을 것이다. 그분은 온전한 인간으로 오셔야 했다. 그러지 않았다면 우리에게 다가오거나 우리의 삶을 받아들이실 수 없었을 것이다. 루터는 이렇게 단언한다. "그리스도를 가리키지 않는 가르침은, 베드로와 바울이 말했더라도 사도적이지 않다. 반대로, 가룟 유다나 빌라도의 입에서 나왔더라도 그리스도를 증언한다면 그것이야말로 사도적이다."[9]

이와 더불어 '오직 그리스도'의 원리는 루터교회가 교회의 일치를 지향하는 근본 기반이다. 구약과 신약이 증언하듯, 예수 그리스도가 신앙의 중심에 계시다는 진리가 흔들리지 않는 한, 루터교회는 다양한 전통의 교회와 대화하고 협력할 수 있다. 그리스도 안에서 하나라면, 교회 전통의 차이는 본질적 장애가 되지 않는다. 루터의 말을 빌리자면, "교회의 거룩함은 성직자의 외형이나 겉치레로 이루어지지 않는다. 하나님의 말씀과 바른 믿음이 거룩한 교회를 만든다."[10] 교회가 예수 그리스도를 초석으로 삼는 사명을 잊었을 때 루터의 개혁이 시작되었다는 사실을 기억해야 한다. 이 개혁의 핵심은 다음과 같은 루터교회의 네 가지 표어에 담겨 오늘날까지 이어지고 있다. "오직 그리스도.Solus Christus" "오직 성경.Sola Scriptura" "오직 은혜.Sola Gratia" "오직 믿음.Sola Fide"

토론을 위한 질문

1. 신조, 신앙고백서 등 신앙을 요약한 글을 읽은 경험이 있는가?

2. 이런 것들이 신앙을 고백하는 삶을 살아가는 데 가치가 있다고 생각하는가? 있다면 어떤 것인지 나누어 보자.

3. (율)법이라는 개념이 교회와 국가에 어떤 역할과 기능을 하는가?

4. 성례에 대한 이해는 교회마다 어떻게 다른가? 루터교회, 장로교회, 감리교회, 성공회, 로마가톨릭의 성례 이해를 구분할 수 있는가?

루터가 비텐베르크 시 교회와
성채 교회에서 정기적으로
설교한 사실은 널리 알려져 있다.
그러나 종교개혁자로서
그의 결정적인 영향력은
설교자가 아닌 비텐베르크
대학교 교수직에서 발휘되었다.
그는 당시 이름 없는
신흥 대학이었던
비텐베르크 대학교를
유럽 최고의 학문 중심지로
끌어올렸으며,
신학 교수들이 큰 존경을 받는
학문적 전통을 세웠다.

2

세계를 향한 개혁

비텐베르크는 종교개혁의 중심지로 알려졌지만, 사실 루터가 활동하기에는 가장 부적합한 곳이었다. 이곳은 작센의 선제후 현자 프리드리히(1463-1525)가 1502년에 그야말로 아무것도 없는 깡촌에 신생 대학 하나를 덜렁 세워 놓은 곳이었고, 1532년 루터의 표현대로 "야만의 깊은 숲과 맞닿은 문명의 끝자락"이다. 하지만 1508년 가을, 루터는 아우구스티누스 수도회의 예상치 못한 파견 명령으로 비텐베르크 대학 교양학부에서 윤리 철학을 가르치게 된다. 그는 1511년 이 대학의 교수로 임명되었고, 1512년 신학 박사 학위를 받아 1546년 사망할 때까지 성서학 교수로 재임했다. 루터는 이 문명의 끝자락에서 그의 영향력을 넓혀 갔다. 외국에 나간 일이라고는

1510년 로마 여행이 유일하며, 이 역시 수도회 업무로서 자신이 소속된 아우구스티누스 수도회 문제를 해결하려고 뉘른베르크 본부의 지시로 이루어진 출장이었다.

철학자 임마누엘 칸트가 쾨니히스베르크를 떠나지 않고도 큰 영향을 미친 것처럼, 루터도 제한된 지역에서 활동했지만 그의 사상은 광범위하게 확산되었다. 이렇게 된 데는 여러 요인이 있겠지만, 무엇보다 프리드리히 선제후가 설립한 비텐베르크 대학이 신성로마제국 내에서 손꼽히는 명문 대학으로 급부상한 것도 연관이 있다. 루터가 교수로 재직하는 동안 비텐베르크 대학은 독일에서 가장 인기 있는 학문의 전당으로 발전했다. 교수로서 루터는 방대한 저술을 남겼고, 당대 주요 인사들과 서신을 교환하며 많은 이들에게 영향을 미쳤다.

이제 우리는 루터가 보헤미아, 잉글랜드, 스칸디나비아에서 어떤 영향을 미쳤는지 살펴볼 것이다. 그렇다고 다른 지역에서는 그의 사상이 퍼지지 않았다고 오해해서는 안 된다. 예를 들어 지금의 독일 남부 바이에른 지역 귀족들은 종교개혁에 반대했지만, 바이에른의 수많은 도시와 시골에는 루터의 사상을 추종하는 이들이 많았다. 하지만 그 지역은 철저히 로마가톨릭의 색이 짙었기에 종교개혁 정신을 받아들인 사람들은 여러모로 핍박과 어려움을 당할 수밖에 없었다. 하지만 이러한 바이에른 귀족들의 거센 탄압과 오해 속에서도 팔츠-노이부르크 공작, 하그 백작, 오르텐부르크 백작 같은 일부 영주들은 루터의 사상을 자신의 영지에 적극적으로 도입했다.

1. 보헤미아, 잉글랜드, 스칸디나비아

루터는 1519년 라이프치히에서 잉골슈타트 대학교 교수인 요하네스 에크 Johannes Eck(1486-1543)를 상대로 공개 논쟁을 벌이게 된다. 거기서 에크는 루터의 사상을 콘스탄츠 공의회(1415년)에서 이단으로 몰려 화형당한 얀 후스(1369-1415)에 견주어 몰아붙이더니 결국 그를 '후스파'로 낙인찍어 버린다. 1519년 7월 20일, 루터는 선제후령 작센의 궁정 설교자이자 비서였던 게오르그 슈팔라틴 Georg Spalatin(1484-1545)에게 이런 글을 보낸다. "에크는 내가 이단자의 후예인 보헤미아인들을 후원하는 후스파와 한통속이라고 공개적으로 비난했다."[1] 그리고 루터가 이단으로 몰렸다는 소식이 빠르게 퍼졌다. 루터가 후스와 보헤미아 형제들에게 막연한 관심을 가졌던 것은 사실이지만[2] 흥미롭게도 루터는 이렇게 고백한다. "불행히도 나는 라이프치히 논쟁이 있기 전까지 단 한 번도 후스의 글을 읽어 본 적이 없었다."[3]

라이프치히의 소식이 후스파에게도 전해지고, 보헤미아인들은 이 일을 매우 기뻐하며 루터에게 얀 후스가 작성한 《교회에 관하여 De ecclesia》를 보낸다.[4] 그제야 루터는 1415년 콘스탄츠 공의회에서 이단으로 화형당한 후스의 저작을 읽게 된다. 그는 이 책을 다 읽고 "매우 이해하기 쉽고 고상한 기독교 소책자"라고 평가한다. 물론 일곱 가지 성례, 사제의 독신생활, 성만찬에 대한 불분명한 입장 등 루터의 의견과 일치하지 않는 부분도 많았지만, 정중하고 우호적인 비판을 통해 "내가 교황권 아래 있을 때 후스를 이단이라고 불렀지만, 지금은 마음이 달라졌다"고 말한다.[5] 이렇게 루터는 보헤미아 형제들에 대한 견해를 근본적으로 바꾸고 그 마음을 끝까지 유지했다. 그 결과 비텐베르크와 보헤미아의 관계는 점점 더 가까워졌고, 1520년에는 비텐베르크에 보헤미아 학생이 29명에 불과하던 것이 10년이 지나자 88명이 될 정도로 관계는 더욱 내밀해졌다.

루터가 보헤미아에 미친 가장 중요한 영향력은 1535년 새로 작성된 《보헤미아 형제단 신앙고백서 Confession of the Brethren》에서 확인된다. 이 신앙고백서는 라틴어로도 번역되어 1526/1527년부터 보헤미아의 황제였던 페르디난트 1세에게 제출된다. 하지만 페르디난트 황제는 보헤미아인들의 신앙에 그다지 큰 관심을 보이지 않았던 것 같다. 루터는 성만찬과 세례에 대한 합의에 만족했고, 나머지 차이점은 그리스도 안에서 상호 인내로 견딜 수 있다고 확신했다.[6]

루터의 이런 찬사는 신앙고백서 작업을 진행하던 보헤미아인들에게 큰 힘과 자극제가 되었고, 결국 루터의 제안이 반영되어 신앙고백서가 재작성되기에 이른다. 하지만 최종판의 인쇄는 계속해서 지연되었는데 혹자는 루터의 무관심 탓이라고 수군거렸지만, 사실은 열악한 재정 때문이다. 보헤미아 형제들은 기금을 마련하려고 사방으로 뛰어다녔고, 이 사정을 알게 된 루터는 자기 일인 양 백방으로 수소문한 끝에 비텐베르크에서 인쇄업자 게오르그 라우Georg Rhau(1488-1548)를 찾게 된다. 그는 루터의 요청을 받아 재정적인 위험을 감수하면서까지 이를 출판하게 된다. 이때 출판된 문건이 1538년《보헤미아의 남작과 귀족에게 바치는 신앙고백서Confessio fidei ac religionis baronum ac nobilium regni Bohemiae》와 새롭게 작성된 신앙고백서다. 이 문건에서 다루는 사안 가운데 하나가 참회(고해성사)와 사제 독신인데 여기서 우리는 루터의 신학이 어떻게 녹아들었는지 확인할 수 있다. 참회에 관해서는, 로마교회가 고해의 횟수를 규정한 것과 달리, 죽기 전 한 번이라도 자기 죄를 진심으로 고백하는 사람에게 죄용서의 효력이 있다고 가르친다. 이는 루터가 제안한 대로, 하나님의 자비가 용서의 바탕으로 제시된다. 사제의 독신에 관해서도 루터의 흔적을 발견할 수 있다. 이 문제에 관한 한 사제는 독신을 유지할 수도 있고 그러지 않을 경우 장로와 교회 공동체에 알려 그 결정을 따르도록 할 수 있다. 체코의 신학자이자 역사가인 아메데오 몰나르Amedeo Molnár(1923-1990)는 이렇게 설명한다. "비텐베르크에서 출간된 라틴어판《보헤미아 형제단 신앙고백서》를 통해 보건대, 보헤미아 형제단은 이제 루터가 일군 종교개혁 교회의 일원으로 거의 확실하게 받아들여졌다."[7]

잉글랜드에서 루터의 영향력은 그리 긍정적이지 않았다.[8] 루터의 95개 논제가 알려진 지 1년 만에 그의 저서가 잉글랜드에 전파된 것은 사실이다.[9] 하지만 당시 헨리 8세의 왕실 자문 성직자였던 추기경 토마스 울시Thomas Wolsey는 국왕

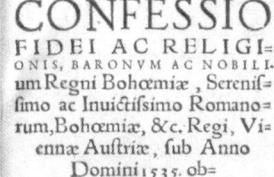

루터의 도움으로 1538년에 출간된 《보헤미아의 남작과 귀족에게 바치는 신앙고백서》. 루터는 제한된 지역에서 활동했지만, 쾨니히스베르크의 칸트처럼 그의 사상은 광범위하게 주변으로 확산되었다.

에게 지대한 영향을 줄 수밖에 없었는데, 토마스 울시는 대륙의 이 새로운 운동을 강력하게 비난하던 인물 가운데 한 명이었다. 캔터베리 대주교 윌리엄 워햄William Warham도 같은 생각을 가졌던 인물이다. 그가 추기경 토마스 울시에게 "옥스퍼드 대학이 루터라는 이단에 감염되었다"[10]고 보고한 것을 보면 루터에 대한 잉글랜드 권력자들의 평가가 어떠했는지 미루어 알 수 있다. 그의 글에서 우리는 잉글랜드 젊은이들이 이 새로운 사상에 빠졌음을 몹시 안타까워하는 뉘앙스를 확인할 수 있다. 그래서 헨리 8세는 《루터에 반대하여 일곱 성사를 옹호함Assertio septem sacramentorum adversus Martinum Lutherum》이라는 책을 만들어 교황에게 보낸다. 그러자 교황은 곧장 헨리 8세에게 '신앙의 수호자Fidei Defensor'라는 칭호를 수여하는데, 이 책이 루터를 이단으로 규정하고 모욕하는 공격적인 내용으로 가득했기 때문이다. 이 소식을 들은 루터도 잉글랜드 국왕 헨리 8세에게 똑같은 방식으로 대응하게 된다. 루터는 《잉글랜드 국왕 헨리 8세에 반대하며Contra Henricum Regem Angliae》를 통해 그가 받은 무례하고 모욕적인 공격에 대응한다. 이 글과 여타 사건들로 여러 분쟁이 이어졌고, 결국 루터와 헨리 8세는 점점 더 멀어지게 된다.

하지만 헨리 8세가 첫 번째 부인 아라곤의 캐서린과 별거하고 1533년 앤 불린과 중혼하면서 상황은 급격하게 반전된다. 1528년 초, 교황 클레멘트 7세는 헨리에게 앤 불린과 결혼한 다음 어떻게 변할지 지켜보자고 비밀리에 조언했다. 그런데 얼마 후 헨리가 캐서린과의 결혼을 무효화해 달라고 교황에게 요청하자, 신성로마제국 황제 카를 5세의 심기를 거스를 수 없던 교황은 결혼 무효를 거절하고 헨리와 캐서린의 첫 결혼이 여전히 유효하다고 선언한다. 그러자 헨리와 잉글랜드 교회는 로마와 관계를 단절해 버린다. 1534년 의회가 국왕에게 '잉글랜드 교회의 수장' 칭호를 부여하며 잉글랜드 교회를 로마가톨릭 교회로부터 분리해 버린 것이다. 그 후 잉글랜드 국교회는, 이혼의 정당성을 확보하려는 의도로 루터에게 헨리와 캐서린의 이혼에 대한 의견을 달라고 요청했다. 이에 루터는 교황과 마찬가지로 헨리의 결혼 무효화에는 찬성할 수 없으며, 어쩔 수 없다면 차라리 중혼(일부다처제)이 이혼보다 바람직하다는 의견을 피력한다. 헨리 8세와 이해관계가 없는 루터의 이러한 의견은 다른 신학자들에게도 널리 공유되어 세기의 이슈가 되었다. 그 결과 잉글랜드 국교회는 궁극적인 어려움에도 불구하고 이혼은 불가하며 결혼 생활을 유지해야 한다는 결론에 도달했지만, 이는 헨리의 심기를 더욱 불편하게 만들었다. 그러나 헨리는 거기서 멈추지 않고 비텐베르크 신학자들과 협상을 지속해서 이혼의 정당성을 이끌어 내라고 잉글랜드 대표단을 압박한다. 하지만 이 문제는 1536년 앤 불린이 헨리의 명령으로 런던탑에서 참수되면서 갑자기 끝나 버렸다.

잉글랜드에서 그렇게 중혼 문제가 끝나 버렸지만, 비텐베르크에서는 이 문제가 계속 다루어졌다. 루터는 이 문제를 자신의 동역자인 필립 멜란히톤에게 맡겼다. 분명한 것은, 헨리 8세에게는 신학적 문제가 아니라 정치적 문제가 더 중요했다는 점이다. 예를 들어, 헨리 8세는 수도원 해산은 왕실에 막대한 재정 수입을 의미했기 때문에 수도원 해산을 주장하던 루터교회의 편을 들었다. 그러나 사제 독신에 대해서는 정반대 입장을 취한다. 사제가 결혼한다고 해서 딱히 정치적·재정적 이득이 없어 보였기에 헨리는 로마의 전통을 그대로 유지한다. 루터는 바로 이러한 동기를 꿰뚫어 보고 비판적인 입장을 취했던 것이다. 하지만 이런 간격에도 불구하고 루터의 개혁적 신념은 잉글랜드에 끊임없이 스며들었다. 처음에는 그의 저술을 통해, 나중에는 비텐베르크에서 공부하면서 프로테스탄트 의식을 가지게 된 그리스도인들을 통해 개혁의 정신이 잉글랜드에 뿌리내렸다.

스칸디나비아 지역에서 루터와 관련해 가장 권위 있는 신학자는 덴마크의 파울 헬리에Paul Helie다.[11] 그는 갈멜 수도회원이자 인문주의 영향을 받은 코펜하겐 대학교의 강사였다. 그는 루터의 《교회의 바벨론 포로》(1520)라는 글을 읽고서는 루터의 신학적 접근 방식에 그다지 좋은 인상을 받지 못했다. 그럼에도 불구하고 그는 루터를 중요한 영향을 끼치는 저술가로 인정하여, 루터의 《십계명, 사도신조, 주기도문, 성모송으로 드리는 기도집》을 덴마크어로 번역했다(1524). 어떤 면에서 보면, 그는 루터가 의도했던 종교개혁의 선구자라고 할 수 있다. 왜냐하면, 그는 소문과 사실을 철저히 구분하고 검증하는 방식을 추구했기 때문이다. 그는 루터가 이단 교설을 퍼뜨린다는 소문을 취합하여 루터의 글에서 진위를 꼼꼼히 확인하는 절차를 거쳤고, 그 결론으로 루터가 가르친 종교개혁 사상이 보편 교회가 추구하는 참 진리에 부합한다는 것을 확증한다.

루터의 종교개혁에 특히 중요한 사람은 덴마크의 왕 크리스티안 2세다. 그는 1520년 로마 교황이 발행한 루터의 파문장이 자신의 영토에서 출판되지 못하도록 금지령을 내린 인물이다. 그리고 그해에 비텐베르크의 선제후 현자 프리드리히에게 그곳 설교자를 보내 달라고 요청한다. 인문주의의 영향을 받은 그는 코펜하겐에 있는 대학을 근대화하고자 했고, 이를 위해 비텐베르크의 학자들을 덴마크로 초청했다. 하지만 덴마크와 노르웨이의 귀족들이 반기를 들었고 1523년 결국 자신의 조국으로부터 도망쳐야 했다. 그리고 퇴위 직후 아내와 함께 비텐베르크로 가서 마르틴 루터를 만나게 된다. 크리스티안과 아내 이사벨라는 성찬식에서 떡과 포도주를 받고 그곳에서 루터파 교인으로서 신앙을 고백했다. 그곳에 있는 동안 멜란히톤과 루카스 크라나흐Lucas Cranach(1472-1553)와도 친해졌는데, 아마 1524년 7월까지 크라나흐의 집에서 살았을 것으로 추측된다. 이후 루터의 아내가 될 카타리나 폰 보라Katherine von Bora도 이들의 살림을 도와주었고, 크리스티안이 폰 보라에게 황금 반지를 선물로 주었다는 일화도 전해진다.

1524년 비텐베르크에서 신약성경이 덴마크어로 출판되었는데, 이것이 이른바 《크리스티안 2세 성경》이다. 이 성경이 특별한 이유는, 서문에 신앙의 구습을 매우 강력하게 비판하면서 덴마크에서 추방된 왕을 칭송하는 내용이 담겨 있기 때문일 것이다. 크리스티안 2세는 평생 종교개혁자들과 서신을 주고받았다. 루터가 《군인도 구원받을 수 있는가 Ob Kriegsleute auch im seligen Stande sein können》라는 글에서 크리스티안 2세를 추방한 덴마크인을 부정적인 예로 제시할 정도로, 덴마크 왕은 비텐베르크 개혁 그룹과 친분이 깊었다. 크리스티안 2세는 죽기 전까지 조국 덴마크를 되찾기 위해 독립운동을 벌인 인물로도 유명하다. 그는 독립운동으로 투옥된 후 사망했지만(1559) 조국의 독립을 위한 정치적 판단으로 로마가톨릭 교회로 다시 개종한 것으로도 알려진다. 그에게 중요한 것은 덴마크의 독립이었고, 이를 위해 신성로마제국 황제 카를 5세의 매제로서 일정한 정치적 역할을 수행했던 것이다.

그의 후계자인 프리드리히 1세는 왕위에 등극하면서 자신의 영토에서만큼은 루터의 제자나 그 누구에게도 하나님과 로마교회를 거스르는 설교를 금지하겠다는 약속을 해야 했다(1523). 귀족과 성직자를 대표하는 리그스라데트는 루터를 이단으로 정죄하고 그의 설교와 저술에 전격적인 금지령을 내리게 된다. 제국의회의 성직자 대표인 리그스라데트는 왕의 지도력 아래 개혁된 가톨릭교회를 바랐던 것이다. 그럼에도 현장에서는 개신교 설교자들의 인기가 여전히 높았고, 덴마크와 노르웨이, 스웨덴 지역 교회들은 외부 설교자를 초빙하기 위해 받아야 했던 주교와 교황의 확인 절차를 무시하는 일이 빈번했다. 왕이었던 프리드리히도 이런 상황을 뻔히 알면서도 전혀 문제 삼지 않았다. 오히려 1527년 프리드리히 1세가 딸 도로테아를 프로이센의 개신교 공작 알브레히트와 혼인시킨 후 개신교 설교 학교를 세웠는데, 그것이 로마교회에 반대하는 논쟁적 문헌이 출판되는 배경이 되었다.

1536년 프리드리히가 사망하고 크리스티안 3세가 왕이 되자 궁정 주교로 가톨릭 주교 대신 개신교 감독(목사)들이 임명되었고, 이들은 곧 다시 '주교Bischop'라는 이름으로 불리기 시작했다. 그러다가 1537년에 덴마크 왕국은 공식적으로 개신교 왕국이 된다. 마르틴 루터의 동료였던 비텐베르크 시 교회 목사 요하네스 부겐하겐Johannes Bugenhagen이 왕실 부부의 즉위식을 집례하고, 일곱 명의 새로운 감독을 임명함으로써 덴마크 교회는 드디어 로마교회가 자랑하던 사도 계승권과 결별하게 된다. 스칸디나비아 지역에는 새로운 교회법이 발동되어 그동안 문을 굳게 닫고 있던 코펜하겐 대학이 다시 문을 열어 활기를 되찾았다.

지금까지 세 가지 사례, 즉 잉글랜드, 보헤미아, 덴마크(때로 노르웨이와 스웨덴을 포함했던)를 통해 마르틴 루터와 그의 종교개혁이 유럽에 미친 영향을 살펴보았다. 하지만 이보다 훨씬 더 중요한 것은 루터가 다른 개혁자들에게 끼친 영향이다.

2. 개혁파 신학자들에게 미친 영향

1518년 4월 하이델베르크 논쟁에 등장한 루터의 모습은 하이델베르크 인문주의자들에게 깊은 인상을 남기고 전통에 대한 비판적 논쟁을 가속화하는 등 광범위한 결과를 가져왔다. 루터의 열렬한 지지자 중에는 슈베비슈 홀의 요하네스 브렌츠 Johannes Brenz, 스트라스부르의 마르틴 부처 Martin Bucer, 하이델베르크와 튀빙겐의 마르틴 프레히트 Martin Frecht 등 남부 독일에서 후기 종교개혁 운동을 주도한 인물들이 있었다. 이 신학자들은 남부 독일에서 종교개혁을 실현하고 공고히 하는 데도 적극적으로 참여했다. 그러나 루터의 개혁 사상이 널리 전파된 바젤과 취리히에서 인쇄술이 끼친 간접적 영향도 간과해서는 안 된다.

> 비텐베르크 출신 루터를 옹호하고 추종하는 사람들은 그의 저서를 확보하는 데 열을 올렸지만 수월치 않았다. 그래서 이들은 인쇄업자들을 재촉해서 더욱 빠르고 공격적인 인쇄를 요청했고, 이에 상응하는 이익을 약속했다. 라이프치히 논쟁이 벌어지고, 특히 보름스 제국의회에서 루터가 공민권을 박탈당하자 그의 저서는 날개 돋친 듯 팔렸다. 그의 인기가 높아지면서 '루터파'라는 용어가 종교개혁 운동 전체를 설명하는 데 사용되었다. 이는 루터의 반대파가 만들어 낸 용어인데 이단 또는 이교도와 동의어이며, 루터

파를 조롱하는 말이었다.[12]

취리히의 개혁자 츠빙글리(1484-1531)가 루터의 개혁 정신의 영향을 얼마나 받았는지 가늠하기는 어렵다. 두 사람이 벌인 유명한 논쟁의 주제는 성만찬이다. 예수 그리스도의 몸과 피가 떡과 잔에 실제로 현존하는가(루터에 따르면, 실제로 현존한다), 아니면 영적으로만 현존하는가?(츠빙글리에 따르면, 부활하신 그리스도는 하나님 우편에 계시기에, 떡과 포도주에 실재하지 않는다) 헤센 영주 필립은 이 문제를 해결하기 위해, 상반된 성찬론을 펴던 두 사람을 마르부르크에 초대한다. 1529년 마르부르크 회의의 최종 문서로 루터는 소위 15개 조항을 작성했고, 여기에 츠빙글리가 몇 가지 조항을 덧붙이게 된다. 이 문서는 루터가 츠빙글리와 바젤의 요하네스 외콜람파드 Johannes Oekolampad(1482-1531), 스트라스부르의 마르틴 부처 같은 츠빙글리 진영의 신학자들과 함께 14개 항목에 합의했음을 보여 준다.

여기에는 창조, 삼위일체, 그리스도의 구속, 유아세례, 선행 같은 주제들이 포함되어 있는데, 문제는 15번째 항목이다. 가장 긴 설명이 담긴 이 마지막 항목은 성만찬을 다루고 있는데, 이 조항에서만 완전한 합의를 이루지 못했다. 그 내용은 이렇다. "성만찬은 두 가지 요소(떡과 잔)로 구성되며, 참여한 모든 그리스도인에게 베풀어져야 하며, 이것이 그리스도인을 신앙으로 이끈다." 여기까지는 문제없이 합의에 이른다. 하지만 '떡과 잔에 육체로 임재하신다'는 문제에 다가서자 이견을 좁히지 못한다. 하지만 여기 모인 신학자들은 이러한 차이가 해결되길 바라면서 최종 문서에 이렇게 명시했다. "비록 현재로서는 그리스도의 참된 몸과 피가 떡과 포도주에 육체로 실재하는지에 대해서는 합의에 이르지 못했지만, 그럼에도 양심이 허락하는 한 양측은 상대방을 그리스도의 사랑으로 대하고, 전능하신 하나님께 부지런히 기도하여 그의 영이 우리를 바른 이해로 이끌어 더욱 확신 가운데 거하게 해 주시길 간구해야 한다."[13] 이 회의 결과, 루터는 남서부 독일에서 지지를 얻는 것으로 만족하고 스위스에서는 종교개혁의 다른 길이 시작되었다는 사실을 뼈아프게 받아들여야만 했다.

츠빙글리 외에도 2세대 종교개혁자로 알려진 장 칼뱅(1509-1564)과 루터의 관계도 빼놓을 수 없다. 칼뱅은 루터보다 스물다섯 살이나 어린, 아예 세대가 다른 인물이다. 서로 만난 일도 없고, 만났다 해도 사용하는 언어가 달라서 대화가 거의 불가능했을 것이다. 엄밀히 말하면, 서로 라틴어는 가능했지만, 루터는 프랑스어를 전혀 몰랐고 칼뱅은 루터의 독일어 저작을 번역본을 통해서만 읽을 수 있는 정도였다. 칼뱅의 루터에 대한 존경심이 대단했다는 것은 잘 알려진 사실이다. 그리고 1545년 1월 21일 루터에게 편지를 보냈지만 루터가 편지를 받아 보지 못했다는 유명한 일화도 있다. 중간에서 멜란히톤이 루터의 반응이 신통치 않을 것을 지레짐작해 전달하지 않은 것이다. 하지만 이 편지의 내용은 오늘 우리에게 전해지고 있으며, 거기에는 칼뱅이 쓴 두 편의 글이 첨부되어 있고, 그는 루터가 그 글을 논평해 주길 바랐다. 칼뱅은 이 서신에서 루터를 "기독 교회의 가장 훌륭한 목자"라고 부르며 존경을 표한다.[14] 이런 태도는 1544년 11월 25일 하인리히 불링거Heinrich Bullinger에게 보내는 편지에서도 볼 수 있는데, 그는 루터의 지나치게 열정적이고 대담한 성격에 대해 "루터에게는 분명히 큰 결점이 있지만, 영광스러운 미덕이 풍부하다"고 묘사한다. 그리고 루터야말로 "우리가 모두 큰 빚을 진" "아주 탁월한 하나님의 종"이라고 평가한다.[15]

반대로, 루터가 칼뱅을 직접 언급한 일은 단 한 번, 1539년 10월 14일 마르틴 부처에게 보낸 편지를 통해서다. 여기에는 이탈리아 추기경이자 인문주의 학자인 자코포 사돌레토Jacopo Sadoleto에 대한 칼뱅의 글을 매우 흥미롭게 읽었다면서 그에게 안부를 전해 달라는 문장이 나온다.[16] 하지만 간접적인 언급은 종종 보인다. 그리고 츠빙글리와 마찬가지로 칼뱅의 성만찬 이해에도 문제가 있다고 지적한다. 예를 들어, 루터는 한 탁상담화에서 이렇게 말한다. "칼뱅은 학식이 높지만, 성찬 문제에 관해서만큼은 매우 의심스럽다."[17] 루터의 여러 글에서의 평가를 종합해 보면, 칼뱅은 성찬 교리에 관해서만큼은 바른 노선을 걷지 않았지만 종교개혁 교리를 진지하고 끈질기게 고수했다는 사실을 루터는 인정한다.

마지막으로 동유럽을 살펴보자.

3. 동유럽과 루터

루터의 영향은 동유럽에서도 두드러졌다.[18] 예를 들어, 면죄부 설교자 요한 테첼Johann Tetzel은 1518년 칼 폰 밀티츠Karl von Miltitz에게 보낸 서신에서 이렇게 썼다. "아우구스티누스 수도회의 마르틴 루터가 독일뿐 아니라 보헤미아, 헝가리, 폴란드의 권력자들을 선동하여 나를 적으로 돌렸다. 이제 나는 어디에서도 안전하지 않다."[19] 이는 1518년 초의 상황으로, 비텐베르크에서 제작된 인쇄물과 전단지가 학생과 상인들을 통해 동유럽으로 퍼져 나간 결과였다. 1517년 루터의 95개 논제가 뉘른베르크에서 출판된 직후 독일어로 번역·인쇄되었기 때문에, 헝가리와 트란실바니아(시벤뷔르겐)의 독일어권 주민들은 루터의 교회 비판을 빠르게 접할 수 있었다. 당시 헝가리 국왕이자 대주교였던 게오르그 사크마리Georg Szakmáry는 루터의 가르침을 모든 교회와 대학에서 정죄하라고 명령했지만, 사제와 대학교수들 사이에서는 이미 루터에 대한 강한 지지가 형성되어 있었다. 1523년과 1524년 헝가리 의회는 루터교인과 그들을 후원하는 모든 이들에 대한 더욱 엄격한 조치를 내렸으나, 루터의 교회 비판은 억제되지 않았다. 비텐베르크 대학교에 재학 중이던 남동부 유럽 출신 학생들이 고국으로 돌아가 종교개혁 사상을 적극적으로 전파했기 때문이다. 1522년부터 1600년까지 1,018명의 헝가리 학생이 비텐베르크에서 수학했으며, 이들의 영향은 상당했다.

1526년 헝가리에서는 모하치 전투가 벌어졌다. 보헤미아와 헝가리 국왕 루드비히 2세를 비롯한 기독교 귀족들은 오스만 제국의 슐레이만 1세의 군대에 맞서 싸우다 전사했고, 이로 인해 정치와 경제는 큰 혼란에 빠졌다. 절망 속에서 많은 이들이 루터의 교회 개혁 메시지에서 위안을 찾았다. 이러한 분위기는 헝가리에 점차 퍼져, 루터가 사망한 1546년경 헝가리 인구의 상당수가 루터교인이 될 정도로 확산되었다. 루터는 루드비히 2세의 아내 마리아Maria von Habsburg가 자신의 가르침에 공감한다는 소식을 듣고, 1526년 12월 모하치 전투 이후 그녀에게 "네 편의 위로의 시"를 보내게 된다. 마리아는 공식적으로 충성스러운 로마가톨릭 교인이었지만, 루터는 이에 개의치 않고 1531년 9월 편지에서 이렇게 위로한다. "하나님은 우리의 아버지시며, 그의 아들은 우리의 형제이십니다. 그분의 은혜가 당신에게 머무르기를 기도합니다. 하늘과 피조물, 천사와 성도들은 모두 하나님이 우리에게 주신 유산이며, 우리 곁에 있는 형제자매요 친척입니다. 이것이 진리입니다. 이들이 함께하는 한, 세상의 모든 것이 사라져도 괜찮습니다."[20] 루터가 헝가리 왕실에 미친 영향은 음악에서도 두드러졌다. 마리아 여왕의 궁정 음악가 토마스 슈톨처Thomas Stoltzer(1480-1526)는 루터가 번역한 독일어 시편을 바탕으로 여러 변주곡을 작곡했는데, 특히 시편 37편 모테트 곡은 음악사에서도 매우 중요한 작품으로 꼽힌다. 1569년까지 헝가리 교회들은 루터의 노래 11곡을 공식 찬송가로 채택했고, 이는 악보가 포함된 헝가리 최초의 찬송집으로 출판되었다.

　루터는 신학 상담자 역할도 했다. 예를 들어, 현재의 슬로바키아 서부 지역에 있었던 프란츠 르웨이Franz Reway 백작은 츠빙글리의 성만찬 상징설(그리스도가 떡과 포도주에 실재로서 현존하지 않는다는 주장)에 의문을 품고 루터에게 조언을 구했다. 루터는 1538년 8월 4일 편지에서 성만찬의 바른 교리, 즉 그리스도의 실제적 현존을 굳게 지키라고 답했다.[21] 이에 백작은 그해 비텐베르크 대학교에 신학생 한 명을 보내 입학시켰다. 비텐베르크에서 루터와 멜란히톤 밑에서 공부한 레온하르트 슈퇴켈Leonhard Stöckel(1510-1560)도 중요한 인물이다. 그는 인문주의 교육 방식을 기반으로 한 새로운 학교 체계를 헝가리 북부(현재 슬로바키아 지역)에 도입했다. 슈퇴켈과 함께 마티아스 데바이Matthias Dévay(1500-1546)도 주목할 만한 인물이다. 이들은 1530년대 비텐베르크에서 함께 공부하며 평생 긴밀한 관계를 유지했으며, 루터와 지속적으로 서신을 교환했다. 이들의 서신은 주로 교회와 신학을 주제로 다루었으며, 이를 통해 루터가 오늘날의 슬로바키아와 트란실바니아를 포함하는 헝가리 지역의 교회와 신학 발전에 특별한 영향을 미쳤음을 알 수 있다.

　루터가 세계적인 종교개혁의 대표자로 자리 잡은 이유는 무엇일까? 그의 방대한 저술이 물론 중요한 요인이지만, 1450년대 발명된 활판 인쇄술의 역할도 간과할 수 없다. 활판 인쇄술은 개별 문자를 조합해 단어, 문장, 페이지를 구성함으로써 마르틴 루터의 95개 논제. 루터의 종교개혁이 성공할 수 있었던 중요한 요인 중 하나는 1450년대에 발명된 활판 인쇄술이었다. 프리드리히 미코니우스는 1517년 루터의 95개 논제가 "마치 천사들이 퍼다 나르는 듯" 빠르게 퍼졌다고 표현한다.

필사보다 훨씬 효율적으로 대량 복제를 가능케 했다. 프리드리히 미코니우스Friedrich Myconius는 1517년 루터의 95개 논제가 "마치 천사들이 퍼다 나르는 듯" 빠르게 퍼졌다고 표현한다.[22] 1518년 초 출간된 루터의 《면죄부과 은총에 관한 설교》는 20개 이상의 판본으로 2만 부 이상 판매되며 큰 성공을 거두게 된다.

루터가 비텐베르크 시 교회와 성채 교회에서 정기적으로 설교한 사실은 널리 알려져 있다. 그러나 종교개혁자로서 그의 결정적인 영향력은 설교자가 아닌 비텐베르크 대학교 교수직에서 발휘되었다. 그는 당시 이름 없는 신흥 대학이었던 비텐베르크 대학교를 유럽 최고의 학문 중심지로 끌어올렸으며, 신학 교수들이 큰 존경을 받는 학문적 전통을 세웠다. 1502년 설립된 비텐베르크 대학교는 첫해 416명의 학생이 등록했으며, 1520년에는 579명으로 성장했다. "1540년까지 연평균 등록 학생은 221명이었으나, 1544년에는 814명으로 16세기 독일 대학 중 가장 많은 학생 수를 기록했다. 1535년부터 1545년까지 10년간 4,700명 이상이 등록했으며, 다른 독일 대학과 비교해도 학생 수가 가장 많았다. 특히 스칸디나비아와 남동부 유럽을 포함한 유럽 각국에서 유학생들이 몰려들며 명실상부한 국제적 대학교로 자리 잡았다."[23]

루터 사망 이후에도 비텐베르크 대학교는 학생들로 북적였다. 그의 가르침은 후대 교회와 신학자들에게 깊은 영향을 미쳤고 그의 개혁 정신은 유럽 전역으로 퍼져 나갔다. 루터는

1546년 생을 마감할 때까지 이 대학에서 가르쳤는데, 그에게 배운 유럽 각국의 신학자들은 고국으로 돌아가 그의 사상을 이어 갔다.

토론을 위한 질문

1. 루터는 헨리 8세의 이혼 문제를 어떻게 보았는가? 그의 견해와 교황의 견해는 어떻게 달랐는가?

2. 루터의 성만찬 이해는 어떠했고, 츠빙글리와 칼뱅의 견해와 어떤 면에서 다른가?

3. 루터의 종교개혁에서 활자 인쇄술은 어떤 영향력을 끼쳤는가?

구원과 관련하여
선행은 전적으로 무의미하다.
그러나 하나님이
은혜로 우리를 받아들이셨음을
깨달은 후에는 자연스럽게
선한 행동이 따른다.
하나님이 우리에게
선하심과 자비를 베푸셨기에,
우리는 이웃에게도
선과 자비를 베푼다.
그리스도인의 윤리적 행동은
하나님의 무조건적 사랑에 대한
감사에서 비롯된 응답이다.

3

'오직 은혜로': 루터파를 넘어

개신교와 가톨릭의 근본적 차이를 설명할 때, 사람들은 종종 이렇게 말한다. '가톨릭은 선행을 통해 구원을 얻을 수 있다고 보며, 개신교는 인간의 선행이나 공로가 구원에 기여할 수 없으므로 오직 그리스도를 믿는 믿음만으로 구원받는다고 본다.' 이러한 관점은 가톨릭 성당의 화려한 장식과 개신교 예배당의 간소한 모습을 비교하며 차이를 설명하는 단초로 여겨진다.

종교개혁은 잘 알려진 대로 면죄부*indulgentia* 판매 논란에서 시작되었다. 당시 사람들은 면죄부를 비싼 값에 구입하면 죄를 회개하지 않아도 연옥의 형벌에서 벗어날 수 있다고 믿었다. 1517년 마르틴 루터의 95개 논제는 바로 이 문제를 정면으로 다룬다. 루터는 95개 논제 제7조에서 이렇게 설명한다. "모든 일에 겸손하고 사제에게 순종하지 않는 자는 하나님이 그 죄를 용서하지 않으신다."[1] 그는 죄의 용서를 받으려면 순종과 겸손의 태도, 그리고 내적 회개가 필요하다고 보았다. 하나님은 흥정의 대상이 아니며, 인간이 하나님께 나아갈 수 있는 유일한 길은 겸손히 용서를 구하며 회개하는 것뿐이라고 강조했다.

스위스 개혁파 신학자 칼 바르트는 이를 "창조주와 피조물 사이의 무한한 질적 차이"로 표현하면서 하나님과 인간의 근본적인 간극을 강조했다.[2] 하지만 어떻게 하면 인간이 하나님께 나아갈 수 있을까? 중세의 많은 이들은 선행이 하나님을 기쁘시게 하고 자비를 얻는 길이라고 믿었다. 청년 마르틴 루터 역시 '어떻게 은혜로우신 하나님을 만날 수 있을까?'라는 질문을 품고 살았다. 이 질문은 결국 그를 수도원으로 이끌게 된다. 당시 루터는 하나님이 기뻐하시는 길은 세속을 버리고 거룩한 공로를 쌓는 것뿐이라고 결론 내렸고, 곧장 수도사의 길을 선택했다.

루터가 살던 시대는 기대 수명이 짧고 삶이 고단했다. 63세라는 나이에 세상을 떠날 때, 그는 병약하고 쇠약한 상태였다. 전염병, 신장 결석, 고혈압 같은 질병은 치료할 엄두도 낼 수 없었고, 유리창이나 난방 시설 같은 현대적 편의는 기대할 수 없었다. 루터가 비텐베르크에서 로마로 여행할 때 알프스 산맥을 넘어 몇 주 동안 도보로 이동해야 했던 것도 당시 삶의

종교개혁의 직접적인 계기는 면죄부 판매였다. 1517년 마르틴 루터는 95개 논제를 발표하며 이 문제를 정면으로 비판했다. 루터는 죄의 용서를 받기 위해서는 돈이 아니라 내적 회개와 순종, 겸손의 태도가 필요하다고 주장했다. 최근 로마 교황청도 루터의 면죄부 비판이 정당했다고 인정했다. 그림은 종교개혁의 계기가 된 면죄부 판매 장면을 담은 1530년경의 목판화다.

16세기경의 아우구스티누스 수도원 전경. 이곳에서 루터는 그 누구보다 수도원 생활에 열심을 기울였다. 하지만 문제는 그런 경건의 항목과 규율을 지키는 삶으로도 내면의 평화를 찾지 못했다는 데 있다.

고된 현실을 보여 주는 단면이다.

1. 하나님 은혜를 내 것으로 만들기

현세에서 기대할 것이 거의 없던 당시 사람들은 죽음 이후에 자비로운 하나님이 행복한 내세를 보장해 주시길 바랐다. 이를 위해 그들은 하나님의 마음을 얻고자 성지순례를 떠나고, 교회에 헌금을 바치고, 성인의 유물을 구입했으며, 루터처럼 수도원에 들어가거나 연옥의 시간을 줄이려고 면죄부를 샀다. 루터가 아우구스티누스 수도회에 가입한 것도 우연이 아니다. 그는 엄격한 규율로 유명한 이 수도회에서 생활함으로써 하나님께 받아들여질 가능성을 높일 수 있다고 믿었고, 수도원 규율을 철저히 따르려고 최선을 다했다.

예를 들어, 수도원에서 정한 기도 시간 중 하나라도 빠지면 나중에라도 반드시 보충했는데, 언젠가 이런 말을 한 적이 있다. "수도원 생활을 얼마나 열심히 했느냐로 천국 가는 것을 따진다면, 나는 벌써 천국에 들어가고도 남았다."[3] 그는 그렇게 수도원 생활에 열심을 기울였다. 하지만 문제는 그런 경건의 항목과 규율을 지키는 삶으로도 내면의 평화를 찾지 못했다는 데 있다. 오히려 규율을 열심히 수행하면 할수록 하나님이 요구하시는 삶을 살지 못하는 자신을 발견했고, 하나님이 자신을 받아들이지 않으시리라는 두려움만 점점 커졌다. 마침내 루터는 우리 편에서 하나님을 기쁘게 할 방법이 아무것도 없음을 깨닫게 된다. 기도나 선행, 교회 예배와 기도회 참석, 성지순례 등 우리가 생각할 수 있는 그 어떤 것으로도 하나님의 은혜를 내 것으로 만드는 데 도움이 되지 않는다고 말이다. 그의 깨달음대로 하나님은 하나님이고, 인간은 인간이다. 하나님은 인간의 행동에 영향 받지 않는다.

아우구스티누스 수도회의 신실한 수도사였던 루터는 아우구스티누스처럼 "전능하신 선의 도움 없이는, 자유의지는 악을 행하기에는 충분하지만 선을 행하기에는 부족하다"[4]고 확신했다. 하나님께 등을 돌리면 그분께 버림받는다. 우리에게서 하나님께 올라가는 길은 존재하지 않는다. 그렇게 가는 길은 없다. 하늘을 향해 아무리 높이 뛰어올라도 항상 땅으로 떨어지는 것처럼 말이다. 예를 들어, 어떤 사람이 직업, 가족, 이생의 추구가 중요해서 오랫동안 하나님을 진지하게 받아들이지 않았다고 하자. 중요한 것은 개인의 삶이고, 하나님이라 해도 결코 간섭하면 안 된다고 생각했다. 그랬던 사람이 나이가 들어 죽음을 앞두게 되자 경건한 모습으로 하나님을 찾기 시작했다. 하나님이 그런 회심을 기뻐하실까? 늦게라도 찾아왔으니 기쁘게 맞아 주셔야 마땅할까? 이는 완전한 오판이다. 물론, 예수님의 말씀대로 하나님은 회개하는 죄인을 기뻐하신다. 그러나 예수님은 필요할 때만 하나님을 찾아가는 태도까지 그분이 기뻐하신다고 말씀하시지는 않는다. 우리는 자기 삶을 방해하지 못하도록 하나님을 저편 구석으로 밀어냈다가, 영생이 필요할 때만 그분을 쏙 끌어당겨 이용하는 것은 아닐까! 그런 방식은 확실히 문제가 있다. 하나님은 하나님이다. 그분은 자신의 필요 때문에 마침내 그분을 찾는 사람들을 기뻐하며 맞이하는 하늘 위 노인이 아니다. 엄밀히 말해, 하나님은 우리가 필요 없으시다. 그분은 참 신이다.

루터는 그의 유명한 저서 《의지의 속박 De servo arbitrio》(1525)에서 "인간은 자기 힘으로 하나님이나 마귀에게 의지할 수 없다"고 강조한다. 오히려 반대로 하나님과 마귀는 우리를 놓고 늘 싸운다. 그래서 우리는 운명적으로 마귀 아니면 하나님, 둘 중 한 쪽의 인도를 받게 된다. 중간은 없다. 그렇다면 우리 힘이 충분치 않아서 어느 한쪽도 의지할 수 없다면 어떻게 해야 할까? 그러면 인간은 그저 하나님 아니면 사탄이 올라타는 대로 움직이는 꼭두각시일 뿐일까? 루터 시대는 물론이고 오늘날 대부분의 사람은 '그렇지 않다'고 답할 것이다. 하나님은 누구의 힘이나 도움도 필요 없을 만큼 전능한 존재지만, 인간이 경건하게 살거나 선한 일을 할 때 절대 무시하지 않는다는 것이다. 분명히 여기까지가 우리의 일반적 통념이다. 그러나 루터는 이런 생각이 통하지 않음을 철저히 깨달았다. 수도사 시절 모든 노력을 다했지만, 그의 양심은 더욱 불안해졌다. 그 경험으로 얻은 결론은, 하나님은 우리가 경건하고 선한 일을 한다고 해서 그것을 계산하고 보상해 주시는 분이 아니라는 것이다.

루터는 하나님 앞에서 인정받는 의가 우리의 노력이 아니라 하나님이 우리에게 주시는 것임을 깨달았다. 우리는 하나님 앞에서 결코 의로울 수 없다. 그러나 하나님은 루터 당시의 중세 신앙이 알려 주던 무자비한 심판자가 아니다. 하나님은 은혜로우신 하나님이시다. 그런데 하나님이 은혜롭고 자비로운 분임을 어떻게 알 수 있을까? 이는 단지 인간의 상상력, 공상에 불과하지 않을까? 신은 신이며 우리보다 우월하다. 그래서 우리 스스로는 결코 신에게 도달할 수 없으며, 오직 신만이 당신 자신과 우리 사이의 간격을 메울 수 있다. 그런데 이런 깨달음은 다른 종교에서도 찾아볼 수 있다. 루터가 과감하게 말했듯 마귀도 그런 생각을 갖게 할 수 있다. 그러나 중요한 것은, 신이 일반적으로 어떤 존재냐가 아니라 신이 우리 각자와 어떻게 관계하느냐. 이것을 어떻게 알 수 있을까? 루터는 여기서 하나님의 얼굴이신 인간 예수를 언급한다. 그는 "그리스도의 성육신은 우리를 신성에 대한 추측에서 벗어나게 한다"고 말한다. 왜냐하면 "하나님이 육신으로 오셔서 우리에게 육신을 보여 주셨고, 그 안에서 육신으로 계시는 하나님을 볼 수 있"기 때문이다. 그리스도만이 "하나님께로 가는 길"이다.[5] 하나님은 역사적 나사렛 예수를 통해 자신을 몸으로 드러내 보여 주셨고, 그분을 통해 우리는 하나님의 마음을 보게 된다.

2. 그리스도 안에서 보이신 하나님

예수님 안에서 유한한 것과 무한한 것이 하나가 되었다. 하나님의 행동을 통해 하나님과 우리 사이의 무한한 질적 차이가 해소된다. 루터는 크리스마스 송가 "하늘 위로부터"에서 이렇게 노래한다.[6]

> 이는 당신이 보게 될 표지
> 당신이 그를 알게 되리.
> 사람으로 구유에 누워 있네
> 온 땅을 지탱하는 아이.

온 세상의 창조주이자 보존자이신 분이 아기 예수로 우리에게 오셨다.
　같은 노래의 다른 소절에서 루터는 이렇게 노래한다.

> 이는 그리스도, 지극히 높으신 하나님의 아들
> 당신의 슬픔과 비통을 듣는 분
> 친히 당신의 구세주가 되신 분
> 모든 죄에서 너를 자유롭게 하시리.

예수 그리스도는 우리의 구세주이시다. 그분은 죄의 속박에서 우리를 해방하시고 천국의 문을 여시는 분이시다. 루터에 따르면, 그리스도는 하나님의 얼굴이다. 그분이 하나님의 마음을 우리에게 드러내시고, 구원의 일을 하실 수 있다. 그는 이것이 기독교 신앙과 다른 종교 및 철학의 근본적 차이라고 보았다. 다른 종교와 철학은 신의 본질에 대한 통찰을 제공하지만, 오직 예수 그리스도만이 하나님이 우리와 어떤 관계를 맺으시며, 우리를 향한 그분의 마음이 어떠한지를 구체적으로 보여 준다. 그리스도를 통해 우리는 하나님이 은혜로우시며, 인간의 유한성과 자기기만에도 불구하고 우리를 구원하기 위해 모든 것을 바치신 분임을 알게 된다.

그리스도의 십자가는 하나님의 구원 역사를 이해하는 해석학적 열쇠다. 루터는 누구도 구원의 상징으로 십자가를 고안할 수 없었다고 주장한다. 인간이 구원의 표징을 만들었다면 장엄하고 영광스러운 것을 선택하지, 치욕스러운 십자가를 택하지는 않았을 것이다. 십자가는 무에서 유를 창조하시는 하나님의 방식을 드러낸다. 하나님은 예수님의 제자들조차 불가능하다고 여겼던 방식으로 구원을 이루셨다. 예수님의 죽음으로 모든 것이 끝났다고 생각되었으나, 하나님의 능력으로 부활이라는 결정적 전환이 일어났다. 이는 인간이 발명할 수 없는 하나님의 구원 행위를 반영한다. 그래서 루터는 "오직 십자가만이 우리의 신학이다"라고 선언한다.[7] 그는 또한 "진정한 신학은 실천적이며, 그 기초는 그리스도시니, 그분의 죽음은 믿음으로 받아들여진다"고 힘주어 말한다.[8]

루터가 말하는 실천적 신학은 사변이나 이론이 아닌 실존적 신학을 의미한다. 이는 그의 《소교리문답》에서 사도신조 제2조를 설명할 때 명확히 드러난다.[9] 루터는 참 하나님이시며 참 인간이신 예수 그리스도를 고백하며, 그분의 이중적 본성이 구원에 직접적이고 즉각적인 효과를 가져온다고 설명한다. 구원은 그리스도의 무고한 수난과 죽음을 통해 이루어지며, 이는 전적으로 우리를 위한 것이다.

루터의 십자가 신학은 하나님의 모습으로 고난받고 죽으신 예수님에 대한 부정적이거나 부조리한 신학이 아니다. 오히려 하나님의 특징적인 사역 방식을 보여 주기 때문에 현실적이다. 모든 친구에게 버림받고 십자가에서 죽어야 좋은 일이 일어날 수 있다고 생각하는 사람은 아무도 없을 것이다. 그러나 하나님은 이 패배의 상징을 구원의 출발점으로 선택하셨다. 하나님은 가장 큰 사랑으로 십자가의 치욕을 뒤바꾸어 죽음에 대한 승리의 표징이자 새로운 창조의 시작으로 삼으셨다. 루터는 하나님이 우리나 성모 마리아의 개입 없이 그리스도 안에서, 그리고 그리스도를 통해 구원을 이루신다고 보았다. 그는 마리아에 대해 이렇게 말했다. "그녀는 종이다. 그녀는 하나님의 아들을 낳았고, 그로 인해 나는 하나님을 믿을 수 있게 되었다."[10]

그렇다면 하나님이 예수 안에서 자신의 마음을 보여 주신다는 사실을 어떻게 알 수 있을까? 다른 종교에도 신성의 화신 같은 것은 많지 않은가? 루터는 힌두교의 신이나 그 신들의 화신에 대한 내용을 전혀 몰랐지만, 성인 숭배와 마리아 숭배에 대해서는 잘 알고 있었다. 그는 성인들, 특히 마리아를 경건한 삶의 모범이자 교육적 본보기로 높이 평가했다. 그러나 루터는 성인들이 하나님과 우리 사이를 중재하거나 구원에 기여할 수 없다고 보았다. 이유는 간단하다. 하나님 그분이 예수 그리스도 안에서만 자신을 계시하기로 결정하셨기 때문이다.

우리는 예수님의 인성을 통해서만 하나님께 다가갈 수 있다. 루터는 "인성은 우리가 하나님께로 올라가 그분을 알아보게 만드는 거룩한 사다리"[11]라고 표현한다. 예수님의 선포와 운명을 통해, 우리는 하나님이 우리를 사랑하심을 깨닫게 된다. 그를 통해 우리는 하나님과 하나님의 사역에 대한 올바른 이해를 얻는다. 예수님은 훌륭한 설교자였기 때문에, 기적을 행했기 때문에, 거룩한 삶을 사셨기 때문에 중요한 분인 것이 아니다. 그분은 하나님의 구속 활동의 중개자이시기에 중요하다. 하나님이 그리스도 안에서 구원하신다는 진리 외에 다른 모든 것은 헛되고 헛되다. 중세 교인들이 하나님의 환심을 사기 위해 했던 모든 것들은 쓸모없다. 루터의 결정적인 통찰은 오직 그리스도만이 그 일을 할 수 있다는 깨달음이었다.

앞서 언급했듯이, '오직 그리스도'인 이유는 하나님이 예수님 안에서만 자신을 계시하기로 결정하셨기 때문이다. 루터는 이 신성한 자기 계시가 하나님과 그리스도 사이의 독특한 일치에 근거한다고 보았다. 예수님이 하나님을 온전히 중재하려면 단순한 아바타가 아니라 완전한 하나님이셔야 했다. 그렇지 않았다면 그분은 하나님을 우리에게 전달할 수 없었을 것이다. 동시에 그리스도는 완전한 인간이셔야 했다. 그렇지 않았다면 그분은 우리와 동일시되며 우리에게 다가오실 수 없었을 것이다. 루터는 니케아 공의회(325)의 결정을 수용하며, 그리스도가 아버지와 본질적으로 하나이시기에 하나님을 중재할 수 있다고 확언하며 이렇게 강조한다. "그리스도는 영혼과 육체가 아니라 인성과 신성으로 구성되어 있다. 그분은 단지 인성, 즉 몸과 영혼을 가진 존재만 입으신 것이 아니다."[12] 또한 "그리스도의 고난은 하나님께 귀속될 수 있다. 왜냐하면 그리스도와 하나님은 한 분이기 때문이다."[13]

루터는 교회, 특히 교부들의 전통을 존중했지만, 인간의 말을 맹목적으로 신뢰하지 않았다. 그는 아우구스티누스를 비롯한 신학자들의 글도 성경으로 증명되지 않으면 따르지 않겠다고 단언한다. 심지어 "성경을 인용하지 않는 교황이나 공의회보다 성경을 인용하는 평신도를 더 신뢰한다"고 공언할 정도였다.[14] 루터는 그리스도에 대한 지식이 신뢰할 만하려면 신학적 추론이나 인간의 결론이 아니라 성경에 근거한 하나님의 말씀에 바탕을 두어야 한다고 보았는데, 그 때문에 오직 성경만이 신앙의 궁극적 권위가 된다. 그러나 성경을 새로운 교황으로 대체하려는 것은 아니었다. 그는 성경에 기록된 모든 내용이 무조건 옳다고 보지 않았으며, 성경 해석이 그리스도의 구원 사역을 중심으로 이루어져야 한다고 강조했다.

루터는 성경 문자주의자가 아니며, 칼뱅처럼 성경을 각 권별로 주석하지도 않았다. 루터는 성경 메시지의 중심과 주변을 구분했는데, 그리스도를 분명하게 전하는 내용이야말로 성경의 중심이라고 보았다. 예를 들어, 유대인의 의례나 야고

보서의 많은 부분과 같이 그리스도와 거의 관련 없는 구절들은 주변적인 것으로 여겼다. 그는 야고보서를 이렇게 평가한다. "[야고보서는] 그리스도인들을 가르치려 하지만, 그리스도의 수난과 부활, 성령을 상세히 다루거나 강조하지 않는다. 그리스도를 여러 번 언급하지만, 그리스도에 대해서는 아무것도 가르치지 않고 하나님에 대한 일반적인 믿음만 말한다."[15]

루터에게 믿음은 교회 공의회, 교황의 선언, 성경의 모든 구절을 문자 그대로 수용하는 것이 아니다. 그에게 믿음은, 성경을 통해 자신을 알리시고 우리를 아버지께 인도하시는 예수 그리스도에 대한 개인적 신뢰였다. 아버지는 내세의 구원을 주고 현세에서 우리를 인도하는 유일한 분이시다. 이렇게 해서 루터는 기독교 신앙의 핵심 교리로 우리를 이끌어 간다. 즉, 그리스도 안의 하나님은 주권자이며 자비로우시다. 그분은 그리스도 안에서 아무런 조건 없이 우리를 받아들이시며, 우리는 이에 사랑과 적극적 믿음으로 응답한다.

제2차 바티칸 공의회(1962-1965)에서 로마가톨릭 교회는 "거룩한 전통과 성경 사이에는 긴밀한 연결과 소통이 있다"고 선언했다.[16] 그러나 가톨릭은 루터가 주장한 '성경만이' 신앙의 유일한 근거라는 입장에 이르지는 않았다. 공의회는 "전통과 성경은 신성한 하나의 샘에서 흘러나와 하나로 합쳐져 같은 목적을 지향한다"고 정의한다. 그럼에도 공의회는 교부 히에로니무스를 인용하며 "성경에 대한 무지는 그리스도에 대한 무지"라고 강조한다. 이는 가톨릭교회도 루터가 그랬던 것처럼 그리스도를 올바로 알기 위해 성경을 중시해야 한다는 말이다. 그렇다면 선행의 역할은 무엇일까?

3. 선행의 기능

종교개혁은 선행에 대한 신학적 이해를 근본적으로 변화시켰다. 루터교 신자들에게 10월 31일은 종교개혁 기념일이다. 1517년 그날, 마르틴 루터가 비텐베르크 성채 교회 정문(당시 비텐베르크 대학교의 공식 게시판)에 95개 논제를 게시했기 때문이다. 종교개혁 기념일이었던 1999년 10월 31일, 교황청 기독교 일치촉진평의회 의장 에드워드 카시디 Edward Cassidy 추기경과 루터교세계연맹 회장 크리스티안 크라우스 Christian Krause 주교는 아우크스부르크의 루터교회에서 "칭의 교리에 관한 공동선언문"에 서명했다. 2006년 7월 23일에는 세계감리교회협의회 회장 선데이 음방 Sunday Mbang 감독과 조지 프리먼 George Freeman 총무가 이 선언에 동참했다. 그리고 2017년 7월 4일, 루터가 설교자로 섬겼던 비텐베르크 시 교회에서 열린 행사에서 세계개혁교회연맹 사무총장 크리스 퍼거슨 Chris Ferguson이 선언문에 서명하며 합류했고 이후 성공회도 이 선언에 동참했다. 이 선언문은 인간이 '오직 은혜로' 의롭게 된다는 칭의 교리에 대한 기본적 합의를 표명한다.

공동선언문 서문은 다음과 같이 말한다. "우리는 모든 사람이 구원을 위해 전적으로 하나님의 은혜에 의존함을 함께

고백한다. 인간은 죄인으로서 하나님의 심판 아래 있으며, 스스로 하나님께 나아가 구원을 얻거나 의롭다 함을 받을 수 없으며, 자력으로 구원을 이룰 수 없다. 따라서 인간과 세상이 피조물로서 하나님과의 관계에서 가지는 자유는 구원에 대한 자유가 아니다. 칭의는 오직 하나님의 은혜로만 이루어진다."[17] 루터교와 가톨릭은 이 선언문에서 인간이 오직 은혜로 하나님께 받아들여지며, 하나님 앞에서 의롭다 함을 수동적으로 받는다는 루터의 정신에 합의했다. 동시에, 16세기 칭의 교리에 대한 상호 정죄는 더 이상 유효하지 않다고 명시했다. 종교개혁 시기에 칭의론과 면죄부 논쟁은 서구 교회의 일치를 깨뜨렸다. "칭의 교리에 관한 공동선언문"과 관련 문서들은, 종교개혁 이후 분열된 교회들이 분열의 원인이었던 교리에 대해 처음으로 공동 성명을 발표한 역사적 성과를 이루었다. 칭의와 관련된 교리는 이제 더 이상 교회 분열에 영향을 미칠 수 없게 되었다.

"칭의 교리에 관한 공동선언문"은 중요한 성과였지만, 어떤 신학자들은 선언문의 내용이 너무 지나치다고, 반대로 어떤 신학자들은 내용이 충분치 않다고 비판했다. 서명 1년 전인 1998년, 약 160명의 독일 개신교 신학자들은 선언문에 루터교의 입장이 명확히 반영되지 않았다며 반대하거나 유보적인 입장을 표명했다. 당시 요제프 라칭거 Joseph Ratzinger 추기경이 이끌던 로마가톨릭 교회 신앙교리성도 두 교회 간 입장 차가 여전히 존재한다고 지적했다. 또한, 루터교세계연맹은 로마 교황청처럼 교회 전체를 대표하는 관할권이 없어 선언문의 구속력이 제한적이라는 의문도 제기되었다. 이러한 비판에도 불구하고, 그리고 즉각적으로 교회를 통합하는 성과가 나타나지 않았음에도 이 선언문이 교회 연합의 중요한 초석을 놓았다는 점은 간과할 수 없다. 교리를 근거로 16세기에 일어난 상호 정죄는 더 이상 유효하지 않음이 선언되었고, '오직 은혜로' 인간이 하나님께 나아간다는 루터의 원리가 인정되었다.

라칭거 추기경의 후임인 교황청 신앙교리성 장관 게르하르트 루트비히 뮐러Gerhard Ludwig Müller 추기경은 2017년 인터뷰에서 마르틴 루터의 면죄부 비판이 정당했다고 인정했다. 그는 면죄부 판매가 "신자들에 대한 사기"였다고 단언한다.[18] 가톨릭교회는 루터를 파문하기보다 그가 추구한 바를 더 비판적으로 성찰했어야 했다. 루터에게 하나님과의 관계는 오직 은혜로만 가능하며, "칭의 교리에 관한 공동선언문"을 통해 가톨릭도 이 점을 인정했다. 그러나 2000년 교황 요한 바오로 2세가 면죄부와 관련된 거룩한 해(희년)를 선포하자 '오직 은혜'라는 기독교 신앙의 핵심이 다시 모호해졌다는 비판이 제기되었다.

그렇다면 루터에게 선행은 완전히 불필요한 것일까? 그러니까 하나님이 모든 일을 잘 해결해 주실 테니 우리는 그저 가만히 있으면 되는가? 그런 생각은 루터를 완전히 오해한 것이다. 그는 "선행이 선한 사람을 만드는 것이 아니라 선한 사람이 선한 일을 한다"고 강조한다.[19] 경건한 사람이 선한 일을 하는 것은 매우 자연스러운 귀결이다. 루터는 이렇게 설명한다. "좋은 열매가 좋은 나무를 만드는 것이 아니라 좋은 나무가 좋은 열매를 맺는다. 마찬가지로, 좋은 사람이 좋은 작품을 만든다. 좋은 사람과 좋은 나무는 행위가 아닌 오직 하나님 말씀의 진리를 믿는 믿음으로 자란다."[20] 그에게 중요한 것은 올바른 순서다. 하나님이 먼저 오시고 그다음에 인간이 온다. 하나님이 은혜로 우리를 받아 주실 때 우리는 그 응답으로 다른 사람에게 은혜를 베푼다. 즉, 선행을 한다. 선을 행하지 않는다는 것은 하나님이 아무런 전제 조건 없이 우리를 위해 하신 일을 이해하지 못했다는 뜻이다. 중세의 이해에서 선행은 하나님이 우리에게 정말로 자비를 베푸실 것임을 보증하는 수단이다. 그러나 루터는 우리가 구원에 조금이라도 기여해야 한다면 구원의 토대가 너무나 불안정해진다고 말한다. 하나님은 신뢰할 만한 분이시니 분명 그분의 역할을 다하실 테지만, 우리는 어떤가? 루터가 '오직 은혜'를 강조하는 이유는, 하나님은 약속한 것을 지키는 확실한 분이지만 우리는 불확실한 존재이기 때문이다.

그러므로 선행은 구원의 전제 조건이 아니라 우리에게 주어진 구원에 응답하는 감사의 결과물이다. 그러니 '선행이 그리스도인에게 필요 없다'는 말은 그리 정확한 말이 아니다. 루터에게 선행은 구원받은 기쁨의 연속선상에서 필요하다. 루터에게 중요한 것은, 하나님이 아니라 우리의 도움이 필요한 이 땅의 사람들에게 유익을 주는 선행이다. 그래서 그는 한 설교에서 이렇게 말했다. "하나님을 위해 하는 일은 선행이라고 부르지 않는다. 오히려 이웃을 위해 해야 할 일, 그것이 선행이다."[21] 물론, 루터는 예수님이 청중에게 "너희가 여기 내 형제 중에 지극히 작은 자 하나에게 한 것이 곧 내게 한 것이니라"(마 25:40)고 말씀하셨음을 잘 알고 있다. 그렇기에 루터는 "그리스도인의 모든 일은 하나님을 섬기는 일이어야 한다"[22]고 힘주어 강조한다. 루터에게 우리가 하는 일은 동료이자 이웃인 인간을 위한 봉사로 이루어지지만 궁극적으로 하나님을 섬기는 일이다. 루터의 설명대로, 우리의 모든 삶과 행동은 예배다. "하나님을 향한 섬김은 한두 가지 영역에 국한되지 않고, 모든 일과 모든 삶의 영역에 걸쳐 있다."[23]

루터는 선행이나 사회적 헌신이 구원의 전제 조건이 아니라고 보았다. 구원과 관련하여 선행은 전적으로 무의미하다. 그러나 하나님이 은혜로 우리를 받아들이셨음을 깨달은 후에는 자연스럽게 선한 행동이 따른다. 하나님이 우리에게 선하심과 자비를 베푸셨기에, 우리는 이웃에게도 선과 자비를 베푼다. 그리스도인의 윤리적 행동은 하나님의 무조건적 사랑에 대한 감사에서 비롯된 응답이다. 그러나 루터는 인간의 현실적 한계도 인정한다. 그는 우리가 구하기는 잘하지만 감사는 부족하다고 보았다. 이로 인해 개신교가 '오직 은혜'를 강조할 때마다 인간의 역할이 없다는 오해를 불러일으키곤 한다.

토론을 위한 질문

1. 루터에게 죄인이 거룩한 성인이 되는 이유는 무엇일까?

2. 십자가가 구원 역사의 '해석학적 열쇠'라는 것은 무슨 뜻인가?

3. "칭의 교리에 관한 공동선언문"의 신학적 의미는 무엇인가?

루터가 기독교 신앙을
이해하는 데 있어 핵심은
'하나님의 하나님 되심'이다.
우리와 하나님 사이에는
극복할 수 없는
차원의 간극이 존재한다.
따라서 구원과 관련된 문제에서
하나님과 우리 사이에는
협력의 여지가 없다.
첫걸음은 언제나
하나님으로부터 시작되며,
우리는 그 후에 적절히
반응할 수 있을 뿐이다.
하나님의 첫걸음은
전혀 예상치 못한 선물이다.

4

헤아릴 수 없는 하나님

근대 초만 하더라도 신을 믿는다는 것은 자명한 일이었다. 이성과 자연이 신의 존재와 역사를 명확하게 보여 준다고 여겼기 때문이다. 하지만 17-18세기 계몽기를 넘어 과학과 산업이 폭발적으로 진보하는 19-20세기로 접어들면서 상황이 바뀌었다. 철학자 임마누엘 칸트(1724-1804)는 이 새로운 상황에 주목하고, 《순수이성비판》 제2판 서문에서 영국 경험주의자들을 비판하며 이렇게 썼다. "그러므로 나는 믿음을 위한 공간을 마련하기 위해 지식을 무효화해야만 했다."[1] 동시에 그는 그때까지 타당하다고 받아들여졌던 신 존재 증명 방법들을 반박하고, 우리가 세상에서 발견한 것 이상으로는 아무것도 증명할 수 없다는 것을 보여 주었다. 실제로 이성은 하나님과 그분의 일에 대해 아무것도 헤아릴 수 없다. 찰스 다윈(1809-1882)도 후에 이 의견에 동의했다. 그는 모든 생명체가 진화하는 데 엄격한 규칙이 적용된다는 사실을 발견했지만, 여전히 이 모든 것이 신의 행위 없이 일어날 리 없다고 생각했다. 그러나 시간이 지나면서 점점 더 많은 사람에게 신은 '실직자' 신세가 되어 버렸다.

다음 일화는 이 점을 극명하게 보여 준다. 프랑스의 수학자이자 천문학자인 피에르 시몽 라플라스가 나폴레옹에게 자신이 쓴 5권으로 구성된 《천체 역학》의 사본을 선물했을 때, 황제는 호기심에 그 체계에서 신의 자리가 어디인지 물었다. 라플라스는 "폐하, 저는 그 가설이 필요 없습니다"라고 자랑스럽게 대답했다고 한다. 신이 이 세상에서 실직 상태가 되어 버리자 신학자들은 신을 자연 세계와 연결하기를 가능한 한 피하게 되었다. 말하자면, 하나님은 인간 영혼이라는 게토에 갇혀 버린 것이다. 디트리히 본회퍼는 우리가 세상에서는 하나님이 존재하지 않는 것처럼 살아야 한다고 말한다. "인간은 성숙해 가면서 하나님 앞에서의 자기 상황을 제대로 깨닫게 된다. 하나님은 우리가 그분 없이 자기 삶을 살아나가야 한다는 사실을 깨닫게 하실 것이다."[2] 그러나 우리가 비종교적인 세상으로 나아간다는 본회퍼의 결론은 틀렸다. 개신교든 가톨릭이든 교회에서 이탈하는 사람들의 수가 꾸준히 증가하고 있다는 것은 사실이다. 유럽과 북미의 주요 대형 교회는 머지않아 소수 교회로 전락하게 될 것이다. 그러나 이 사실을 두고 세계가 무종교 세계로 점점 더 빠르게 변한다는 말로 이해하면 안 된다. 독일과 체코의 새로운 연방 국가 시민들에게는 그럴지도 모르지만, 대개 사람들은 일종의 믿음을 가지고 있다. 더 높은 존재, 더 높은 힘, 심지어 천사에 대한 믿음도 있고, 이런 종류의 믿음은 점점 더 인기를 얻고 있다. 오늘날 점점 더 많은 사람이 모든 면에서 자신의 자율성과 독립을 소중히 여긴다. 그래서 어떤 특정 종파가 무엇을 믿어야 하는지 강요하는 것을 좋아하지 않는다. 이제 사람들은 불교, 기독교, 여타 종교 전통에서 각자 구미에 맞게 신앙을 취사선택하고 조합하여 자신만의 종교를 만들어 간다.

루터는 이러한 패치워크식 종교 이해에 동의했을 것이다. 왜냐하면 그는 그리스도인이 아니더라도 모든 사람이 일종의 신앙을 가진 종교적 존재라고 확신했기 때문이다. 그는 《대교리문답》에서 첫 번째 계명을 해설하며 이렇게 설명한다.

> 일반적으로 '신'이란 사람들이 소망하는 모든 좋은 것, 온갖 시련의 피난처가 되는 대상이다. 그러므로 어떤 신을 섬긴다는 말은 그 대상을 진심으로 신뢰하고 믿는다는 뜻이다. 거듭 말했듯이, 오직 마음의 신뢰와 믿음만이 신을 만들 수도 있고, 우상도 만들 수 있다. 만약 바른 믿음과 바른 신뢰가 있다면 당신의 신은 바른 신이다. 반대로, 바르지 못한 믿음과 바르지 못한 신뢰를 가지고 있다면, 그것은 바른 신이 아니다. 왜냐하면 신앙과 신은 뗄 수 없기 때문

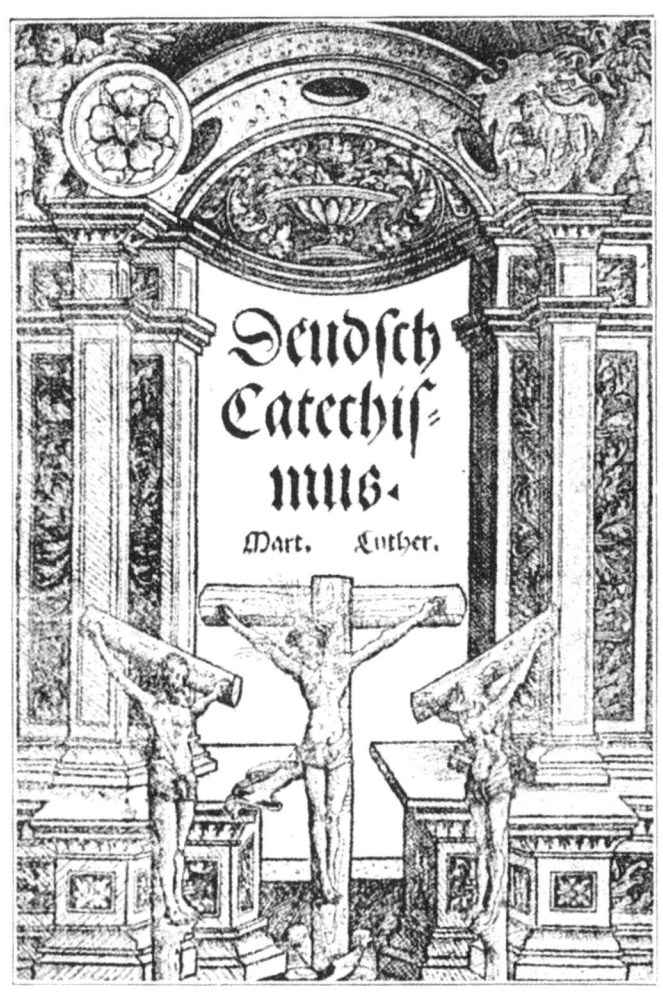

루터는 하나님에 대한 지식을 두 가지로 구분했다. 모든 사람이 양심과 자연을 통해 알 수 있는 일반적 지식과 오직 말씀과 그리스도를 통해서만 계시되는 적절한 지식이 그것이다. 그림은 개신교 최초의 교리문답서인 마르틴 루터의 《대교리문답》(1529) 초판의 제목.

이다. 즉 당신의 마음이 매달려 있고 모든 것을 지탱하는 대상, 그것이 바로 당신의 신이다.³

모든 인간은 마음속에 자신이 의지하는 대상이 있다. 이는 명예, 지식, 직업, 가족 등 다양한 형태로 나타날 수 있다. 그러나 궁극적인 존재에 대한 일반적인 인식만으로는 하나님의 본질을 온전히 알 수 없다. 마르틴 루터에게 하나님에 대한 자연적 지식의 가치는 상황에 따라 달라진다. 그는 한편으로 이를 인간의 욕망과 이성의 투영으로 비판하지만, 다른 한편으로는 하나님이 주신 참된 지식으로 인정한다. 이러한 이중적 관점은 루터가 하나님에 대한 지식을 두 가지로 구분했기 때문이다. 첫째는 모든 사람에게 어떤 형태로든 내재된 일반적 지식 *cognitio generalis*이고, 둘째는 오직 그리스도를 통해서만 계시되는 특별한 지식 *cognitio propria*이다. 루터는 이를 다음과 같이 구분한다. "하나님에 대한 지식에는 두 가지, 즉 일반적인 지식과 구체적이고 특별한 지식이 있다. *Duplex est cognitio Dei, generalis et propria*"⁴ 루터의 사상에 따르면, 일반적 지식은 하나님의 존재와 본질에 대한 폭넓은 이해를 제공하지만, 하나님의 참된 본질을 온전히 깨닫는 길은 그리스도를 통한 특별한 지식에 있다.

1. 하나님의 작품을 통한 자연스러운 지식

루터는 한 설교에서 하나님에 대한 자연적 지식의 모호함을 이렇게 설명했다. "사람들은 고통과 시련 속에서 신뢰하고 위로를 얻으며, 모든 좋은 것과 도움을 얻을 수 있는 존재를 신이라고 부른다. 이교도들이 목성(주피터)을 조력자이자 신으로 삼은 것도 이 때문이다.…그들은 이성에 근거해 거짓 신들을 만들어 냈다. 로마인들은 전쟁의 승리, 옥수수 재배, 난파선 구출 등 다양한 필요에 따라 신들을 창조했다. 인간의 필요와 유익에 따라 신들이 만들어졌고, 심지어 풀과 마늘도 신으로 숭배되었다.…이는 이성이 신을 '사람을 돕는 유익한 존재'로 이해하는 방식이다. 이는 바울이 로마서 1:19-21에서 말한 바와 같이, 인간의 이성은 단지 '하나님이 계시다'는 정도만 알 뿐임을 보여 준다."[5]

이 지식은 하나님이 인간의 마음에 지워지지 않도록 새겨 두신 것이며, 인간의 이성에서 나온 것이 아니다. 하지만 에피쿠로스(기원전 341-270)와 같은 무신론자들은 이 하나님 인식을 부정하려 했다. 루터는 이렇게 설명한다. "그들은 억지로 귀를 막고 눈을 가리며 마음의 빛을 끄려 한다. 그러나 이런 시도는 성공하지 못한다. 양심이 계속 그 반대를 말하고 있기 때문이다."[6] 현대적으로 말하면, 인간은 본성적으로 종교적이라고 할 수 있다. 모든 사람은 자신을 초월하는 더 큰 존재를 직감하기 때문이다. 루터는 요나서 강해에서 이렇게 강조한다. "모든 사람의 마음에는 하나님에 대한 빛과 인식이 있으며, 이를 억누르거나 소멸시킬 수 없다."[7] 예를 들어, 이교도들이 신으로 섬기는 존재들은 "그들 마음에 신성한 존재에 대한 개념이 있음"을 보여 준다. 모든 종교는 보이지 않고 영원하며 강력한 신적 존재를 증언한다.

　　인간은 본성적으로 자신의 존재가 다양한 조건과 환경에 의존하고 있다는 것을 깊이 인식한다. 우리는 스스로 자기 존재를 책임지거나 통제할 수 없다. 루터는 이를 이렇게 표현한다. "이교도들도 본능적으로 최상위 신이 있음을 안다."[8] 그는 로마서 1:19-21을 자주 인용하며, "이교도들도 하나님에 대한 자연적 지식을 갖고 있다"고 강조하기도 한다.[9] 신에 대한 본성적이고 자연적인 일반 지식은 인간으로부터 비롯된 것이 아니다. 자연은 하나님의 피조물로서 이미 "인간이 하나님을 부를 것"임을 증언하고 있다.[10] 유대인들은 하나님을 올바르게 섬기기 위해 시내산에서 율법을 받았지만, 하나님은 이방인들의 마음속에도 율법을 심어 주셨다. 하나님에 대한 자연적 지식을 받지 않은 사람은 없다. 왜냐하면 "이것은 우리가 무덤에 들어갈 때까지 달라붙어 있는 인간의 본성"[11]이기 때문이다. 루터는 모든 인간이 일종의 신을 섬기고 의지한다는 사실을 언급하면서 모든 사람이 "신의 존재, 신이 천지를 창조하셨다는 사실, 그분의 의로우심, 악인을 벌하시는 심판"[12]에 대한 일반적 지식을 가지고 있다고 강조한다. 그렇다면 이런 지식은 어떻게 얻을 수 있을까? 이제 자연법, 이성, 철학을 차례대로 살펴보자.

자연법을 통한 하나님 지식

루터에 따르면, 윤리적 의무를 부여하는 법, 예를 들어 십계명과 같은 법에서 얻은 신에 대한 지식은 모든 사람이 공유하는 자연법적 지식이다. 그는 "이성은 율법에 기초한 하나님에 대한 지식에 익숙하다"고 설명했다.[13] 또한, "하나님을 믿는 것은 모세의 율법뿐 아니라 자연법과도 관련된다. 바울이 말했듯이(롬 1:20), 이방인도 하나님의 존재를 알고 신성한 것을 숭배한다. 이는 그들이 여러 신을 섬기며 예배를 만들어 낸 사실로 증명되며, 하나님이 그분의 사역을 그들에게 보여 주셨기에 가능한 일이다."[14]

루터에 따르면, 십계명은 하나님에 대한 보편적이고 자연적인 지식의 범주에 속한다. 이는 어느 정도 타당한 주장이다. 십계명에 담긴 자연법은 크게 두 가지로 요약된다. 첫 번째 돌판(1-3계명)은 하나님을 공경하라는 명령이고, 두 번째 돌판(4-10계명)은 이웃 사랑의 의무를 다룬다. 루터는 하나님이 자연법을 모든 사람의 마음에 새겨 놓으셨기에 누구나 하나님의 존재를 알 수 있다고 보았다. 20세기 비교행동학 연구는 다양한 문화와 심지어 동물계에서도 십계명과 유사한 규범이 존재함을 밝혀냈다. 이러한 규범은 사회적 상호작용을 촉진하고 생존을 보장하는 역할을 한다.[15]

이성을 통한 하나님 지식

루터는 이성과 철학에 매우 회의적이었다. 그는 인간이

하고 싶은 일을 하고 하나님이 원하시는 일을 피할 '합리적인' 논거를 찾을 때 이성과 철학을 오용한다는 사실을 알고 있었다. 또한 루터는 철학이 성경과 모순되는 주장을 만들어 내고, 지나치게 사변적이라고 비판했다. 그러나 이런 한계에도 불구하고 이성과 철학은 하나님에 대해 많은 것을 알게 하는 하나님의 선한 선물이라고 여겼다. 특히 루터는《의지의 속박》에서, 하나님을 인식하지 못하는 이성은 없기에 이성으로 하나님에 대해 많은 것을 말할 수 있다고 강조한다. 하나님에 대한 이러한 이성적 지식은 하나님의 사역, 즉 창조와 역사를 통해 다스리는 그분의 통치에서 비롯된다. 이 지식은 인간 자신이 아니라 하나님을 알 수 있도록 이성을 주신 하나님 자신에게서 난 것이다.

"하나님은 인간 본성에 그러한 빛과 이해를 심으셔서 당신 자신이 모든 피조물의 유일한 주인이자 창조주시라는 신적 통치의 표지와 형상을 주셨다."[16] 예를 들어, 이성은 소위 신 존재의 증거로서 자연 속에 있는 목적과 질서를 관찰함으로써 창조주와 유지자의 존재 가능성을 발견한다. 이성을 통해 인간은 하나님의 계명을 이해하고 옳고 그름을 구별할 수 있기에, 인간이 자연법칙을 통해 얻는 하나님에 대한 지식도 이성 아래서 인식론적 분류가 가능하다. 그러나 루터가 강조했듯이, 이성에 기반한 하나님에 대한 지식은 하나님이 죄를 벌하신다는 진리를 기꺼이 받아들이지 않는다는 한계가 있다. 이성은 모든 것을 자신의 관점으로 왜곡하는 경향이 있기에, 이성에서 비롯된 하나님에 대한 지식은 본질적으로 취약하다.

인간은 이성적 성찰을 통해 '신은 그 어떤 것보다 크고 우월하다'는 기본적 개념을 파악할 수 있으며, 이로 인해 신적 존재를 찾아 나서게 된다. 그러나 하나님이 부여하신 이 지식은 종종 인간의 고집으로 인해 왜곡되어 우상숭배로 이어지고, 결국 참된 하나님이 아닌 우상을 만들고 미신을 섬기는 삶으로 변질된다.

철학을 통한 하나님 지식

루터는 철학을 이성과 거의 동의어로 사용한다. 그는 철학이 창조 질서를 통해 세상을 지배하는 존재를 추론할 수 있다고 보았다. 플라톤(기원전 428/27-348/47)이 이미 제시했듯이, 철학은 제1원동자 primum movens와 최고의 존재 summum ens가 있음을 인식한다. 하지만 루터에 따르면, 이성은 창조주의 뜻을 온전히 파악하지 못한다. 인간은 창조의 사실을 인식할 수 있지만, 죄로 인해 눈이 가려져 창조 세계를 있는 그대로 볼 수 없다. 플라톤주의자들은 사변을 통해 신적 영이 세상을 다스리고, 자연 질서 속 모든 선의 근원이라는 결론에 도달했다. 그러나 그들은 하나님의 주권과 위엄으로 심히 눈이 멀어, 하나님을 찾는 과정에서 오히려 그분을 제대로 인식하지 못한다. 하나님이 왜 세상을 그렇게 만드셨는지, 왜 그런 방식으로 통치하시는지에 대한 질문은 철학자들이 답할 수 없는 영역이다. 철학이 만들어 내는 신에 대한 사변적 지식은 인간의 이해를 초월하는 신의 위엄을 벌거벗기는 시도 nuda majestas dei에 초점을 맞추기 때문에 궁극적으로 실패한다. 루터의 관점에서 사변적 철학은 현세로부터 내세의 연역을 시도한다. 후에 칸트가 증명했듯이, 신은 인간의 인식 범위를 넘어서기 때문에 이러한 시도는 불가능하다. 루터는 철학이 신에 대한 일반적 지식을 제공할 수 있다고 인정하면서도, 종종 추상적 사변에 빠져 본질적으로 길을 잃어버린다고 지적한다.

하나님의 작품을 통한 직관적 지식

지금까지 우리는 루터에게 하나님은 우리의 감각으로 파악할 수 없는 분임을 보았다. 동시에 루터는 우리가 하나님을 직관적으로 알 수 있다고 굳게 믿었다. 그는 탁상담화에서 이렇게 설명한다. "하나님은 모든 사람이 자신을 보고 알 수 있게 하시고, 우리에게 모든 좋은 것을 주시는 선한 창조주이시다. 우리는 그분을 온전히 헤아릴 수 없지만, 그분은 우리에게 당신이 하시는 일과 작품을 보여 주시며 당신 자신을 감지하게 하신다. 해와 달, 하늘과 땅, 땅에서 자라는 모든 열매를 보라. 그분이 하신 일과 그분이 베푸신 무수한 선한 행위에도 불구하고 우리가 깨닫지 못하는 원인은 무엇인가! 원인은 창조주에게 있지 않다. 창조주가 우리에게 안 나타나려고 숨기라도 하시는가? 아니, 잘못은 하나님이 아닌 우리에게 있다. 왜냐하면 인간의 본성은 죄로 인해 완전히 부패하고 오염되어

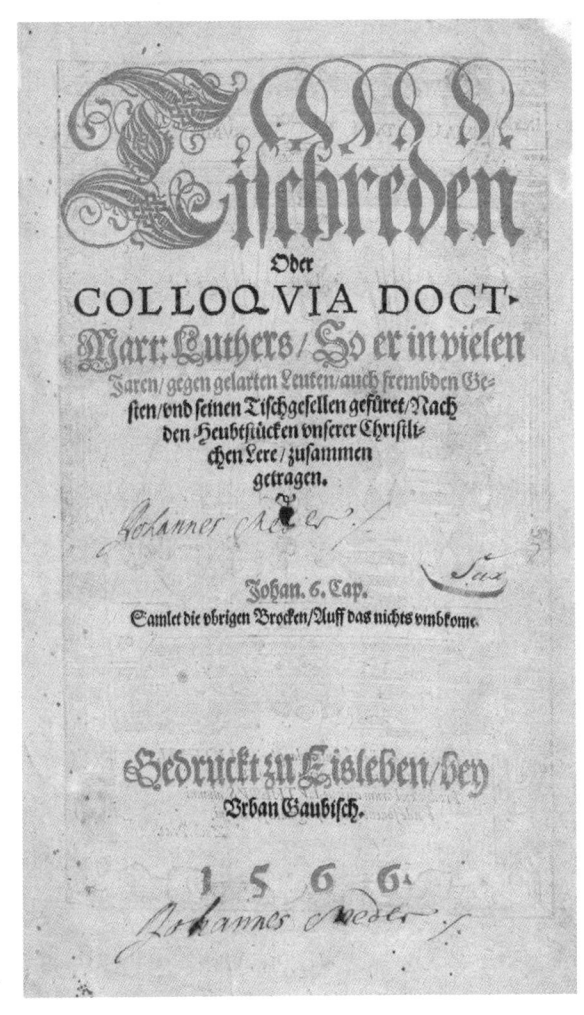

마르틴 루터가 식탁에서 제자, 친구들과 나눈 대화와 강론을 기록한 《탁상담화》 초판본(1566). 루터는 이 책에서 이렇게 말했다. "우리는 그분을 온전히 헤아릴 수 없지만, 그분은 우리에게 당신이 하시는 일과 작품을 보여 주시며 당신 자신을 감지하게 하신다."

하나님을 알고 이해하기는커녕 알아차릴 수도 없기 때문이다."[17] 하나님의 작품을 통해 얻는 경험적이고 직관적인 하나님 지식이 이토록 모호한 것은 하나님이 아닌 우리의 잘못이다. 인간은 자기 능력의 범위 안에서, 그리고 자연 질서를 통해 하나님을 이해하려고 한다. 그러나 그런 방식으로는 하나님을 알 수 없다. 그렇다고 하나님이 인간을 외면한 것도 아니다. 다만, 우리의 능력으로는 하나님을 온전하게 알지 못할 뿐이다. 그럼에도 자연의 질서는 희미하게나마 하나님에 관한 무언가를 알게 해 준다. 자연은 "우리에게 모든 선한 것을 주시고 모든 악에서 도우시는 신이 존재한다"는 사실을 가르쳐 준다.[18] 자연과 역사 속에서 하나님이 일하신다는 직관적 감각은 인간의 근원적인 종교성과 세계 종교의 뿌리 가운데 하나다. 루터는 자연에서 하나님의 발자국을 감지할 수 있다는 중세 전통에 동의한다. 그러나 이런 지식을 어디까지 신뢰할 수 있을까?

사변적 이성을 통해 우리는 신이 전지전능하다는 결론에 도달할 수 있다. 하지만 이러한 인식만으로는 하나님의 구체적인 의도나 행동 방향을 알기 어렵다. 이성을 통해 우리는 신의 속성, 예를 들어 전능함, 전지함, 영원함 등을 이해할 수 있을 뿐이다. 그러나 신의 속성을 안다고 해서 하나님의 뜻을 완전히 파악할 수 있는 것은 아니다. 신의 능력과 위대함에 대한 인식은 모든 종교의 기본이 된다. 모든 인간의 마음속에 신이 전능하고 전지하다는 인식이 내재해 있기 때문이다. 그러나 우리는 더 나아가 신이 공의로운 존재임을 인식할 수 있다. 인간은 신을 단순히 추상적이고 비인격적인 최고 존재로 숭배하지 않는다. 오히려 우리는 신을 부르고, 대화하며, 무언가를 구하고 받는 인격적 관계를 추구한다. "그러므로 모든 사람은 신이 우리의 피난처임을 알고 그분의 도움과 보호를 간구한다."[19]

모든 사람의 마음에는 하나님이 고통받는 이들과 위기에 처한 사람들을 돌보고 도우신다는 지식이 심겨 있다. 그러나 루터에 따르면, 하나님이 심어 주신 이 지식은 잘못 해석되어 왔다. 이러한 자비로운 행위들이 참된 하나님이 아닌 거짓된 대상, 즉 우상의 것으로 여겨진 것이다. 사람들은 한 분의 신, 곧 유일하신 하나님이 계심을 올바르게 인정하는 유일신론자가 될 수 있다. 그러나 이러한 믿음조차도 거짓 신을 섬기는 것으로 변질될 수 있다. 정의롭고, 도움이 필요할 때 도움을 주고, 만물을 주관하고 다스리는 신이 존재한다는 지식이 참된 한 분 하나님께 돌려지지 않고, 가짜 신이나 우상에게로 옮겨 가는 것이다.

루터에 따르면, 우리는 신에 대한 일반적인 지식에서 세 가지 한계를 직면한다. 첫째, 예수 그리스도를 통해 하나님이 자신을 계시하지 않으셨다면, 하나님에 대한 지식은 필연적으로 주관적일 수밖에 없다. 그리스도라는 계시적 사건이 없다면 이 지식을 교정할 기준이 없기 때문이다. 둘째, 인간이 자신의 소망과 생각으로 하나님에 대한 참된 지식을 대체하려는 잘못된 시도로 인해 이 지식은 왜곡될 위험에 처해 있다. 셋째, 하나님에 대한 일반적 지식은 단지 하나님을 향해 가는 여정의 예비 단계에 불과하다. 그리스도 안에서의 계시는 더 나은 대안으로서 이러한 일반적 지식을 대체한다. 일반 지식만을 추구하는 사람들은 자신이 바라는 신을 찾으려 하지만, 참된 하나님은 오직 예수 그리스도 안에서 자신을 온전히 드러내신 분이다. 루터는 신명기 강해에서 이렇게 말한다. "하나님의 말씀이 없는 곳에는 하나님에 대한 참된 지식이 없고, 하나님에 대한 지식이 없는 곳에는 하나님에 대한 무지, 상상, 의견만 난무한다."[20]

하나님에 대한 일반적 지식의 주관성

루터에 따르면, 하나님에 대한 자연적 지식의 가장 심각한 문제는 그 주관적 특성에 있다. 모든 사람이 자신에게 맞는 신을 상상하기 때문에 다양한 형태의 우상숭배가 발생한다. "각자가 자신을 위해 신을 만들고 그에 따라 신을 숭배하게 되기" 때문이다.[21] 마찬가지로, 우리의 윤리적 행동에 구속력을 가져야 할 자연법도 상이하고 때로는 모순되는 방식으로 해석된다. 사람들은 다른 이들이 악하다고 간주하는 것을 선하다고 여기며, 반대로 다른 이들은 선하다고 여기는 것을 악하다고 간주하기도 한다. 이처럼 하나님이 세우신 질서조차 서로 상충되는 방식으로 이해될 수 있다. 루터의 견해에 따르면, 하나님은 우리가 상상하는 모습 그대로 우리에게 다가오신다. 만약 우리가 하나님이 분노하신다고 생각한다면, 하나님은 우리에게 그렇게 나타나신다. "당신이 지금 생각하고 신뢰하는 신의 모습이 바로 당신의 하나님이다. 하나님이 은혜롭고 자비롭다고 믿는다면, 당신은 바로 그런 하나님을 경험하게 될 것이다."[22]

하나님에 대한 일반적 지식은 우리 자신의 주관적 개념에 맞추어져, 하나님을 우리가 원하는 대상이자 우리를 행복하게 하는 존재로 변형한다. 이로 인해 우리는 하나님을 우리 마음대로 만들어 낸다는 착각에 빠지게 된다. 이는 하나님이 실제로 우리의 소망에 따라 변한다는 의미가 아니라, 단지 우리가 하나님에 대해 가진 개념이 변할 수 있다는 뜻이다. 우리는 참된 하나님을 신뢰하기보다, 우리 자신이 만들어 낸 신을 믿게 된다. 루터는 "하나님에 대해 정확하고 올바른 이해를 갖는 것"이 가장 중요하다고 강조한다. 단순히 하나님을 믿는다는 사실보다, 하나님을 올바르게 믿는 것, 즉 루터의 표현대로 "참 하나님을 믿는 것"이 핵심이다.[23] 하나님에 대한 일반적 지식에 투영이 일어나는 것이 위험한 이유는, 이 지식이 하나님에 의해 인도되지 않고 우리 자신의 소망에 따라 조정되기 때문이다. 루터는 이교도들의 예를 들며, 그들이 "[그들에게 나타난 신성을] 있는 그대로 예배하지 않고 자신들의 욕망과 필요에 맞게 변형시키고 조정했다"[24]고 지적한다. 하나님에 대한 일반적 지식은 창조 질서 외부로부터의 교정을 받지 못하기에, 대개는 인간 욕망의 투영을 하나님으로 간주한다.

하나님에 대한 일반적 지식의 한계

 루터는 모든 인간이 하나님에 대한 어렴풋한 지식을 가지고 있음을 강조한다. 그러나 이 인식을 발전시키는 과정에서 우리는 오히려 하나님의 형상을 왜곡하게 된다. 우리의 감각과 이해는 하나님에 대한 지식을 환상 속의 그림으로 만들어 버린다. 이로 인해 우상숭배가 발생하고 참된 종교가 변질된다. 루터는 이를 비꼬며 "종교는 인간의 모든 업적 중 가장 위대한 업적"이라고 말한다. 인간이 자신의 이성만을 따르고 하나님의 인도를 받아들이지 않기 때문에, 인간의 하나님 이해는 왜곡되고 부적절하다. 결국 종교는 가짜 종교로 변질되고, 하나님에 대한 신뢰는 다른 신에 대한 신뢰로 대체된다. 루터도 모든 사람이 본래 하나의 종교를 추구했다는 유일신론적 관점에 동의할 것이다. 그러나 이 종교는 분열되어 서로 경쟁하는 여러 종교로 변질되었다.

 오늘날 종교에서 하나님에 대한 지식은 '최고의 존재가 있다'라는 기본적인 믿음의 수준에 머물러 있다. 우리는 하나님으로부터 너무 멀어져 그분의 구체적인 본질이나 특성을 이해하기 어려운 상태가 되었다. 이러한 거리로 인해 우리는 세상에서 이루어지는 하나님의 활동을 제대로 해석하지 못한다. 우리는 종종 하나님의 사역을 우리의 업적으로 착각하거나, 반대로 우리의 행위를 하나님의 일로 오해하곤 한다. 그러나 하나님의 일을 분별하기는 그리 어렵지 않다. 하나님은 언제나 세상과 인류를 보존하고 구원하는 것을 목표로 하시기 때문이다. 하나님은 세상을 보전하는 과정에서 자신이 창조한 피조물들을 협력자로 활용하신다. 이 때문에 인간은 종종 자신이 모든 일의 주체라고 오해하게 된다. 또한 자연 현상을 관찰하면서 모든 것이 자연스럽게 발생하며 자연이 스스로 존재한다고 잘못된 결론을 내리기도 한다.

인간이 하나님으로부터 멀어진 죄는 이미 깊어져서, 우리는 하나님의 능력을 의심하고 모든 일의 원인을 인간의 능력으로만 설명하려 한다. 이 과정에서 하나님의 존재는 불필요해진다. 이처럼 하나님에 대한 자연적 지식은 많은 오해를 낳기 때문에, 루터는 이것이 진정한 믿음의 출발점이 될 수 없다고 보았다.

2. 하나님의 자기 계시를 통한 특별한 지식

루터에 따르면, 하나님에 대한 바른 지식은 오직 하나뿐이다. 그것은 바로 예수 그리스도 안에서 인간의 형상을 취하신 하나님의 말씀이다. 따라서 루터는 그리스도처럼 하나님도 어디에나 존재하신다고 말한다. "하나님은 당신이 그분을 찾으려고 사방을 헤매기를 바라지 않으신다. 말씀이 있는 곳으로 가라. 그러면 그분을 올바르게 만날 것이다. 거기가 아니라면, 당신은 결국 하나님을 배반하고 우상숭배의 희생양이 될 것이다. 이런 이유로 하나님은 우리가 하나님을 구하고 찾을 방법과 장소와 관련해 특별한 수단을 마련해 주셨다. 그 수단은 바로 말씀이다."²⁵ 루터는 하나님에 대한 자연적인 지식을 거부하면서 이렇게 말한다. "하나님을 파악하려는 시도는 매우 어리석은 일이다. 오직 하나님의 말씀에 머물러야 한다. *Stultissimum, ut darnach trachten eum cogoscere. Idea haerendum in verbo*"²⁶ 기독교 신앙의 관점에서 볼 때, 이성적인 방법으로 얻는 하나님에 대한 지식은 우리에게 거의 아무것도 알려 주지 못한다. "하나님이 이성을 통해 우리에게 알려지기를 원하셨다면, 육신으로 우리에게 오지 않으셨을 것이다."²⁷

그리스도 안에서의 계시를 통해, 하나님에 대한 지식은 새롭고 더 깊은 차원으로 발전하게 된다. 루터가 요나서 주석에서 쓴 것처럼, 이런 방식의 계시는 큰 장점이 있다. "그러므로 하나님이 계심을 아는 것과 하나님이 누구인지 또는 하나님이 어떤 존재인지 아는 것 사이에는 큰 차이가 있다. 자연은 전자를 알고 있다. 그것은 모든 사람의 마음에 새겨져 있다. 후자는 오직 성령만이 가르쳐 주신다."²⁸ 그리스도 사건을 통한 하나님 지식은 오직 하나님에 의해서만 주어진다. 하나님이 인간이 되셔서 우리가 그분을 알 수 있게 되었지만, 우리 지식의 대상인 하나님은 언제나 하나님으로 계신다. 하나님은 구체적인 인간 형상으로 자신을 드러내시면서 우리에게 자신을 나타내신다.

루터에게 이 맥락에서의 계시는 무엇보다도 하나님의 자기 현시와 자기 객관화를 의미한다. 어떤 것이 그것과 유사한 것에 의해서만 알려질 수 있다는 논리적인 인식론적 전제는 여기에서도 유효하다. 그러므로 하나님은 계시의 행위와 그 인식에 있어서 주도권을 가지신다. 계시란 하나님에 관한 특정 사실을 알리는 교훈이 아니라, 자신이 알려지도록 하나님이 자신을 드러내시는 일이다. 하나님은 인간의 마음속에서, 또는 외부적 말씀으로 자신을 드러내신다. 루터에 따르면, 인간의 마음속에서 일어나는 계시는 하나님의 신비로운 내주가 아니라, 하나님이 인간의 모습을 취하셨다는 지식이다. 그러나 하나님은 이 계시에 완전히 흡수될 정도로 자신을 드러내지는 않으신다. 왜냐하면 하나님은 인간이 되셨지만 "하늘을 떠나지 않으셨기" 때문이다.[29] 이 자기 계시는 하나님이 존재한다는 사실과 그분의 속성이 무엇인지를 알려 줄 뿐 아니라, 계시가 없었다면 누구도 헤아릴 수 없는 그분의 내적 존재를 알려 준다. 그래서 일반적인 신에 대한 지식과는 달리, 이 지식은 표면적 지식에 그치지 않고 하나님의 가장 깊은 본성에 이르게 한다.

무한한 존재인 하나님의 자기 계시는 육체적인 형태, 즉 예수 그리스도의 인성을 취한다. 하나님이 자신의 존재를 이해하도록 허락하지 않는 한 이해할 수 없다. 빵과 포도주에 살아 계신 그리스도가 임재하시는 성만찬처럼, 전지전능하신 하나님은 그리스도 사건을 통해 특정한 장소와 특정한 시간에 우리에게 가시적으로 나타나신다. 하나님이 하신다면, 아주 간단히 무한을 유한에 담을 수 있다. 그래서 인간은 역사에 모습을 드러내신 그리스도를 통해 눈에 보이는 형태로 하나님을 발견한다. 하나님이 자신을 드러낼 때, 하나님은 자신의 신적인 권위를 겸허히 비우시고 창조된 질서, 즉 공간과 시간의 범주에 들어가 연약한 인간의 모습으로 우리를 만나 주신다.

하나님 역사로의 진입점: 성육신

전능하고 무한하신 하나님은 우리의 유한한 세계에 예수 그리스도의 성육신으로 오셨다. 이런 이유로 루터는 성육신을 하나님의 가장 위대한 업적이라고 부르는데, 이것은 인간 논리의 모든 규칙과 모순된다. 예수님의 삶은 하나님의 자기 계시의 중심점이다. 왜냐하면 구체적인 한 역사적 인간의 운명 속에서 일어난 유일무이한 역사적 사건을 통해, 영원하신 분이 역사 안으로 들어오셨기 때문이다. 우리가 하나님을 이해할 수 있는 곳은 범신론이 주장하는 대자연이 아니라, 한 사람의 역사적 삶의 영역이다. 인간 예수야말로 헤아릴 수 없는 하나님의 신비를 이해할 수 있는 출발점이다. 하나님이 시간과 공간 속에서, 즉 우리가 그분을 인식할 수 있는 자연 질서 속에서 일하시는 방식으로 우리에게 다가오셨기에, 우리가 비로소 그분을 알 수 있게 된다. 그래서 루터는 그의 크리스마스 송가 "하늘 위로부터"에서 다음과 같이 노래한다.

이는 당신이 보게 될 표지
당신이 그를 알게 되리.

사람으로 구유에 누워 있네
온 땅을 지탱하는 아이.[30]

계시의 의인화

하나님은 이와 같은 방식의 자기 계시 이후에도 변하지 않으신다. 그분이 인간의 모습으로 성육신하신 것은 무한하신 하나님을 인식할 수 없는 우리의 유한하고 제한적인 본성을 배려하셨기 때문이다. 하나님이 인간으로 우리에게 오셨기 때문에, 우리는 하나님의 활동을 묘사할 때 의인화된 개념을 사용한다. 예를 들어, 우리는 하나님이 친근하게 말씀하시고, 행복하고, 슬프고, 고통을 당하신다고 말한다. 특히 구약성경에서 흔히 볼 수 있는 이 은유들을 루터는 그리스도 중심적 방식으로 해석한다. 우리는 어쩔 수 없이 인간의 언어로 하나님의 일을 말해야 하고, 그럴 수 없을 경우는 침묵할 수밖에 없다. 이것은 하나님이 스스로를 드러내시는 과정에서 새로운 존재가 되시는 것이 아니라, 오히려 지금까지 숨겨져 있던 초월적 존재로서 하나님이 실제로 어떤 분이신지를 우리에게 보여 주신다는 의미다.

그러나 이렇게 하나님이 스스로를 드러내셨다고 해서 그분의 모든 것이 다 드러난 것으로 여기면 곤란하다. 하나님은 숨어 계시는 분이기도 하다. 그분은 자기 계시를 통해 자신을 내어놓으시지만, 여전히 우리를 전율하게 만드는 신비로운 하나님, 숨어 계신 하나님 *deus absconditus*이다. 많은 사람이 이 하나님을 만나면 고개를 저으며 불안과 절망에 빠진다. 하나님은 그분 자체로 신비와 권능으로 뒤덮여 있는, 이성으로 헤아릴 수 없는 분이다. 그러나 이런 공포와 진노의 하나님과 대조적으로, 루터는 예수 그리스도 안에서 우리와 교제하기를 원하시는 계시된 하나님*deus revelatus*을 구별한다. 루터에 따르면, 하나님 자신*deus ipse*과 계시된 하나님을 구별함으로써 하나님 개념의 과격한 의인화를 막을 수 있다. 그렇게 의인화된 신은 철학자 루드비히 포이어바흐(1804-1872)가 말한 대로 인간 욕망의 투영이자 철저히 이상화된 인간에 불과하다.

우리가 하나님을 묘사하는 데 사용하는 인간적 범주로는 그분을 온전히 파악할 수 없다. 하나님은 눈과 귀와 성대를 가진 사람이 아니지만, 자신을 드러낼 때 항상 인간적인 특성을 취하신다. 우리는 하나님의 존재 자체, 즉 하나님의 본질에 대해 구체적인 진술을 할 수 없고, 오직 하나님의 말씀에 대해서만 말할 수 있다. 하나님은 하나님의 말씀과 그분의 아들로 드러나시고 사랑의 의지를 나타내신다. 하나님이 본질적으로 어떤 존재인지는 그다지 중요하지 않고, 우리의 구원에 필요한 것도 아니다. 오직 하나님의 자기 계시와 하나님의 말씀과 복음만이 우리에게 결정적인 영향을 미친다. 이러한 면에서 루터는 추상적인 신학에 관심이 없었고, 인간의 실제적 삶의 문제에서 비롯된 신학에만 관심이 있었음을 알 수 있다. 그는 강의에서 "[하나님에 대한] 진정한 지식은 추측에 있는 것이 아니라 행동으로 나아간다"고 설명한 적이 있다.[31] 하나님이 은혜롭고 돌보시는 분이심을 깨달았다면, 우리 그리스도인들에게 그 결과는 감사하는 행동이어야 한다. 하나님에 대한 모든 이해는 예수 그리스도 안에서 하나님이 자신을 드러내신 결과이며, 우리 삶에 즉각적인 실천적 결과를 가져온다.

그리스도를 통한 하나님 지식

1531-1532년 탁상담화에서 루터는 "진정한 신학은 실천적이며, 그 기초는 그리스도시니, 그분의 죽음은 믿음으로 받아들여진다_Vera theologia est practica, et fundamentum eius est Christus, cuius mors fide apprehenditur_"고 선언했다.[32] 이 선언의 세 가지 측면이 중요하다.

1. 신학의 기초는 그리스도다.
2. 그리스도의 일은 오직 믿음으로만 깨달을 수 있다.
3. 참된 신학은 실천 지향적이다. 즉, 인간 구원에 초점을 맞춘다.

루터는 그리스도와 그분이 이루신 구원을 중심으로 반反사변적 방식의 신학을 구성한다. 오직 예수의 인격으로만 우리는 올바르게 하나님께 가까이 갈 수 있다. 왜냐하면 "[그리스도의] 인성이 우리의 거룩한 사다리이기 때문이다.…이 사다리를 통해 우리는 하나님을 아는 지식으로 올라갈 수 있다."[33] 예수님의 독특한 위치는 그분의 말씀과 행동의 흔적을 통해 하나님이 우리를 사랑하심을 알게 한다는 데 있다. 예수님은 하나님과 우리를 사랑으로 이어 주시고, 그분을 일별하게 함으로써 위로를 주신다. 우리는 그리스도로 시작할 때만 하나님과 그분의 일을 제대로 말할 수 있다. 왜냐하면 아버지와 아들의 뜻이 일치함으로써, 하나님은 아들이 우리와 관계하는 것처럼 우리와 관계를 맺으시기 때문이다. 예수 그리스도 안에서, 하나님의 인간적인 얼굴을 통해, 하나님은 우리에게 그분의 마음을 드러내셨다. 하나님에 대한 참된 지식은 하나님에 대한 사변이 아니라, 아들을 보내 알리신 아버지의 마음을 아는 지식이다.

루터는 "그리스도의 출현 이전에는 하나님이 완전히 숨겨져 있었다"[34]는 급진적 주장을 하기도 했다. 우리가 하나님을 바깥에서 바라보다가 안에서 바라볼 수 있게 된 것은 오직 그리스도를 통해서다. 우리는 그리스도 안에서 이루어진 하나님의 행하심을 통해 하나님이 그분의 창조물을 사랑하고 받아들인다는 것을 배운다. 그러므로 그리스도는 설교자, 기적을 행하는 자, 도덕적 교사가 아니라 구속하고자 하는 신성한 의지의 중재자로서 중요하다. 그리스도는 하나님의 일의 목표를 가리키고 계신다. 변화된 창조 세계에서의 하나님 사랑의 승리라는, 변함없이 완성을 향해 가고 있는 그 목표 말이다. 그러나 루터의 관점에서 볼 때, 단순히 그리스도를 바라보는 것만으로는 충분하지 않다. 왜냐하면 다른 많은 사람들도 그렇게 하고 있고, 급기야 자신들의 취향에 따라 그리스도를 해석하고 있기 때문이다. 그러므로 우리에게 중요한 것은 그리스도를 올바르게 바라보는 일이다.

십자가만이 우리의 지침이다

잘 알려진 대로, 루터는 "십자가만이 우리의 신학이다 CRUX sola est nostra Theologia"[35]라고 단언한다. 그는 신비주의나 추상적 신학을 거부하고, 그리스도 안에 나타난 하나님의 계시에 모든 사고의 중심을 두었다. 그리스도의 십자가는 모든 신학적 진술을 바라보는 중심이 된다. 루터는 이 접근 방식을 채택함으로써 '그리스도의 본을 따르라'는 중세 신학을 추종하지 않고, 그리스도 사건이 우리에게 이해할 수 없을 만큼 충격적이었다는 점을 강조한다. 왜냐하면 그리스도는 우리를 대신해서 죽음의 고통을 당하셨기 때문이다. 예수라는 역사적 인물과 그가 십자가에서 죽으셨다는 사실에 초점을 맞추는 십자가 신학은, 구체적인 인간 역사에 비추어 의식적으로 하나님의 구원 활동을 이해하기 쉽게 만들려고 시도하는 모든 사변적 신학과 대조적이다. 루터는 예수의 십자가 죽음이 구원에 대한 인간의 모든 낭만적이고 추상적인 생각과 모순된다는 점을 일체의 타협 없이 강조한다. 따라서 우리의 신학은 하나님이 (우리의 생각에 따라) 어떻게 하셔야 하는지로 감히 시작하기보다, 그분이 실제로 우리를 위해 어떻게 행동하셨는지를 굳게 유념해야 한다.

3. 십자가 신학이 참 신학이다

개혁파 신학자 위르겐 몰트만Jürgen Moltmann(1926-2024)은 루터를 따라 "십자가 신학은 신학의 한 장이 아니라 모든 기독교 신학의 핵심이다"[36]라고 말한다. 이는 확실히 루터의 확신이었다. 십자가 신학은 인간이 하나님의 성육신을 이해할 수 있게 해 준다. 루터는 1518년 하이델베르크 논제에서 "참된 신학과 하나님 인식은 십자가에 못 박힌 그리스도 안에 있다*Ergo in Christ crucifixo est vera Theologia et cognitio Dei*"고 강조한다.[37] 하나님을 알려면, 이성을 통해 하나님의 위엄에 직접적으로 접근하려는 시도 대신 하나님의 성육신에 초점을 맞추어야 한다. 그리스도 안에서의 하나님의 자기 계시를 드러내는 표징은 십자가다. 십자가는 우리의 '합리적인' 숙고를 파괴하고 정죄하는 하나님의 사역이기 때문이다. 우리는 하나님의 구원을 생각할 때 보통 수치스러운 십자가가 아니라 위대하고 인상적인 무언가를 떠올린다. 따라서 십자가에서의 구원은 인간의 발명품이 될 수 없다.

하나님은 십자가에 못 박힌 그리스도의 약한 모습으로 알려지기를 원하신다. 이를 통해 하나님은 우리의 지혜를 무너뜨린다. 하나님의 자기 계시인 십자가는 하나님을 모방하는 온갖 거짓을 물리친다. 하나님의 위엄은 인간이 상상하는 대로 쉽게 조작하고 환상 속 이미지로 창작할 수 있지만, 십자가는 어떤 종교와 철학적 사색과 상상으로도 만들거나 왜곡할 수 없다. 즉, 십자가에 달린 하나님, 십자가 구원은 인간의 발명품이 될 수 없다. 인간은 하나님이 우리를 구원하려고 아들을 십자가에서 죽게 내버려두실 것이라는 생각에 결코 이를 수 없기 때문이다. 이와 더불어, 그리스도의 십자가는 인간과의 연대를 상징하기도 한다. 십자가 사건은 그분이 한없이 힘없는 인간으로 이 땅에서 우리와 고통을 나누는 분이심을 드러낸다.

루터에게 하나님이 아기로 태어나 십자가에서 죽는다는 것은 터무니없는 일이었다. 인간적인 사고로는 이 사건을 결코 이해할 수 없으며, 우리가 이 사건의 의미를 인식하려면 하나님이 우리를 이끌어 주셔야 한다. 그리스도를 무시하는 사람은 그 안에 감추어진 하나님을 인식하지 못한다. 그들은 하나님의 가치는 무시하고, 그저 인간적인 가치만을 추구하기 때문이다. 루터는 이런 사람들을 '십자가의 적'이라고 불렀다. 그들은 십자가의 선함, 즉 하나님의 성육신을 나쁜 것으로 규정한다. 그리고 그들의 생각과 추상적·철학적 추론에서 나온 모든 나쁜 것을 선하다고 부른다.[38] 십자가는 겉으로 보기에는 역겹고 매스껍지만, 그것은 나쁜 것이 아니라 선한 것이다. 왜냐하면 그리스도 즉 하나님이 십자가를 자신의 것으로 삼으시고, 의기양양한 자가 도모하는 나쁜 일을 멸하셨기 때문이다. 나쁜 일이란, 자신의 힘으로 하나님을 헤아리려고 시도하는 사변적 신학을 포함해, 우리가 하나님 앞에서 성공하기 위해 사용하는 모든 수단을 말한다.

루터에게 십자가 신학은, 그리스도의 십자가가 하나님의 겸손과 그분이 인간이 되신 사실을 가리킬 뿐 아니라, 하나님이 항상 반대되는 모습으로 일하심을 나타내는 신학이기도 하다. 루터는 그리스도 사건을 통해, 하나님이 파괴할 때 완전하게 하시고, 십자가에 못 박을 때 살리시고, 형벌을 내릴 때 구원하시고, 참으로 자신을 숨길 때 자신을 드러내심을 분명히 깨달았다. 따라서 루터에게 십자가는 그야말로 진정한 부정신학이 될 수 있다.[39] 루터에 따르면, 하나님은 위험하고 어렵고 보기 흉한 절개를 시행하는 의사처럼 일하시지만, 실제로는 결국 유익한 일을 하신다.[40] 처음에는 상황이 더 나빠질까 봐 두렵더라도, 결국에는 놀라운 치유 효과가 나타나고, 고통은 더없이 행복한 경험으로 바뀐다.

반대되는 것처럼 보이는 이 하나님의 일에는 두 가지 측면이 있는데, 이 두 가지의 측면을 강조할 필요가 있다.

1. 인간이 스스로 성취한 모든 지식은 그리스도의 십자가 앞에서 산산조각 난다. 루터는 이성적 관점에서 볼 때 기독교만큼 터무니없고 어리석은 종교는 없다고 언급했지만, 그럼에도 불구하고 그는 예수 그리스도를 믿는다. 십자가 위에서 구원하시는 하나님의 숨겨진 임재를 통해 세상의 모든 지혜가 반박된다. 하나님은 고통 속에서만 알려지기를 원하시며, 보이는 것을 통해 보이지 않는 것을 이해하려는 모든 지혜를 거부하신다. 우리가 하나님의 경이로운 일, 즉 그리스도의 십자가와 그 참된 의미를 올바르게 인식할 수 있으려면 하나님

이 우리의 눈을 열어 주셔야 한다.

    2. 우리에게서 시작해 하나님께로 올라가든, 반대로 하나님의 신비로움에서 시작해 아래로 내려오든, 그와 같은 하나님에 대한 지식은 실패할 수밖에 없다. 우리는 오직 하나님의 놀라운 십자가 사역으로 인도될 때 비로소 하나님을 참되게 알 수 있다.

    하나님의 일이 반대되는 모습 아래 숨겨져 있다는 사실을 그토록 강조하는 이유는 무엇일까? 루터에게 결정적인 것은, 하나님이 자신을 드러내지 않는 곳에서 그분을 찾지 말아야 한다는 점뿐 아니라, 계시 사건에서 활동하시는 분은 오직 하나님뿐이라는 사실이었다. 하나님은 모든 구원 사역과 계시 사건 전체에서 주권적인 주님이 되시기 위해 십자가의 길을 선택하셨다. 아무도 이 사건이 실제로 일어날 것이라고 예상하지 못했다. 심지어 동방의 박사들도 먼저 예루살렘에서 유대인의 왕을 찾았으며, 작은 마을 베들레헴은 상상조차 하지 못했다(마 2:2). 하나님과 그분의 자기 계시는 어떤 합리적인 논리로도 완전히 이해할 수 없다. 오직 이미 일어난 사건을 근거로 설명할 수 있을 뿐이며, 그것도 대략적인 해석에 불과하다. 그리고 우리는 이 사건을 이해하기 위해 하나님의 도움에 전적으로 의존한다.

    루터가 기독교 신앙을 이해하는 데 있어 핵심은 '하나님의 하나님 되심'이다. 우리와 하나님 사이에는 극복할 수 없는 차원의 간극이 존재한다. 따라서 구원과 관련된 문제에서 하나님과 우리 사이에는 협력의 여지가 없다. 첫걸음은 언제나 하나님으로부터 시작되며, 우리는 그 후에 적절히 반응할 수 있을 뿐이다. 하나님의 첫걸음은 전혀 예상치 못한 선물이다. 태초에 창조가 이루어졌듯이, 예수님의 죽음으로부터 생명이 무에서 유로 나타난다. 그리고 역설적으로 예수의 죽음은 동시에 그의 승리가 되고 우리의 구원이 된다.

    루터는 모든 사람이 마음으로 의존하는 어떤 형태의 신을 가지고 있다고 주장함으로써 모든 종류의 무신론을 거부한다. 이로써 그는 신에 의해 주어진 일반계시를 통해 신에 대한 지식이 가능함을 인정한다. 원칙적으로 이러한 계시는 이성을 통해 접근할 수 있다. 그러나 다양한 종교적 관점에서 확인할 수 있듯이, 이 일반계시는 모호하다. 루터에 따르면, 명확성은 오직 하나님의 자기 계시를 통해서만 얻을 수 있다. 이 자기 계시는 나사렛 예수라는 인간의 모습으로 자신을 드러내신 것이다. 우리는 예수의 행적과 운명을 통해 하나님을 분명한 방식으로 인식할 수 있다. 따라서 예수는 수많은 종교적 사상이 난무하는 가운데 하나님을 올바르게 아는 척도이자, 동시에 하나님께 나아가는 사다리다.

토론을 위한 질문

1. 루터는 왜 하나님에 대한 사변적 지식을 의심했나?

2. 예수님은 하나님을 어떻게 보여 주시는가?

3. 십자가 신학이 모든 신학에서 가장 중요한 이유는 무엇인가?

루터는 율법주의적 경건을
옹호하지도 않고,
율법과 복음의 도덕주의적
혼합을 지지하지도 않는다.
오히려 그는 우리가 최선의
노력을 다함에도 불구하고
항상 이 세상과 얽혀 있다는 것,
그래서 이런 땅의 현실에서
새로운 시작을 하려면
하나님의 자비와 용서가
계속해서 필요하다는 것을
강조한다.

5

복음은 율법이 아니다

성경의 메시지를 율법과 복음으로 엄격하게 구분하는 것은 루터교의 전형적인 특징일 수 있다. 이에 비해, 개혁주의 신학자 칼 바르트는 "하나님 계명의 가르침인 윤리는, 율법을 복음의 형식으로 이해한다"[1]고 설명한다. 여기서 율법은 복음과 통합된다. 말하자면 율법이 복음의 일부가 되어 버린 것이다. 하지만 칼뱅주의자들과 경건주의자들에게서 흔히 볼 수 있듯이, 여기서는 새로운 율법주의가 생겨날 위험이 존재한다. 복음에 담긴 해방적 힘이 강조되기는 하지만 신자들은 대부분 성경의 의무 조항을 듣기 때문에, 사실상 복음은 구석으로 밀려나게 된다. 복음주의권뿐 아니라 거의 모든 현대 교회에서, 복음은 그리스도인들에게 그리스도를 닮은 행위를 촉구하기 위해 율법주의적이거나 도덕주의적인 방식으로 사용된다. 오늘날 세속 사회를 살아가는 사람들에게도 상황은 비슷하다. 사회에서 통용되는 규범과 기대에 부응하기 위해, 사회가 그들에게 부과하는 가차 없는 요구들을 수행하며 살아간다. 무언가를 '해야 한다'는 끊임없는 율법적 의무와 위협 속에 살고 있는 것이다. 복음에 담긴 자유와 해방의 메시지가 어느새 의무와 규율이라는 율법으로 탈바꿈해 버렸다.

그에 반해 루터는 율법과 복음을 엄격하게 구분하여, 둘을 섞어서는 안 되며 그렇다고 분리해서도 안 된다고 강조한다. 그는 중세 후기 의무와 보상의 정신(공로주의)이 갖는 단점을 잘 알고 있었다. 그는 경건한 평신도로 시작해 수도사로 살기까지 그 단점을 적나라하게 경험한 인물이기 때문이다. 그가 내린 결론은, 하나님의 복음이야말로 모든 법적 의무로부터 우리를 해방하신다는 것이다. 이 자유는 결코 새로운 율법주의로 바뀌어서는 안 된다. 그보다 우리는 하나님의 말씀을 율법과 복음이라는 이중적 관점을 가지고 만나야 한다.

1. 율법과 복음의 대립과 일치

하나님의 율법은 인간 창조 이후부터 우리 마음에 새겨져 있다. 이는 인간이 본능적으로 하나님의 존재를 인식하고 있음을 의미한다. 루터는 사도 바울의 이 가르침에 동의하며, 모든 인간은 태어날 때부터 '신을 공경하고 이웃을 사랑해야 한다'

는 진리를 알고 있다고 설명한다. 하나님의 영이 직접 모든 사람의 마음에 이 율법을 새겨 놓았기 때문이다. 그러나 인간의 타락 이후, 우리의 죄악된 본성으로 인해 이 내재된 하나님 지식이 심각하게 훼손되었다. 이것이 바로 하나님이 모세를 통해 이스라엘 백성에게 기록된 율법을 주신 이유다. 이 성문화된 율법은 인간의 마음속에 이미 존재하는 자연법을 다시 일깨우는 역할을 한다. 루터의 해석에 따르면, 모세 율법은 모세가 창안한 것이 아니라 인간 마음에 이미 새겨진 자연법을 보다 분명하게 해석해 놓은 것이라 할 수 있다.

 루터는 율법을 이해할 때 두 가지 측면을 고려해야 한다고 가르친다. 율법은 하나님의 영원한 뜻을 총체적으로 담고 있으며, 이 뜻에 따라 죄인은 심판받게 된다. 여기서 우리는 율법의 '내용'과 그것이 죄인에게 적용되는 '형식'을 구분할 필요가 있다. 율법을 내용적 측면에서 보면, 그것은 하나님의 영원한 뜻을 담고 있으며, 이를 온전히 따르면 구원에 이르게 된다. 하나님의 신성한 뜻을 거스르면 형벌이 따르지만, 그분의 뜻대로 살면 은혜를 받는다. 율법은 하나님의 영원한 뜻이기에 시간을 초월하여 항상 유효하다. 또한 그것은 미래에도 계속해서 유효할 것이며 더 나아가 완전히 성취될 것이다. 이처럼 율법은 과거, 현재, 미래의 의미를 모두 지니며, 영원하고 불변하는 하나님의 뜻으로서 영원히 유지된다. 그러나 인간이 죄로 타락하면서 하나님과 인간의 관계가 근본적으로 변화했다. 하나님과 죄인인 우리 사이에 거리가 생겼고, 우리는 이제 하나님과 대립하는 위치에서 율법 앞에 서게 되었다. 율법의 내용 자체는 변함이 없지만, 그것이 적용되는 형식은 인간의 타락 상태로 인해 달라진 것이다.

'율법'이라는 용어는 두 가지 의미를 갖고 있는데, 하나는 세속적·시민적 의미이고, 다른 하나는 영적·신학적 의미다. 먼저 세속적·시민적 의미의 율법은 죄가 만연한 이 세상에서 큰 불의와 범죄를 막고 공공의 질서와 평화를 지키는 역할을 한다. 이 율법은 하나님이 세우신 권세인 세속적 통치권, 부모와 교사의 권위, 그리고 세속법을 통해 그 효력을 발휘한다. 우리는 이러한 세속법의 테두리 안에서 더불어 살아갈 수 있게 된다. 두 번째로 루터가 '진정한' 용법이라 부르는 영적·신학적 의미의 율법이 있다. 이는 예수님의 산상수훈에서 볼 수 있듯이, 하나님의 뜻에 따라 살아야 한다는 가르침이다. 예수님은 율법을 급진적으로 해석하시면서 하나님의 뜻을 극도로 강조하셨고, 이에 대한 완전한 순종을 요구하셨다.

이러한 영적 의미의 율법은 인간이 타락하기 전, 즉 하나님과 함께 에덴동산에서 살 때는 지킬 수 있었을 것이다. 하지만 죄를 지은 이후로는 인간이 이 율법을 완벽히 지키는 것이 불가능해졌다. 오히려 율법은 우리의 죄성을 드러내고 심지어 증가시키며, 하나님을 향한 증오와 절망을 불러일으키게 되었다. 루터 자신이 수도원에서 경험했듯이, 우리의 능력 이상의 것을 요구하시는 하나님이 불공평하게 느껴지기 때문이다. 율법은 그런 식으로 끊임없이 우리를 정죄하고, 하나님의 진노와 심판, 그리고 영원한 죽음으로 이끈다. 이것이 바로 루터가 깨달은 중요한 통찰이다.

많은 사람이 이러한 율법의 정죄에 대해 알고 있지만, 하나님의 강력한 뜻에 대해서는 진정으로 알지 못한다. 그 실체를 느낄 수 없기 때문이다. 그래서 '나는 완벽하지 않지만, 자비로우신 하나님이 나를 용서해 주실 것'이라는 안일한 생각에 머물러 있다. 이런 영적 무감각 상태에 있는 이들에게는, 하나님의 율법이 전해져야만 이를 통해 영적 잠에서 깨어나 하나님과 그분의 뜻을 진정으로 이해하게 될 것이다. 그때 비로소 그들은 율법의 깊은 의미를 체감하고 회개의 필요성을 깨닫게 된다. 율법은 본래 우리를 하나님이 기뻐하시는 삶으로 인도하기 위한 것이었으나, 인간의 타락으로 인해 이제는 하나님의 진노를 드러내는 도구가 되었다. 이와 같은 율법의 신학적 의미는 인간이 하나님으로부터 얼마나 멀어졌는지를 명확히 보여 준다.

만일 우리가 하나님의 공의와 진노를 나타내는 율법은 무시한 채 오직 복음의 위로만 전한다면, 이는 하나님의 온전한 성품에 대한 진실을 외면하는 것이다. 이것이 바로 루터가 율법의 신학적 역할을 부정하고 교회에서 율법을 배제하려 했던 반율법주의자들에게 단호히 맞선 이유다. 그들은 "십계명은 교회의 강단이 아닌 시청에 있어야 한다"고 주장했지만, 루터는 사도 바울의 말씀(롬 4:15)을 근거로 이를 반박했다. 진정한 신앙의 여정에는 율법과 복음에 대한 균형 잡힌 이해가 필수적이기 때문이다. 루터는 이렇게 설명한다. "율법이 폐기되어 죄가 없다면, 죄로부터 구원하실 그리스도도 필요 없을 것이다. 율법이 없다면 심지어 죄를 짓고 하나님의 뜻에 어긋나는 행동을 하고 있다는 사실조차 인식하지 못하게 될 것이다."[2] 우리는 율법을 통해 드러나는 우리의 죄 많은 삶을 볼 때만, 우리가 누구이며 왜 그리스도께서 우리를 위해 죽으셔야 했는지 이해할 수 있다. 루터에게 율법은 구원에 꼭 필요한 요소다. 율법이 없다면 인간은 자신이 하나님으로부터 얼마나 멀어져 있는지 깨닫지 못하기 때문이다. 우리는 하나님의 진노를 마주하고 우리의 실패를 깨닫게 될 때, 비로소 하나님과 그분의 복음을 향해 나아가게 된다. 이렇게 인간을 절망하게 만드는 율법 바로 옆에는 하나님 말씀의 또 다른 측면인 복음이 있다.

율법과 복음은 서로 완전히 다른, 심지어 정반대의 기능을 한다. 율법은 우리가 해야 할 일과 하지 말아야 할 일을 규정하고, 이를 지키지 못했을 때 우리를 비난하고 정죄한다. 반면 복음은 그리스도께서 우리를 위해 희생하시고 죽으셨다는 하나님의 약속을 담고 있다. 복음은 율법이 요구하는 모든 것이 그리스도 안에서 이미 이루어졌다고 선포하며, 우리를 하나님과 멀어지게 했던 우리의 죄가 그리스도로 인해 용서받았음을 알려 준다. 루터는 갈라디아서 주석에서 "그리스도의 이름으로 죄 사함을 선포하는 것, 바로 이것이 복음"이라고 설명한다.[3] 그는 바울의 표현을 빌려 복음을 '약속'이라 부르며, 바울처럼 율법과 복음을 대조한다. 복음은 기쁜 소식이다. 그리스도로 인해 하나님이 우리의 과거 실패를 더 이상 기억하지 않으신다는 은혜의 메시지이며, 그리스도인인 우리는 이제 새로운 삶을 시작할 수 있게 되었다. 율법과 복음의 결과도 정반대다. 율법은 죽음을 가져오지만, 복음은 그리스도의 구원을 통해 영생을 준다. 율법은 우리를 하나님의 진노 아래 두지만, 복음은 은혜를 가져다준다. 복음으로는 죄인이 의롭다 함을 받을 수 있지만, 율법으로는 불가능하다. 우리를 정죄하는 율법이 아닌, 우리를 자유롭게 하는 복음을 믿음으로 받아들여야 한다. 바울이 말했듯이, 죄인이 의롭다 함을 받는 것은 율법과 **무관하다**. 루터는 이 점에서 바울의 가르침을 더욱 발전시켜 율법에 **반대하는** 입장을 취한다.[4]

그러나 율법과 복음의 정반대 기능에도 불구하고 둘은 서로 연결되어 있다. 율법과 복음은 명확하게 구분해야 하며, 그것들을 분리하거나 서로 섞을 수는 없다. 율법과 복음이 분리되어 율법만 선포되면, '그리스도인은 이런 일은 하고 저런 일을 하면 안 된다'는 기준 때문에 새로운 율법주의가 태어난다. 그렇다고 복음만 외치면, 디트리히 본회퍼가 말한 대로 '값싼 은혜'가 생겨날 것이다. "값싼 은혜란 회개하는 죄인을 의롭다고 선언하지 않고, 그저 죄만 의롭다고 선언하는 것"[5] 이다. 오늘날에는 과거에 '죄'라고 불렸던 것을 죄라고 부르기를 꺼리는 경향이 있다. 사람들을 불쾌하게 하지 않으려는 이유 때문이다. 포스트모던 시대에는 옳고 그름에 대한 절대적인 기준이 없다고 여겨지지만, 오히려 이런 불확실성 때문에 오히려 새로운 불안감이 생기기도 한다. 그렇다면 율법과 복음이 혼합되면 어떻게 될까? 이 경우, 시대와 문화에 따라 변하는 도덕규범으로 변질할 위험이 있다. 왜냐하면 그 구속력이 상황에 따라 유행하는 것에 제한되기 때문이다.

그러나 루터에게 율법과 복음은 불가분의 관계에 있다. 복음은 율법과 그 율법의 성취를 전제로 한다. 왜냐하면 율법의 요구와 하나님의 뜻을 제대로 알 때 비로소 우리의 죄가 용서되기 때문이다. 그렇지 않다면 죄 사함이 의미가 없어진다. 죄는 율법 앞에서만, 율법을 아는 사람만 인식할 수 있다. 그래서 루터는 율법주의자들과의 논쟁에서 "만약 율법이 제거되면 죄도 제거되고, 죄가 제거되면 그리스도가 제거되어 그분을 필요로 하지 않게 된다"[6]고 비판적으로 말할 수 있던 것이다. 율법의 관점에서 볼 때, 인간이 하나님에게서 얼마나 멀리 떨어져 있는지 깨닫지 못한다면, 그리스도의 구원 사역과 인간을 죄에서 구원하시는 은혜에 대한 좋은 소식을 이해하거나 바랄 수 없게 된다. 복음은 율법이 필요하다. 왜냐하면 복음을 전파하려면 율법이 드러나는 것이 필수이자 전제 조건이기 때문이다. 하나님 뜻의 척도로서의 율법이 없다면, 인간은 자신이 얼마나 초라한 존재인지 제대로 판단할 수 없고, 도덕적 능력에 대해서도 자신감에 차 있거나 심지어 오만해질 수 있다. 은혜로우신 하나님은 율법을 통해 하나님께 낯선 것을 불러일으켜(하나님의 낯선 일) 하나님께 적합한 것을 만들어 가신다(하나님 본연의 일).

그러나 율법만 설교한다고 해서 참된 회개나 복음을 믿는 일이 일어나지는 않는다. 복음을 경험하고 그 기쁨에 사로잡히려면 하나님의 영이 선포된 말씀과 함께 행동해야 한다. 율법이 죄를 깨닫고 하나님의 진노를 느끼게 할 때, 인간은 절망에 빠지게 된다. 우리는 율법만 들으면 절망에 빠지고 구원을 경험하지 못한다. 그러므로 율법 위에 복음의 말씀을 더하는 것이 중요하다. 그래야 율법이 하나님의 최종적 말씀이 아니라 그분의 용서와 구원을 일깨워 주는 것임을 깨닫게 되기 때문이다. 율법은 복음의 서막이며, 인간은 율법을 통해 복음을 발견한다. 말하자면 율법 때문에 우리는 그리스도께로 달려간다. 하지만 2세기에 마르키온이 생각했던 것처럼 두 종류의 하나님이 있는 것은 아니다. 마치 율법을 담당하는 구약의 하나님과 복음의 좋은 소식을 전하는 신약의 하나님, 두 분이 존재하는 것처럼 말이다. 다시 강조하지만, 율법과 복음 모두 동일한 한 분 하나님의 일이다.

2. 율법과 복음: 하나님 행동의 두 가지 방식

율법은 구약에만 있고 복음은 신약에만 있는 것이 아니다. 율법은 그것을 전달하는 이가 그리스도든 모세든 관계없이 죄를 드러내고 양심을 책망하며 두려움을 불러일으키는 모든 말씀을 의미한다. 루터는 율법을 하나님의 책망과 심판의 말쏨으로 이해했고, 주기도문조차도 "율법의 가르침으로 가득 차 있다"고 보았다. 왜냐하면, 주기도문으로 진지하게 기도하는 사람은 하나님의 계명을 어기고 죄를 지었음을 인정하고 회개해야 하기 때문이다.7 예를 들어, "이름이 거룩히 여김을 받으시오며"라는 구절은 우리가 하나님의 이름을 제대로 공경하지 못했음을 깨닫게 한다. 이처럼 주기도문도 율법의 역할을 한다. 십계명 역시 율법과 복음의 두 측면을 가진다. "나는 네 하나님 여호와니라"라는 첫 계명은 신뢰할 수 있는 하나님이 곁에 계신다는 위로를 주지만, 동시에 주인과 종의 관계에서 오는 의무와 책임도 상기시킨다.

복음서의 메시지도 율법과 복음이라는 두 관점으로 해석된다. 루터는 율법을 '하나님 앞에서 우리가 해야 할 일'로, 복음을 '오직 하나님만이 하실 수 있는 일'로 구분한다. 예를 들어 '그리스도께서 우리의 모범이 되신다'는 복음의 메시지는 두 가지로 읽힐 수 있다. 우리도 그분처럼 살아야 한다는 율법적 요구이면서, 동시에 그분이 우리를 위해 희생하셨다는 복음의 메시지이기 때문이다. 심지어 예수님을 구세주로 선포하는 것도 율법이 될 수 있다. 구속은 반드시 죄를 전제로 하기 때문이다. 죄를 깨닫지 못한다면 용서와 구속이 필요 없을 것이다. 하지만 이는 동시에 죄를 용서하시는 하나님의 선하심을 선포하는 복음이기도 하다.

인간은 하나님의 선하심을 감사하지 않고 오히려 무시하고 경멸하는 태도를 보이며 그렇게 계속해서 하나님께 죄를 짓는다. 죄의 인식은 엄격한 의미에서의 율법 즉 성경의 훈계와 규정을 통해서, 또는 '율법이 되는 복음'을 통해서 이루어진다. 죄를 지적하고 우리가 죄인임을 상기시키는 것이 무엇이든, 그것이 율법이다. 그러므로 하나님의 말씀은 '율법이 담긴 말씀'과 '복음이 담긴 말씀'으로 무 자르듯 나눌 수 없다. 죄인이 마주하는 말씀은 동일한 하나님 말씀이기 때문이다. 복음의 중심인 십자가의 말씀은 율법과 복음의 관계를 가장 잘 보여 준다. 십자가는 어떤 율법보다도 인간의 죄를 가장 강력하게 폭로하고, 하나님으로부터 버려졌다는 사실을 깊고 고통스럽게 드러낸다. 그와 동시에, 우리는 십자가에 달린 예수를 통해 우리를 위해 생명을 내어놓으신 하나님의 사랑을 만나게 된다. 그 때문에 십자가는 우리를 죄인으로 고발하는 동시에 예수를 구세주로, 하나님과 우리 사이의 중개자로, 고통받는 자의 위로자로 선포한다. 참된 복음은 죄에 대한 통렬한 회개와 함께 참된 신앙으로, 절망과 함께 위로로 인도한다. 율법과 복음은 서로 다른 기능을 하지만, 동일한 하나님 말씀의 두 측면으로서 분리될 수 없다.

믿음은 항상 율법에서 복음으로 이동하며, 거꾸로 가지 않는다. 말씀은 먼저 율법의 기능을 수행한 후 위로로 이어지며 거기서 멈춘다. 율법은 복음 안에서 소멸하지만, 복음이 율법 안에서 사라질 수는 없다. 주님이신 하나님은 죄의 책임을 물으시지만, 그분의 목표는 언제나 은혜로운 자비다. 그래서 율법과 복음이 죄인의 삶에서 대조되어 나타나는 것은 본래의 일치를 향한 과도기적 단계라고 할 수 있다. 이는 그리스도인이 율법을 온전히 실천하지 못해 하나님 앞에서 고발당하면서도, 복음을 믿고 하나님의 계명을 수행하게 되는 역설적인 상황이다. 지금까지 우리는 주로 죄인의 관점에서 이 주제를 다루었는데, 루터가 말했듯이 그리스도인은 "의인인 동시에 죄인"이라는 특별한 위치에 있다. 이러한 루터의 설명은 우리에게 새로운 질문을 던진다. 과연 그리스도인에게도 율법의 기능이 계속해서 필요한 것일까?

3. 그리스도: 율법의 마침표

우리는 그리스도가 율법의 마침표가 되심을 보았다. 그분은 우리가 스스로는 성취할 수 없는 하나님의 뜻을 우리 대신 성취해 주신다. 그리스도가 율법의 권세에서 우리를 해방시켜 주셨으므로, 이제는 하나님의 진노와 죽음에 넘겨지지 않는다. 죄인인 우리를 하나님으로부터 영원히 분리하고 죽음을 초래하는, 하나님의 요구로서의 율법은 이제 성취되었다. 과거의 죄를 고발하고 정죄하는 율법은, 이미 의롭게 된 사람에게는 더 이상 효력이 없다. 그러나 하나님의 거룩한 뜻은 앞으로도 계속 유효하다. 그러나 그리스도인들은 이것을 율법의 요구 사항으로 여기지 않는다. 왜냐하면 그리스도인들은 율법이 요구하는 것을 자유롭게 행하기 때문이다. 그리스도인 안에 거하시는 하나님의 영을 통해 그들은 기꺼이 율법을 준수한다. 그리스도인들은 더 이상 율법의 요구에 얽매이지 않고, 성령이 가져다주는 사랑의 행위를 통해 율법과 일치된 삶을 살아간다. 이로써 율법은 본래의 기능을 회복하게 된다. 그런 의미에서 율법은 더 이상 우리를 정죄하지 않으면서도 하나님의 뜻을 계속해서 나타낸다. 하나님의 뜻에 따라 살아가는 한, 우리는 의로움을 인정받게 된다.

율법은 우리에게 요구도 비난도 하지 않고, 어떤 의미에서는 더 이상 유효하지 않지만, 그럼에도 우리에게 의미가 있다. 첫째, 그리스도인들은 이 땅에서 계속해서 살아간다. 동시에, 그리스도인은 믿는 자이면서 동시에 죄인으로서 때로는 영에 따라 살고 때로는 바울이 말한 것처럼 육에 따라 살아간다. 그리스도인들이 여전히 육에 따라 이전의 인간성에 속해 있는 한, 율법은 제거되지 않고 오히려 그들을 제어하는 지침이 된다. 그리스도인들은 율법 없이 살지만, 또한 율법 아래서 산다. 그리스도인에게 율법은 무효하지만, 동시에 여전히 유효하다.

그리스도인들에게는 이미 결정적인 사건이 일어났다. 이미 의롭다는 인정을 받았기 때문이다. 그러나 예전의 모습으로 돌아가거나 옛 모습 그대로 남아 있는 한, 율법은 계속해서 영적·신학적 기능을 발휘하며 죄를 고발한다. 율법은 그들에게 이전 삶의 방식을 극복할 것을 요구한다. 루터는 세례에 대한 설명에서 이 점을 분명히 밝히고 있다. "[세례는] 우리 안에 있는 옛 인간이 모든 죄와 악한 욕망을 가지고 매일 참회와 회개를 통해 익사하고 죽어야 함을 의미한다. 그리고 다른 한편으로는 매일 새로운 사람이 나오고 일어나서 의롭고 순수하게 하나님 앞에서 영원히 살아가야 한다는 뜻이다."[8] 율법은 우리의 뿌리 깊은 죄성을 극복하도록 돕는 역할을 하며, 계속해서 하나님으로부터 멀어지게 하는 것들과 싸우도록 자극한다. 죄로부터의 정화를 위한 이 땅에서의 투쟁은 결코 완전히 실현되지 않았다. 율법은 성취를 향해 나아가고 있지만 아직 성취되지는 않았다. 율법은 부활을 통해서만 그 임무를 완수하고 완전히 폐기될 것이다. 그러나 그리스도인에게 율법이 가지는 신학적 기능과 관련해서는, 그들이 이미 하나님 영의 감동을 받았으며 회개가 더 이상 그들에게 불리하고 어려운 것이 아니라 루터의 말처럼 "가볍고 즐거운 것"이라는 점을 유념해야 한다.[9]

하지만 우리가 무엇을 해야 할지는 어떻게 알 수 있을까? 그리스도인인 우리도 하나님의 뜻을 알 수 있도록 율법을 통해 전달되는 정보가 필요하지 않은가? 이에 대해 루터는 두 가지 대답을 준다.

첫째, 성령이 그리스도인을 인도하시면, 더 이상 율법에만 매이지 않게 된다. 예수님과 사도들처럼, 그리스도인들도 성령의 능력으로 새로운 십계명을 세울 수 있다.[10] 왜냐하면, 성령께서 직접 무엇이 옳고 무엇을 해야 할지 인도해 주시기 때문이다. 그렇기에 깨알 같은 율법의 조문이 더는 필요하지 않다.

둘째, 그럼에도 루터는 이런 생각과 더불어 매우 신중한 입장을 보인다. 모든 그리스도인이 동일한 수준으로 성령의 인도하심을 받지 못하며, 많은 그리스도인은 여전히 육신의 욕망과 영적인 갈등을 겪고 있어서 하나님의 뜻을 명확히 판단하기가 쉽지 않다. 그래서 대개의 그리스도인은 신약성경에 나오는 사도들의 가르침을 따르는 것이 안전하다. 다만, 이러한 가르침들은 이제 '율법'이라기보다는 사도적 계명 또는 영적 지침이라고 할 수 있다.[11]

그러므로 그리스도인들에게 율법의 신학적 기능은 자리를 잃는다. 의롭다 함을 받은 사람들은 더는 죄와 싸우지 않고, 오히려 긍정적이고 그리스도인다운 삶을 살기 위해 노력한다. 그들에게는 신약성경의 가르침이 중요하다. 왜냐하면 신약성경의 가르침은 그리스도인들이 선행에 대한 올바른 지식을 갖도록 이끌기 때문이다. 이러한 관점에서 볼 때, 단어 하나하나의 표현보다 그 내용이 지속적으로 가지는 적실성 측면에서 십계명도 여전히 그리스도인들에게 유용하다. 루터의 교리문답에서 볼 수 있듯이, 루터는 성경 전체의 통찰에 따라 십계명을 자유롭게 보완하고 적용한다. 그에게 계명은 단순히 죄를 인식하는 거울일 뿐 아니라, 하나님이 우리에게 기대하시는 선한 행위를 알려 주는 매우 필요하고 유익한 가르침이다. 루터의 견해에 따르면, 그의 뒤를 따르는 루터교 정통주의자들과 개혁파 전통의 견해와는 달리, 의롭다 함을 받은 자에게 이른바 '율법의 제3용법'은 필요치 않다. 그리스도인

진정한 신앙의 여정에는 율법과 복음에 대한 균형 잡힌 이해가 필요하다. 루터에게 율법은 구원에 꼭 필요한 요소다. 루터는 이렇게 설명한다. "율법이 폐기되어 죄가 없다면, 죄로부터 구원하실 그리스도도 필요 없을 것이다. 율법이 없다면 심지어 죄를 짓고 하나님의 뜻에 어긋나는 행동을 하고 있다는 사실조차 인식하지 못하게 될 것이다." 그림은 루카스 크라나흐가 그린 〈율법과 복음〉(1536).

에게 올바른 삶의 지침으로 작동하는 것은 율법이 아니라 하나님의 계명이다.

루터가 율법과 복음의 차이를 강조한 것은, 그리스도인으로서 우리가 삶의 지침이 되는 하나님의 거룩한 뜻을 담은 율법을 폐기할 수 없다는 의미다. 율법은 우선 우리가 하나님으로부터 멀어져 있음을 보여 준 후 복음으로 인도한다. 복음은 우리를 자유롭게 하는 하나님의 말씀으로서, 하나님이 그리스도를 통해 우리를 은혜 가운데 그분과 화목하게 하신다는 사실을 알려 준다. 그리고 하나님의 자비로운 은혜는 우리의 반응을 끌어낸다. 인간은 완벽하지 않고 항상 이전의 잘못된 행동으로 되돌아가려는 경향이 있다. 그래서 우리는 하나님의 율법을 마주하여 두려움에 전율하고 압도됨으로써 다시 복음으로 달려갈 필요가 있다. 루터는 율법주의적 경건을 옹호하지도 않고, 율법과 복음의 도덕주의적 혼합을 지지하지도 않는다. 오히려 그는 우리가 최선의 노력을 다함에도 불구하고 항상 이 세상과 얽혀 있다는 것, 그래서 이런 땅의 현실에서 새로운 시작을 하려면 하나님의 자비와 용서가 계속해서 필요하다는 것을 강조한다.

토론을 위한 질문

1. 루터에게 인간의 법은 하나님의 율법과 어떤 관련이

있는가?

2. 율법이 우리를 '고발한다'는 것은 어떤 뜻인가?

3. 그리스도가 율법의 마침표라는 말은 무슨 뜻인가?

루터는 최종적인 구원이
완성될 때까지
죄와 죽음이 세상을
지배할 것임을 인식했다.
예수님의 삶과 죽으심,
부활을 통해 드러난 구원은
아직 우주적 완성을
기다리고 있었다.
바울이 로마서와 고린도서에서
명확히 표현한
'이미'와 '아직'의
종말론적 긴장은
루터의 두 통치론의
신학적 출발점이 되었다.

6

하나님의 두 통치

제2차 세계대전 이후, 루터의 '두 통치' 또는 '두 왕국' 교리는 특히 칼 바르트가 이끄는 개혁파 진영으로부터 심각한 비판을 받았다. 비판자들은 이 교리가 정치, 경제, 사회 문제들을 교회의 영향력에서 배제하고, 교회가 세상에서 일어나는 사건에 소극적 태도를 취하도록 만들었다고 주장한다. 그중 일부는 심지어 아우구스티누스에서 루터를 거쳐 히틀러에 이르는 사상적 연관성을 찾으려 했다. 하지만 루터의 두 통치론은 복음서에 뿌리를 둔 오랜 전통에 기반하고 있으며, 히틀러와는 무관하다.

요한복음에서 예수님은 하나님의 나라(요 3:3)와 세상 나라(요 12:31)의 대립을 말씀하시며, 하나님의 나라와 어둠의 세력이 상충함을 보여 주셨다. 또한, 마가복음 12:17에서 "가이사의 것은 가이사에게, 하나님의 것은 하나님께 바치라"고 하시며 세속적 영역과 영적 영역을 구분하셨다. 루터는 이러한 성경적 가르침을 《세속 권세에 관하여: 어디까지 복종해야 하는가》(1523)에서 발전시켰다. "하나님은 두 가지 통치를 세우셨다. 하나는 성령을 통해 그리스도인과 의인을 그리스도 아래로 인도하는 영적 통치이고, 다른 하나는 비그리스도인과 악인을 제어하여 외적으로 평화를 유지하게 하는 세속적 통치다."[1]

1. 두 통치론의 역사적 기원

루터는 성경 신학자이자 복음 전파를 사명으로 삼은 설교자로서, 당시 사회 문제를 예리하게 분석했다. 성경에 대한 충실성과 동시대 문제에 대한 통찰은 두 왕국 교리, 즉 두 통치론으로 발전하게 된다. 그는 신약성경의 증언을 통해 그리스도의 강림으로 세상의 구속이 이루어졌음을 깨달았다. 이를 통해 타락한 피조물이 하나님께로 돌아갈 길이 열렸으며, 구속의 완성이 가능해졌다. 그러나 루터는 최종적인 구원이 완성될 때까지 죄와 죽음이 세상을 지배할 것임을 인식했다. 예수님의 삶과 죽으심, 부활을 통해 드러난 구원은 아직 우주적 완성을 기다리고 있었다. 바울이 로마서와 고린도서에서 명확히 표현한 '이미'와 '아직'의 종말론적 긴장은 루터의 두 통치론의 신학적 출발점이 되었다.

루터는 기독교적 이해가 지배적이었던 중세 유럽 전통에 속해 있었다. 당시 사람들은 그리스도의 통치가 인간의 통치를 통해 실현되어야 한다고 여겼다. 종교개혁 시대에는 종파를 초월하여 많은 주요 신학자들이 이러한 견해를 공유했다. 예를 들어, 마르틴 부처는 《그리스도의 통치 De regno Christi》에서 에드워드 6세의 지도력 아래 잉글랜드 사회를 기독교적으로 재편하는 기초를 마련하려고 했다. 그러나 부처의 구상은 매우 실용적이었는데, 그가 왕에게 제안하여 발의할 예정이던 입법안은 당시의 정치적·사회적 현실을 반영한 것이 대부분이었다.

루터는 교회나 국가가 취하는 기독교 중심적 접근 방식에 의구심을 품고 있었다. 1518년에 이미 그는 《95개 논제 해설》을 통해 교황이 영적 검과 세속적 검을 모두 소유할 수 있다는 주장에 의문을 제기했다. 루터는 성경이 오직 "성령의 검"(엡 6:17)만을 언급하고 있다고 지적하며, 두 개의 검을 주장하는 교리는 폐기되어야 한다고 결론지었다.[2] 교황이 두 개의 검 또는 두 왕국을 부여받았다는 생각에 대한 비판은 루터 이전에도 있었다. 중세의 지배적 교리는, 그리스도가 교황을 자신의 후계자로 삼아 세속과 영적 영역을 모두 맡겼으며 교황은 세속 영역을 황제에게 봉토로 주고 자신은 영적 영역을 관리한다고 주장했다. 그러나 오캄의 윌리엄(1285-1347년경)과 파도바의 마르실리우스(1290-1342/43년경)는 이미 이 교리가 누가복음 22:38에 대한 의심스러운 우화적 해석에 기초하고 있다고 지적했다.

그러나 1520년 루터는 《로마 교황에 관하여 Über das Papsttum zu Rom》라는 글을 통해 두 검 교리에 관한 전통적 논쟁을 넘어 교황권의 본질이 신성한 것인지 인간적인 것인지를 질문한다. 그는 교황의 권위는 지극히 세속적이며, 신성한 것이 아니라고 결론짓는다. 다만 루터는 기독교 세계의 외적 질서와 구조를 완전히 버릴 수는 없다고 보았다. 비록 이러한 구조가 참된 영적 기독교와 동일시될 수는 없지만, 마치 영혼이 육체에 속해 있듯이 외적 구조와 내적 본질은 분명히 구분되면서도 서로 분리될 수 없다고 보았다. 이러한 맥락에서 루터가 두 왕국과 두 개의 상이한 구조를 주장하게 된 이유가 분명해진다. 그는 기독교의 내적인 영적 삶을 중시했고, 세속적 영역과 영적 영역의 진정한 구분이 사라질 때 영적 영역이 중세 기독교 왕권의 세속성에 압도될 것을 우려했다. 두 왕국의 구분은 세속적 이해관계에 방해받지 않고 복음을 선포할 수 있게 하는 동시에, 열성적인 신자들이 현세에 '하나님의 나라'를 세우려는 '성시화聖市化' 시도를 제어하는 역할을 한다.

루터의 두 통치론은 아우구스티누스의 두 왕국론과 역사적·신학적 맥락에서 분명히 구분된다. 아우구스티누스 시대의 그리스도인들은 이교 국가의 박해를 받는 소수였기에, 그는 세상 왕국 civitas terrena을 본질적으로 죄악의 공간이자 하나님과 멀어진 세계, 때로는 악마의 영역으로 보았다. 콘스탄티누스 황제(재위 306-337)가 기독교를 공인하고 박해를 중단한 이후에도, 로마의 주요 가문들은 여전히 전통 이교 종교를 지지했다.

루터는 초기에 아우구스티누스의 관점을 부분적으로 수용하여 복음이 지배하는 신자들의 영적 세계와 세상 율법에 속한 세속 세계를 구분했고, 이는 《세속 권세에 관하여》에 잘 나타나 있다. 그러나 이후 그는 이 구분을 수정하게 된다. 루터의 발전된 관점에서 세속 왕국은 국가뿐 아니라 결혼, 재산, 직업 등 일상생활의 모든 영역을 포함하며, 이는 하나님의 통치 아래 놓인 선한 질서로 재해석된다.

2. 하나님이 세상을 다스리는 두 방식의 통일성

루터의 두 통치론을 단순히 하나님의 왕국과 마귀의 왕국이라는 이원론적 대립으로 이해해서는 안 된다. 루터는 하나님과 마귀의 대립을 분명히 인식했으나, 요한복음의 이원론적 세계관으로 이를 해석하지 않았다. 그가 구분한 그리스도의 왕국과 세속 왕국에서, 세속 왕국은 하나님의 창조 질서와 그것을 보존하고자 하시는 그분의 뜻을 증언한다. 그리고 이것은 자연의 질서와 정치적·법적 질서를 통해 구현된다. 루터는 세상을 하나님의 선한 창조물로 긍정하면서도 이를 이상화하지 않았다. 그는 요한복음이나 아우구스티누스와 달리 마귀의 파괴적 활동이 세속 영역에만 국한되지 않는다고 보았다. 오히려 마귀는 영적 영역과 세속 영역 모두에서 하나님의 질서를 어지럽히려 한다고 강조했다. 루터는 이렇게 말한다. "사탄은 하나님의 통치에 분노하며, 하나님이 창조하고 행하시

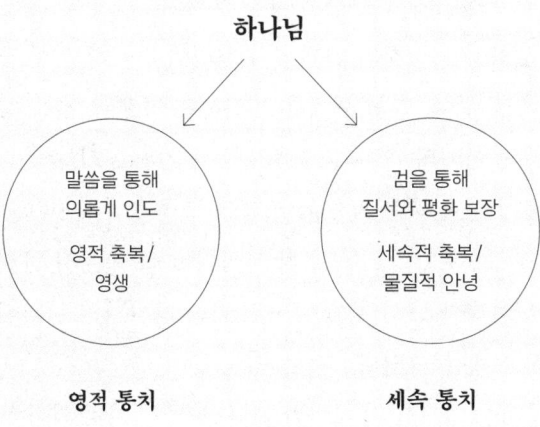

루터에 따르면, 하나님은 두 종류의 통치를 마련하셨다. 말씀을 통해 사람들을 인도하는 영적인 통치와 검(강제력)을 통해 세상에 질서와 평화를 보장하며 하나님의 백성이 안전하게 살도록 하는 세속 통치다. 루터는 두 통치 영역의 근본적 일치를 확신하면서도, 이들을 하나로 합치기보다 적절한 구분이 필요하다고 끊임없이 강조했다.

는 모든 것을 파괴하려 한다."³

이에 맞서 하나님은 두 가지 통치 수단, 즉 두 왕국을 세우셨다. 1526년 루터의 글에 따르면, 하나님은 두 종류의 통치를 마련하셨다. 하나는 말씀을 통해 사람들을 의롭게 인도하는 영적 통치이고, 다른 하나는 검(강제력)을 통해 세상에 질서와 평화를 보장하며 하나님의 백성이 안전하게 살도록 하는 세속 통치다. 영적 통치를 통해서는 영생이, 세속 통치를 통해서는 현세의 축복과 평화가 주어진다. 루터는 하나님이 인간에게 영적 축복(영생)과 세속적 축복(물질적 안녕)을 함께 베푸신다고 보았다.⁴ 두 통치 사이의 조화 속에서 하나님의 사랑과 섭리가 드러나지만, 이 조화는 하나님의 관점에서만 온전히 이해될 수 있다.

루터는 여기서 더 나아가 하나님이 "세 가지 외적 규칙과 그 실행 수단"⁵을 가지고 계신다고 주장한다. 이를 두고 다른 곳에서는 "마귀에 대항하여 가정, 정치 질서, 교회라는 세 가지 삶의 자리를 세우셨다"⁶고 설명한다. 하나님의 주권이 궁극적으로 두 왕국을 통합하지만, 이러한 통합은 인간의 활동을 통해서도 가시적으로 드러난다. 왜냐하면 인간은 두 왕국과 세 삶의 자리를 동시에 살아가기 때문이다. 하나님의 협력자로서 인간은 하나님의 두 통치 형태, 즉 '율법과 복음'을 모두 경험한다. 이 두 통치 영역은 서로 맞물려 있지만, 이를 단순하게 통합하려는 시도는 바람직하지 않다.⁷ 11세기와 12세기에 있었던 교황 선출권 투쟁이 이를 잘 보여 준다. 주교, 수도원장, 교황의 선출권을 둘러싼 귀족과 교회의 정치적 갈등은 결과적으로 양측 모두를 약화시켰다. 세속 권위는 정치적 권력을 잃었고, 영적 권위는 세속 권력을 얻는 대신 영적 본질을 상실했다.

3. 두 통치 영역의 구별과 상호 침투

루터는 두 통치 영역의 근본적 일치를 확신하면서도, 이들을 하나로 합치기보다 적절한 구분이 필요하다고 끊임없이 강조했다. 그는 세속 통치와 영적 통치가 하늘과 땅처럼 명확히 구분되어야 한다고 보았다. 세속적 통치 영역은 지상의 삶을 섬기며, 이 땅에서 살아가는 우리처럼 유한한 것들에 관계한다. 이에 비해 영적 통치 영역은 하나님 활동의 궁극적 목표이자 시간의 제약을 받지 않는 믿음과 영생에 관련되어 있다. 루터는 이를 두고 "하나님이 세속 영역은 왼손으로, 영적 영역은 오른손으로 다스린다"고 표현한다. 이것이 하나님의 실제적인 일이며, 그분은 다른 어떤 이도 우리의 영혼을 통치하도록 허락하지 않으신다. 그리스도인들은 신앙에 의해 인도되기 때문에 세속 통치 영역에서는 본질적으로 이방인과 같다. 반면 비그리스도인들은 신앙과 사랑으로 인도될 수 없기에 세속 통치 영역에 속하여 세상의 법규와 검으로 올바른 행동을 배운다. 그리스도인들은 이미 검, 즉 세속 질서가 요구하는 대로 살아가고 있기에 세속 통치 영역의 법을 준수하는 것이 어렵지 않다.

루터는 그리스도인들이 세속 통치 영역에서 완전하게 벗어날 수 없다고 지적한다. "우리는 그리스도인이 되기 전에 모두 세속 통치 영역에 속해 있었고, 실제로 그곳에서 태어났다. 그러므로 우리는 이 땅에 사는 동안 세속 통치 영역에 머물러야 하며, 외적인 육체적 삶과 현실의 필요에 따라 살아야 한다."[8] 즉, 우리는 세상의 요구에 따라 사는 세속 통치 영역의 시민이면서, 동시에 영적 존재로서 영적 통치 영역의 시민이기도 하다. 이는 두 통치 영역이 서로 다르면서도 유기적으로 연결되어 있음을 보여 준다. 루터는 특히 세속 통치가 가져오는 평화와 질서가 영적 통치에 필수적이라고 보았다. 말씀과 성례가 올바르게 집행되기 위해서는 세속 통치의 역할이 필요하다는 것이다. 그리스도인은 이 땅으로부터 도피하여 이곳과 상관없이 살아갈 수 없는 존재다. 세속 통치 영역의 포괄적 성격은 이러한 의존성을 더욱 분명하게 보여 준다. 세속 통치는 인간의 권위 체계, 정부, 자연의 질서뿐 아니라 결혼, 가족, 재산, 사업, 직업 등 지상에서의 삶을 유지하는 모든 수단을 포함한다. 이러한 인간 활동은 율법, 즉 루터가 말하는 '검'과 동의어인 시민법에 따라 수행된다.

그러나 여기서 한 가지 의문이 제기된다. 그렇다면 비그리스도인은 어디서 어떻게 신성한 법을 알 수 있을까? 루터 자신도 이렇게 말한다. "세상이 시작된 이래로 지혜로운 통치자는 진귀한 새처럼 매우 드물고, 정직한 통치자는 더욱 희귀하다. 심지어 권좌에 오른 자들 대부분은 세상에서 보기 드문

바보이자 최악의 악당들이었다."⁹ 그렇다면 세속 통치 영역을 다스리는 기능을 수행할 법은 어떻게 알 수 있는가? 이러한 맥락에서 루터는 모든 인간에게 주어진 하나님의 선물인 이성의 역할을 강조한다. 세속 통치 영역은 이성을 통해 다스려지며, 정치와 경제 문제의 결정은 성경이 아닌 이성에 따라 이루어져야 한다고 보았다. 루터는 그리스도께서 경제 문제를 직접 다루지 않는다고 지적하면서, 이는 이성의 영역으로 남겨졌다고 설명한다.¹⁰ 그러나 루터가 말하는 이성은 계몽주의자들이 말하는 인간의 자율성과는 다르다. 그에게는 자연 이성조차 하나님의 선물이며, 이성을 올바르게 사용하는 것은 궁극적으로 하나님을 향한 인간의 책임이다.

루터의 두 통치론에서 이성의 기능은 일반계시와 특별계시의 구분을 통해 명확해진다. 루터는 하나님이 일반계시를 통해 모든 사람에게 공통으로 계시하신 것들이 있고, 예수 그리스도의 특별계시를 통해서만 알 수 있는 것들이 있다고 보았다. 세속 통치 영역의 규칙과 법은 그리스도를 통해 주어지는 것이 아니라, 일반계시의 원천인 자연법을 통해 이미 존재한다. 루터는 일반계시를 통한 하나님 지식이 인간의 죄로 인해 왜곡되고 모호해지는 경우가 많음을 잘 알고 있었다. 그럼에도 그는 부모, 교사, 정치인, 판사가 특정 상황에서 취해야 할 행동에 관한 사회적·문화적 문제들은 그리스도가 아니라 각 국가의 법을 통해 해결해야 한다고 확신했다. 이러한 법들은 역사적 조건 속에서 많은 수정을 거쳐 왔으며, 루터는 역사적으로 발전해 온 이 법들이 자연법을 적절히 반영하는지 이성적으로 검토해 볼 것을 촉구한다.

그는 자연법을 특정 국가의 법과 동일시하지 않았다. 오히려 자연법은 다른 모든 법의 원천이며, 그 법들을 비판하고 해석하는 기준이 된다. 우리는 일반적으로 특정 국가의 법률과 관습이라는 실정법의 형태로 자연법을 접하게 된다. 루터는 실정법과 자연법을 구분하면서도 때로는 이 둘을 동일시하기도 하지만, 인간의 죄성을 고려할 때 이러한 동일시는 문제의 소지가 있다. 역사적으로 볼 때 많은 국가의 법률이 개인이나 공동체에 대한 정의를 실현하지 못하는 경우가 흔하기 때문이다.

4. 세상 속 그리스도인

루터는 그리스도인이라면 책임감 있는 시민이 될 수 있고, 또 그렇게 되어야 한다고 일관되게 가르친다. 그의 관점에 따르면, 그리스도인이 세속 권세의 하수인이 될 필요는 없지만, 이웃과 함께 평화를 이루고 질서를 보존하기 위해 이 권위를 사용해야 한다. 또한 세속 권력을 행사하는 사람들에게 순종하며 세속법에 복종해야 한다. 또한 자신의 이익만 관련된 것이라면 악하고 불의한 권세에 억울하게 당하더라도 맞서지 말고, 이웃이 부당하게 당할 때라면 분연히 나서라고 조언한다. 특히 부모, 교사, 정치인, 판사 등의 자리에 있는 사람이라면 그 직무의 기능에 부합하는 범위에서 악에 단호히 맞서야 한다고 가르친다. 그러지 않으면 자신의 소임을 방기하고, 장기적으로 다른 사람들을 위험에 빠뜨릴 수 있기 때문이다.

하나님이 각각의 삶의 자리로 부르신 그리스도인은 하나님이 주신 책임에 따라 필요한 만큼 단호하게, 그러나 사랑으로 자신의 세속 직무를 이행할 의무가 있다. 예를 들어, 어려움에 처한 이웃이 있다면 즉시 도와야 하고, 판사라면 범법자를 법이 허용하는 범위 내에서 치우침 없이 처벌해야 한다. 하지만 법을 어긴 사람이라도 그가 우리의 형제자매라는 점을 잊어서는 안 된다. 악인은 반드시 처벌받아야 하고 그들의 범죄는 단죄되어야 하지만, 그 처벌은 하나님의 사랑 안에서 동정심을 가지고 집행해야 한다. 판사는 사적 개인이 아닌 공적 소임을 받은 판사로서 형벌을 집행해야 한다. 법 집행은 개인적인 미움이나 복수심 또는 자기 자랑이 아닌 하나님의 질서에 대한 책임감으로 수행해야 한다. 또한 법의 유효성은 세속적 영역뿐만 아니라 영적 영역인 교회까지도 그 효력이 미친다. 다만, 그 세속법의 집행과 기능은 언제나 질서를 유지하는 한에서만 유효하다고 루터는 설명한다.

루터는 그리스도인에게 세속 직업을 적극적으로 권장한다. 우리가 살아가는 세계는 군주, 지도자, 재판관과 같은 공적 직무가 필요하고, 실제로 그럴 만한 자격이 있는 사람이라면 피하지 말고 그 직책을 얻으려고 최선의 노력을 기울여야 한다고 가르친다. 그러지 않으면 그 직무에 부여된 참된 권위가 경멸당하고 약화될 것이라고 보았다. 더불어 공무원에게 공권력을 함부로 사용하거나 너무 아끼지 말라고 조언하면서도 다음과 같이 조언하기도 한다. "악인을 살려 두는 편이 의인을 죽이는 것보다 더 나은 선택이다. 그러니 악당에게 내려진 처벌 수위가 낮다 하더라도 그 정도는 이해할 만하다."[11] 그리고 세속 직책을 맡은 그리스도인들이 그리스도를 본받아야 한다는 그의 충고는, 그가 권력 지향적인 세속 질서와 얼마나 거리를 두었는지를 잘 보여 준다. 최고의 통치자이신 그리스도께서 자신의 권력과 명예를 높이려고 애쓰지 않고 우리를 섬기셨듯이, 직책을 가진 그리스도인은 자신의 이익 대신 이웃을 섬기고 보호하고 지켜야 한다.

루터의 경제관도 주목할 만하다. 재산에 대한 그의 관점은 기독교적 세계관을 잘 보여 주는 중요한 부분이다. 그의 견해에 따르면, 개인의 기본적인 필요를 충족시키는 정도를 넘어선 재산이라면 그것은 본질적으로 하나님의 재산을 도둑질한 것과 다름없다. 이러한 잉여 재산은 마땅히 이웃을 돕는 데 사용해야 한다.[12] 루터는 하나님이 우리에게 이웃을 향한 관대함을 명하셨다고 강조한다. 그의 시각에서 볼 때, 잉여 재산을 이웃의 고통을 덜어 주는 데 사용하지 않고 개인의 부를 축적하는 것은 단순한 소유 이상의 의미를 지닌다. 이는 곧 하나님의 명령을 거역하는 도둑질이 되는 것이다. 이와 관련하여 루터는 당시 상인들의 부당한 이윤 추구를 강하게 비판했다.[13] 그는 실제 노동 없이 타인의 노동으로부터 부당한 이익을 착취하는 상인들의 행태를 문제 삼았다. 이들은 위험한 환경에서 일하는 노동자들을 위한 적절한 배려도 없었고, 단지 그들의 노동에서 이익만을 취했는데, 이는 루터가 보기에 명백히 불의한 것이었다.

루터는 이러한 경제적 불공평을 해소하기 위한 구체적인 방안을 제시한다. 그가 제안한 대출 방식은 연간 이자를 고정하지 않고 대출받은 사람의 수익에 연동된 비율로 이자를 책정하는 것이었다. 이렇게 하면 수익이 높을 때는 대출자와 차입자 모두가 혜택을 받고, 수익이 낮을 때는 함께 어려움을 감내하게 된다. 이 방식을 통해 대출자는 차입자의 사업에 진정한 관심을 가지게 된다고 보았던 것이다. 여기서도 우리는 세속 제도의 본질이 섬김에 있음을 강조하는 루터의 사상을 확인할 수 있다. 그는 경제 구조가 자본의 무제한적 지배가 아닌, 사람을 섬기는 데 초점을 맞추어야 한다고 강조한다.

이런 강조점은 특히 (기독교) 군주가 지켜야 할 원칙들을 명확하게 제시하는 데서 잘 드러난다.[14] 첫째, 국가의 지도자는 선한 믿음과 깊은 기도로 하나님 앞에 서야 한다. 둘째, 자신의 권위 아래 있는 백성을 사랑과 기독교적 섬김의 태도로 대해야 한다. 셋째, 조언자들과 공무원들을 개방적이고 중립적인 태도로 대해야 한다. 마지막으로, 악을 행하는 자들에 대해서는 책임감 있는 힘과 엄격함으로 대처해야 한다. 이러한 루터의 주장은 '하나님과 재물을 동시에 섬길 수 없지만, 하나님과 황제는 동시에 섬길 수 있다'는 그의 기본 사상을 반영한다. 영적 영역에서 하나님을 섬기는 사람이 오히려 세속 영역에서 황제를 더 잘 섬길 수 있다는 것이다.

그러나 여기서 중요한 질문이 제기된다. 루터의 이러한 입장은 단순히 현상 유지에 그치는가, 아니면 더 정의로운 사회로의 변화를 추구하는가? 다시 말해, 종교개혁자 루터가 주장하는 사회 질서가 단순히 그가 자란 전통을 유지하려는 지나치게 보수적인 질서는 아닌지 비판적으로 검토할 필요가 있다.

두 통치론 비판

루터의 두 통치론은 세계 질서의 현상 유지만 가능하고 혁신을 허용하지 않는다는 비판을 받아 왔다. 아우구스티누스가 세상을 '세속 도시'와 '신의 도시'로 나누어 설명한 두 왕국설이 중세 후기에 맞지 않았던 것처럼, 이 교리를 현대에 그대로 적용하는 것은 적절하지 않으며 현대적 맥락에 따른 재해석이 필요하다. 모든 통치 권한이 국민에게서 나온다는 현대 민주주의의 개념을 루터는 알지 못했고, 그가 강조했던 공권력과 처벌을 통한 통치 방식은 오늘날의 관점에서는 시대착오적으로 보일 수 있다. 이 점에서 루터는 확실히 '시대의 아들'이다. 현대 서구 사회에서 공공질서는 특정한 가치나 목표에 대한 구성원들의 기본적 합의를 통해 유지되기 때문이다. 그럼에도 루터가 강조한 질서, 정의, 상호 배려의 가치는 지금도 여전히 유의미하다.

루터교회의 두 통치론이 히틀러의 제3제국 출현에 일조

했다는 비판이 독일 분단 이후 동독 공산주의자들에게서 나왔는데, 이에 대한 답은 그리 간단하지 않다. 우선 이런 비판이 서독이 아닌 동독에서 나왔다는 것은 정치 이데올로기 선전 프로그램의 일환으로 의심할 여지가 다분하다. 게다가 히틀러의 나치즘은 '나치 운동의 수도'로 불리는 독일 남부 뮌헨에서 시작되었고, 그곳은 로마가톨릭이 지배적이었던 도시다. 여기서 1919년 독일 민족사회주의당Nazi이 설립되고 2년 후 히틀러가 지도자가 되었다. 히틀러가 손아귀에 틀어쥔 나치즘은 그로부터 훨씬 후에야 루터파 교인이 많은 프로이센 지역으로 확산하여 1933년이 되어서야 독일 정부의 수도 베를린을 장악했다. 덴마크, 스웨덴, 노르웨이, 핀란드처럼 루터교 국가인 스칸디나비아 국가들도 나치가 점령했지만, 교회를 중심으로 저항했다는 사실도 주목해야 한다. 실제로 히틀러 제국의 출현에는 다양하고 복잡한 요인들이 작용했기에 그 원인을 루터와 루터파 교회에만 돌리는 것은 무리가 있다.

 루터가 세속 질서를 중시했다는 점은 16세기 역사적 맥락에서 이해해야 한다. 그는 중세 봉건제도의 폭압에 맞서 무력 대신 평화로운 통치를 강조했고, 부당한 통치자들의 양심에 호소하는 일도 주저하지 않았다. 농민전쟁 시기에 루터가 귀족 편을 들었다는 비난은 그의 대응 과정 전체를 조망하지 않았기 때문일 수 있다. 1525년, 슈바벤에서 봉기를 일으킨 농민들이 루터에게 12개 조항을 보내 자기들 편이 되어 달라고 요청한다. 이에 루터는 "평화의 권고: 슈바벤 농민이 요구한

1525년 농민전쟁 당시 포위된 도시 그림. 루터가 세속 질서를 중시했다는 점은 16세기 역사적 맥락에서 이해해야 한다. 그는 중세 봉건제도의 폭압에 맞서 무력 대신 평화로운 통치를 강조했고, 부당한 통치자들의 양심에 호소하는 일도 주저하지 않았다. 농민전쟁 시기에 루터가 귀족 편을 들었다는 비난은 그의 대응 과정 전체를 조망하지 않았기 때문일 수 있다.

12개 조항에 대하여"를 쓰게 된다. 농민과 귀족 모두를 향해 평화를 권고하는 내용으로, 귀족들에게는 농민들의 요구 및 사회와 교회 문제를 진지하게 고려할 것을 촉구했고, 농민들에게는 평화롭게 문제를 해결해 주기를 권고한다. 그러나 편지의 잉크가 마르기도 전에 농민들의 불만이 극에 달해 폭력적 방식의 반란으로 이어지자, 루터는 곧바로 "살인과 도둑질을 일삼는 농민 폭도에 반대하며"라는 섬뜩한 글을 발표한다. 세속 정부의 강경한 대응을 요청하는 그의 글에서는 실제로 극심한 분노가 느껴진다. 우연인지 아닌지 모르겠지만, 이 글이 발표된 후 정부는 무자비하게 농민들을 학살하며 진압하게 된다. 그러자 루터는 이를 다시 강하게 비판하며 공권력은 복수가 아닌 질서 회복이 목적이 되어야 한다며 "농민 학살의 가혹한 책임에 관한 공개서한"을 쓰게 된다. 그 글에는 이런 말이 나온다. "당신들은 죄 없는 사람뿐 아니라 죄인에게도 자비를 베풀어야 했다."[15] 공권력이라 해도 잔인한 권력 행사는 심판 날 하나님 앞에서 책임을 지게 될 것이라고 그는 경고한다. 진압에 동원된 기사들을 "피에 굶주린 짐승"이라고 묘사하기도 한다. 그는 농민전쟁과 관련한 세 편의 글에서 당파적 노선을 추구하지 않고 권력자와 농민 모두의 양심에 호소한다. 이때 강조된 세 가지 원칙은 다음과 같다.

1) 피지배자 착취 금지와 존엄성 보장
2) 폭도에 대한 적절한 처벌

3) 세속 권력의 복수 금지

두 통치론에 대한 또 다른 비판은 그것이 신약성경의 하나님 나라 개념과 충돌한다는 것이다. 이런 이유로 개혁주의 전통에서는 이를 예수님이 선언하신 그리스도의 통치 개념으로 통합하려는 경향이 있다. 이러한 용어가 신약의 복음서를 지향한다는 점에서 매우 긍정적이지만, 그럼에도 현실 세계에는 참된 신자, 명목상 신자, 비신자가 다양하게 공존한다는 점을 잊어서는 안 된다. 그러므로 하나님의 말씀이 직접 다스리는 영역과 간접적으로 다스려지는 영역을 구분할 필요가 있다. 이는 교회를 세속화하거나 사회를 강제로 기독교화하는 것을 피하기 위함이다. 그리스도는 이미 이 땅에 오셨으나 그리스도의 재림과 종말은 아직 도래하지 않았고, 그리스도인은 '이미'와 '아직' 사이에서, 하늘이 임한 땅에서 살아가는 존재다.

두 통치론의 가치

마르틴 루터의 두 통치론은 여러 비판에도 불구하고, 오늘날 우리에게 여전히 중요한 네 가지 측면을 담고 있다.

1. 세상은 단순한 죄와 악의 공간이 아니며, 하나님의 통치 아래 있다. 많은 사람들이 이 세상을 고난과 눈물의 골짜기로만 이해하는 경향이 있지만, 이는 성경적 진리의 일부분일 뿐이다. 구약과 신약을 통해 우리는 하나님이 타락한 세상을 끊

임없이 돌보고 보호하심을 알 수 있다. 특히 루터는 세속 영역에서의 하나님 통치를 강조한다. 세상이 하나님과 멀어진 듯 보여도, 하나님은 여전히 피조물과 함께 존재하신다. 그리스도 안에 드러난 하나님의 임재는 그분이 창조 세계와 함께 존재하시는 특별한 방식일 뿐이다. 숨겨져 있고 희미한 방식으로 드러나는 하나님의 일반계시를 부정하거나 무시한다면, 사실상 하나님의 신성을 부정하는 것과 다르지 않다. 그 결과는 성경에 근거하지 않은 이원론으로, 세상은 하나님의 흔적이 없는 영역으로 치부되고 말 것이다. 그러나 인간은 항상 신에 대한 인식과 선과 악에 대한 개념을 가지고 있다. 흥미롭게도 세속화가 급속히 퍼지고 있지만, 인간은 여전히 종교적 주제에 관심을 가진다. 이는 인간 안에 내재한 신에 대한 기본적 지식 때문이며, 그렇지 않다면 인간의 종교성을 설명하기 어려울 것이다.

2. 사회의 존속을 위해서는 상호 배려와 공존이 중요하다. 황금률로 대표되는 자연법은 공동체 생활의 기본 원칙이며 이러한 원칙이 인정되지 않으면 인간 사회의 미래는 암울할 수밖에 없다. 과거 사회주의 국가들의 국가자본주의나 서구식 개인주의적 자본주의를 보면 모두 가난한 이웃을 향한 상호 배려가 부족하다. 이러한 사회 모델은 장기적으로 지속 가능하지 않고, 끝내 붕괴 위험에 내몰릴 것이다. 더불어 지구의 생태 환경에 균열이 심화하면서, 우리는 또 하나의 심각한 도전에 직면하고 있다. 인간이 창조 세계를 하나님의 선물이 아

니라 단순히 착취 대상으로 여긴다면, 결국 자멸의 길을 걷게 될 것이다. 기후 변화는 이러한 위험성을 명확히 보여 준다. 이때 자연법은 이성을 통해 자연에 대한 인간의 착취적 성향을 인식하고 교정할 수 있는 조절자 역할을 해 줄 수 있다. 그러면 인간과 자연이 서로를 파괴하지 않고 평화롭게 공존할 수 있다는 낙관적 전망이 가능하고, 인간은 자연과 공존하기 위해 계속 노력해 나갈 것이다. 그럼에도 잊지 말아야 할 것은, 이 세상이 세속적 영역이라는 점이다. 정치인과 종교 지도자들이 아무리 지상천국이 가능하다고 선전한다 해도 이는 그저 유토피아적 꿈에 불과하다.

3. 권력은 항상 힘을 남용하려는 마성적 유혹을 동반한다. 다른 종교적 인물들과 달리 루터는 이 유혹을 잘 알고 있었다. 그는 영주들의 악한 행동과 포학함을 대놓고 지적하고 폭로한다. 권력의 속성은 언제나 인간 안에 도사리는 죄의 본성과 연결되어 있어서 늘 자기중심적이며, 하나님과 멀어지려는 특징을 보인다. 이런 이유로 루터는 영주들에게 기독교적 조언을 했고, 그리스도인들에게 공직에 나설 것을 권장했다. 그리스도인들은 자연법을 알고 그 법에 순종하지만, 그 모호한 교훈의 인도를 받는 사람들은 아니다. 진정한 그리스도인이라면 그리스도의 모범과 그분의 은혜에 따라 살아야 하며, 그렇게 할 때 악마의 세계에서 하나님의 뜻에 대한 표징과 지표를 확립할 수 있을 것이다. 그리스도의 몸인 교회 공동체의 목표는 그리스도가 약속한 미래를 기대하며 그의 뜻이 이루어

지기를 소망하며 살아가는 것이다. 그들이 소수이고 아무도 그 노력을 알아주지 않는다고 해서 절망할 필요가 없다. 그리스도인들은 하나님의 뜻대로 사셨던 인간 예수 그리스도를 알고 있기에 그분이 제시한 미래를 선포할 수 있고, 또 선포해야만 한다. 그리고 교회라는 공동체를 통해 하나님이 통치하시는 두 가지 방식을 은근하고도 실제적인 방식으로 대변해야 한다. 그리스도는 세상에서의 죽음을 통해 인류의 분열과 모순을 극복하고 새로운 삶을 개시하셨다. 하지만 그리스도인들은 이 땅에서 이 새로운 삶을 불완전하게 실현하고 있으며, 창조 세계와 함께 새로운 창조와 하나님의 최종 구원을 기대하고 있다. 미래에는 두 통치 방식이 하나의 하나님 나라 안으로 통합되겠지만, 현재 우리는 여전히 두 개의 구별된 통치 방식으로 살고 있다.

4. 루터의 두 통치론은 권력에 대한 건전한 비판의식을 갖게 한다. 재세례파와 달리, 루터는 세상과 단절하지 않고 오히려 세상 속에서 살아가는 그리스도인의 역할을 강조한다. 그의 사회정치적 비판은 파괴적이거나 지배 세력에 대한 불신에서 비롯된 것이 아니었다. 그는 항상 공동체 전체에 대한 연대 의식과 책임감을 지니고 있었다. 루터는 분명 특정 진영의 노선에 치우친 인물이 아니다. 앞서 언급한 바와 같이, 그는 농민전쟁 당시 신분제 사회에서 착취당하는 농민들의 불만을 대변하고 지배층에 경고한 바 있다. "통치자는 자신의 이익과 이득을 위해 백성을 착취하도록 임명된 것이 아니라, 백성의

안녕을 염려하는 사람이어야 한다."[16] 동시에 그는 농민들에게도 경고한다. "통치자가 악하고 불의하다고 해서 당신들의 무질서와 반란을 정당화할 수는 없다. 악을 징벌하는 것은 모든 사람의 책임이 아니라 칼을 든 세상 통치자들의 몫이다."[17] 루터는 양측 모두에게 권고한다. "하나님을 두려워하여…이 문제를 정의롭게 다루고, 무력이나 폭력으로 해결하지 말며, 무고한 사람들의 피를 흘리게 하지 말라."[18] 하지만 이런 권고에도 농민들이 무기를 들자, 루터는 영주들에게 그들의 의무를 상기시킨다. "이 경우 통치자는 다음을 기억해야 한다. 로마서 13장[4절]에 따르면, 그는 하나님의 사역자이며, 공연히 칼을 가지지 아니하였으니 곧 하나님의 사역자가 되어 악을 행하는 자에게 하나님의 진노하심을 따라 보응하는 자다."[19] 루터가 강조하는 바를 요약하면, 그리스도인이라면 통치자든 평범한 시민이든 항상 옳은 것을 바라보고 옳은 편에 서야 하며, 폭력에 의지하지 않고 옳은 것이 승리하도록 돕고, 공동체 전체의 안녕을 위해 노력해야 한다.

 루터는 다양한 서신에서 당시 정치적 문제에 대한 분명한 소신을 밝힌다. 중요한 것은, 그가 자신의 명성을 이용해 정치에 직접 관여하려 하지는 않았다는 점이다. 오히려 그는 그리스도인이 정치적 사건에 지나치게 관여하거나 세력화하지 않는 것이 중요하다고 생각했다. 루터는 권력에 저항하라고 조언하는 일이 거의 없었지만, 그의 명확한 비판을 통해 알 수 있듯이 권력자를 맹목적으로 보호할 생각이 전혀 없었다.

루터는 통치 권력에 진리의 말씀을 전하는 것이 중요하다고 강조했지만, 한편으로는 그들이 그 말씀을 수용할 것이라고 기대해서도 안 된다고 말하기도 한다.[20] 그는 무책임한 통치 권력이라면 반드시 처벌받게 될 것이라고 확신했던 인물이다. 하나님이 권력자들을 권좌에서 끌어내리고 "그들의 이름과 그들에 대한 기억을 뿌리째 뽑아 버리실 수 있다"고 믿었다.[21] 그의 믿음대로 온 세상은 하나님의 통치 아래 있고, 때가 되면 하나님이 불의한 정부를 제거할 것이다.

루터는 자신의 개혁 운동이 반란으로 오해받을 여지 때문에 그의 개혁에 반대하는 세력이라도 무력으로 제압하거나 맞서지 않으려 했다. 그는 세상의 질서 유지라는 측면을 대단히 중시했는데, 이러한 태도는 후대까지 큰 영향을 미치게 된다. 예를 들어, 루터의 사상에 영향을 받은 법률가 한스 폰 도나니, 법률가이자 라이프치히 시장이었던 칼 프리드리히 폰 괴르델러Carl Friedrich von Goerdeler, 루트비히 베크Ludwig Beck 장군 같은 이들은 1944년 7월 20일 히틀러를 전복시키려는 시도에 참여하기 전에 깊은 고민을 했다. 그들은 로마서 13:2을 근거로 권위에 대한 저항이 정당한지 스스로에게 질문했다. 결국 그들은 히틀러를 더는 합법적인 권위자로 볼 수 없다고 판단하고 저항에 나섰지만, 그들의 쿠데타는 실패로 끝나게 된다.

전쟁이 끝난 후, 루터교 신학자 발터 퀸네트는 《정치: 악마와 신 사이에서》라는 주목할 만한 저서를 출간한다.[22] 이 책에서 퀸네트는 정치를 로마서 13장(질서를 유지하는 하나님의 권위)과 요한계시록 13장(악마적 상태) 사이의 긴장 관계로 보고, 특정 조건 아래서 그리스도인이 국가에 저항할 권리가 있다고 설명한다. 그는 다만 그리스도인들이 다른 누구보다 선과 악, 정의와 불의를 더 잘 알고 잘 판단한다고 생각하는 것은 오만이라고 지적한다. 이런 오만에서 비롯된 저항은 그 어떤 것도 옳지 않고 정당화될 수 없다. 루터는 기독교의 이름으로 정치 세력화를 꾀하는 시도를 강하게 비판한다.

> 만일 어떤 사람이 이렇게 주장한다고 생각해 보라. '이제 우리는 그리스도인이니, 법이나 정부는 우리에게 더 이상 필요 없다. 우리는 하나님의 자녀이니 오직 성경의 가르침만이 우리를 다스릴 수 있다. 이제 온 세상도 기독교로 만들어 복음으로 다스리자.' 이런 주장은 매우 위험하다. 이는 마치 누군가가 '이제 이 동물들은 순해졌으니 괜찮다'고 말하면서, 쇠사슬과 족쇄를 풀어 사나운 맹수들을 광장에 풀어놓는 것과 같다. 하지만 족쇄 풀린 맹수들은 여전히 위험하고, 사람들을 물어뜯고 해칠 것이다. 이와 같이 교회 안의 숨은 악당들은 '우리는 그리스도인이니까 법이나 권력에 따르지 않아도 된다'는 그럴듯한 입발림으로 복음의 자유를 악용하고 교인들을 선동한다.[23]

세상에는, 심지어 그리스도인 가운데서도 죄를 범하는 사람들이 많다. 그래서 우리에게는 국가와 각 공동체의 법과 질서가 꼭 필요하다. 이 법과 질서가 제대로 작동하고 불공정한 일이 퍼지지 않도록 하려면, 그리스도인들이 법과 질서에 적극적으로 협력하고 헌신해야 한다.

> **토론을 위한 질문**
>
> 1. 루터와 아우구스티누스의 두 통치론은 어떻게 다른가?
>
> 2. 하나님이 율법과 복음으로 다스린다는 것은 무슨 뜻인가?
>
> 3. 오늘날의 정치 상황(그리고 그 안에 있는 교회)은 루터 시대와 어떻게 유사하고 어떻게 다른가?

루터의 교육 철학은
실용적이면서도 이상적이었다.
그는 모든 인간이
하나님의 자녀로서
재능을 계발해야 하며,
그 재능을 이웃을 위해
사용해야 한다고 믿었다.
교육의 목적은
개인의 사회적 성공이 아니라
이웃을 위한 섬김과 봉사였다.
직업관도 독특했다.
그는 모든 직업이
동등한 가치를 가지며,
어떤 직업이든 삶의 성취를
이룰 수 있다고 보았다.

7

모두를 위한 교육

마르틴 루터는 다재다능한 인물이었다. 그는 종교개혁의 중심에 서 있었고, 가족 모임에서 류트를 연주했으며, 찬송가 작사와 작곡을 했고, 목공도 능숙했으며, 체스도 두었고, 라틴 시인들을 좋아해서 수도원에 들어갈 때 플라우투스(기원전 약 245-184)와 베르길리우스(기원전 70-19)의 작품을 가지고 들어갔을 정도였다. 그에게 "언어는 성령의 검을 담는 칼집[엡 6:17]"이다.[1] 그가 독일어로 번역한 성경은 현대 독일어의 발전에 막대한 영향을 미쳤다. 현대 독일어의 기원은 상당 부분 루터까지 거슬러 올라간다. 하지만 그는 목사에게 독일어 능력만 요구되는 것은 아니라고 강조한다. "성경을 설교하고 주해하려면 라틴어, 그리스어, 히브리어의 도움을 받아야 하며, 모국어인 독일어만 사용하는 사람은 실수를 저지르기 쉽다."[2] 그러므로 그는 목사 양성 과정에 고전어 습득을 포함한 양질의 교육이 필요하다고 말한다. 이는 오늘날에도 여전히 독일에서 목사가 되려는 이에게 필수 조건이다. 루터는 이런 실력 배양을 위해 대학 개혁이 필수적이라고 설명하는데, 당시 대학에서 가르치는 많은 과목이 그다지 도움이 되지 않는다고 생각했기 때문이다.

1. 복음에 기반한 교육 개혁

1520년 《독일의 그리스도인 귀족에게 고함》에서 루터는 아리스토텔레스의 물리학, 형이상학, 윤리학 등 다수 저술을 대학에서 가르치지 말아야 한다고 주장했다. 이는 그러한 학문이 실질적 유익이 적고 복음 이해에 기여하지 않는다고 보았기 때문이다. 그러나 시간이 지나 그는 논리학, 수사학, 시학에 관한 아리스토텔레스의 저술과 키케로(기원전 106-143)의 수사학은 읽을 가치가 있음을 인정했다. 그는 성경을 읽고 해석하는 데 도움을 주는 히브리어, 그리스어, 라틴어와 같은 고전어 능력을 강조했다. 반면, 교황령을 포함한 교회법은 중요도가 낮다고 여겼다. 페트루스 롬바르두스Petrus Lombardus(약 1096-1164)의 신학 해설서나 유명 신학자들의 인용집은 신학 박사 과정에서 다룰 정도로 제한했다. 루터에게 가장 중요한 것은 성경에 대한 이해였으며, 이를 위해 학교 교육이 필수적이었다. 당시 아이들은 대개 가정이나 소규모 농지에서 무보수로 일하는 처지였다. 교육은 부유한 가문의 남자아이에게만 제공되었고, 여자아이들은 교육 기회를 전혀 얻지 못했다.

루터는 이렇게 말한다. "학교와 대학에서 모든 이가 가장 먼저 성경을 읽어야 한다. 남녀노소를 불문하고 교육 기회가 주어져야 하며, 특히 여성도 복음을 배워야 한다. 이를 위해 모든 마을에 여학교를 설립한다면, 여자아이들이 매일 한 시간씩 독일어 또는 라틴어로 복음을 배울 수 있을 것이다. 학교는 필수적이다!"[3] 루터의 이러한 교육 개혁 주장은 당시로서는 혁신적이었다. 중세 유럽의 문맹률은 약 90-95퍼센트에 달했으며, 농촌 지역은 더욱 심각했다. 루터가 주장한 '만인 제사장직'을 실현하려면 교육이 필수적이었고, 이는 종교개혁의 성공을 위한 핵심 요소였다. 루터에게 교육의 문제는 어떠한 타협의 여지도 없었다.

16세기 초 독일의 교육 현실은 매우 열악했다. 1527-1528년 교회 시찰단이 작센 지역 교회를 방문하면서 드러났듯이, 일반 신자는 물론이고 목사들조차 교육 수준이 매우 낮았다. 특히 젊은이를 포함한 대다수 신자들은 기독교의 기본 가르침을 제대로 알지 못했고, 많은 목사가 복음의 자유를 구실로 태만한 생활을 일삼았다. 이러한 문제를 해결하고자 루터는 1529년 다양한 교육 자료를 개발했다. 그중 《비텐베르크 찬송가 *Wittenberger Gemeindegesangbuch*》, 《기도서 *Gebetbüchlein*》, 《소교리문답》, 《대교리문답》이 대표적이다. 이 자료들은 신학자들의 학술 교재가 아니라, 신자들이 기독교 신앙을 종합적으로 이해하고 실천하도록 돕기 위해 기획되었다. 기도서는 단순한 기도문 모음이 아니라 신앙 입문을 위한 안내서였으며, 찬송가집은 예배용 곡뿐 아니라 일상에서 부를 수 있는 노래를 소개하는 종합적인 책이었다. 대교리문답과 소교리문답 역시 일방적인 질문과 답변을 모은 것이 아니라, 신자들이 하나님의 뜻을 묵상하고 실천하도록 이끄는 지침서였다. 루터는 사람들이 글보다 그림을, 텍스트보다 노래를 더 쉽게 기억한다는 점을 고려해 다양한 교육 방법을 활용했다. 그는 독일어로 번역된 성경과 출판물에 삽화를 포함시켜 일반 신자들이 내용을 쉽게 이해하도록 배려했다.

    루터의 관심은 교회 개혁에만 국한되지 않았다. 그는 전통적인 신분제 사회를 인정했지만, 교육 기회는 모든 사람에게 평등해야 한다고 주장했다. 이는 당시로서는 획기적인 견해였다. 그는 귀족, 시민, 농민의 신분 구분을 넘어 모두가 교육받을 권리가 있으며, 양질의 교육을 받은 사람은 누구나 사회에서 더 높은 지위를 얻을 수 있다고 보았다. 이를 위해 가난한 학생들을 위한 장학금 제도를 제안하고, 1524년 《독일의 시장들과 시의원들에게 학교 설립을 권함》에서 학교 설립을 강력히 촉구했다. '교육의 기회는 누구에게나 평등해야 한다'는 루터의 주장은 중세 사회에 낯선 도전이었다.

    루터의 교육 철학은 실용적이면서도 이상적이었다. 그는 모든 인간이 하나님의 자녀로서 재능을 계발해야 하며, 그 재능을 이웃을 위해 사용해야 한다고 믿었다. 교육의 목적은 개인의 사회적 성공이 아니라 이웃을 위한 섬김과 봉사였다. 직업관도 독특했다. 그는 모든 직업이 동등한 가치를 가지며, 어떤 직업이든 삶의 성취를 이룰 수 있다고 보았다. 그리고 누구도 사회적 지위 획득 여부에 따라 차별받아서는 안 된다고 강조했다. 루터에 따르면, 모든 인간은 하나님의 자녀이며, 창조주로부터 받은 지적·신체적 재능을 발전시켜야 한다. 물론 이 재능은 다른 이들의 필요를 위해 사용되어야 한다.

즉, 세속 직업은 하나님의 거룩한 소명 즉 '성직'이 될 수 있다. 다만, 모든 직업이 성직은 아니며, 그것이 하나님의 뜻에 따라 이웃에게 선한 유익을 가져올 때 비로소 소명이 된다. 루터는 교육이 개인의 능력과 적성에 맞게 이루어져야 한다고 강조했다. 부모는 자녀의 재능을 고려해 교육 방향을 결정해야 하며, 대리 만족을 위해 자녀의 진로를 강요하면 자녀와 교사 모두에게 부담이 될 수 있다고 경고했다. 그는 기술직 장인도 라틴어를 배우도록 권장했는데, 이는 직접 활용하지 않더라도 개인의 성장에 도움이 된다고 믿었기 때문이다.[4] 루터의 교육관과 직업관에서 중요한 지점은 그리스도인이라면 자신을 위해서가 아니라 항상 다른 사람들을 위해 살아야 한다는 대목이다.

1530년 7월, 루터는 아이들 교육에 관한 자신의 설교를 책으로 발전시켰고[5] 그것을 뉘른베르크 시 행정관 라자루스 슈펭글러Lazarus Spengler에게 헌정했다. 그는 서문에서 당시 교육 현장의 심각한 문제를 지적하고, 뉘른베르크와 같은 상업 중심지에서도 부모들이 자녀 교육보다 생계유지에 우선순위를 둔다는 점을 우려했다. 많은 부모는 자녀에게 기초적인 산술과 독일어 읽기만 가르치면 교육이 충분하다고 여겼으나, 루터는 이것이 하나님의 말씀과 교육 전반을 경시하는 태도라고 비판했다. 그는 당시의 기초 교육으로는 사회와 교회의 필요를 충족할 수 없다고 보았다.

루터에 따르면, 그리스도인은 교회와 세속 사회라는 두 영역에서 살아간다. 이 영역에서 설교자, 통치자, 재판관 등 다양한 역할을 수행하려면 폭넓은 지식과 능력이 필요하다. 이는 영적 통치와 세속 통치 아래 살아가는 그리스도인의 책임이며, 이를 위해 모든 그리스도인은 모국어 외에 다른 언어와 학문을 익혀야 한다. "단순히 더하기, 빼기, 읽기만 할 줄 아는 것으로는 부족하다. 독일어 책은 일반인이 가정에서 읽도록 제작되었다. 그러나 영적 영역과 세속 영역 모두에서 설교, 통치, 정의 실현을 수행하기 위해서는 독일어만으로는 불충분하다. 특히 이웃을 위해 더 큰 책임을 다해야 하는 오늘날에는 더욱 그렇다."[6]

그리스도인에게 양질의 교육은 필수다. 루터는 국제적 상업 도시 뉘른베르크에서 라틴어에 능통하고 폭넓은 지식을 갖춘 인재가 필요하다고 강조했다. 그는 도시가 공공 차원에서 많은 비용과 노력을 들여 우수한 교수를 초빙하고 학교를 설립해야 한다고 소리를 높였고, 부모들 또한 이러한 교육 체계를 소홀히 여겨서는 안 된다고 역설했다.

2. 교회와 세상에서의 사역을 위한 교육

1520년대 후반부터 루터는 시찰단을 꾸려 작센 선제후령 안에 있는 교회들을 순회 방문하기 시작했고 그러면서 개신교회 내부의 충격적인 현실을 마주하게 된다. 목회자 대부분(주로 전직 가톨릭 사제들)이 교리나 일반지식 면에서 턱없이 자격 미달이라는 사실을 알게 되었기 때문이다. 당시 사제들의 신학 교육이라면 다른 사제에게서 미사 순서를 배우는 정도였고, 라틴어로만 집례해야 하는 예배 제의에서 주기도문조차 라틴어로 할 수 없는 목회자도 수두룩했다. 게다가 종교개혁의 여파로 많은 성직자가 사역을 포기했고 특히 농민전쟁 시기(1525)를 거치며 교육 체계가 거의 붕괴 직전까지 이르러, 교회에서 목회를 감당할 인원이 현저히 부족했다. 게다가 개신교 지역이 되면 필연적으로 그 지역의 수도원 학교들은 문을 닫았기 때문에, 이를 대체할 교육기관이 시급히 필요했다. 루터는 영주들이 학교를 설립하지 않고 부모들이 자녀를 학교에 보내지 않는다면, 가까운 미래에 도시 3-4개에 목사 한 명, 시골 10개 마을에 목사 한 명만 남게 될 것이라고 경고했다.[7] 당시 목회자들의 경제적 빈곤도 심각했다. 이전에는 사람들이 공덕을 쌓기 위해 수도원에 후원했지만, 종교개혁 이후 그런 종류의 지원이 끊긴 상태였다. 그런데 루터는 목회직과 설교의 위기는 근본적으로 부모들의 교육 태도에 있다고 설명한다. 재능 있는 자녀를 단지 집안일이나 돕는 하인으로 취급하고 학교 교육을 허락하지 않는다면, 그것이야말로 부모들이 목회직을 경시하는 죄라고 지적한다.

그러나 루터는 목회자의 역할이 영적인 영역을 넘어 세속 사회에도 중요하다고 강조한다. "설교자는 모든 종류의 권위를 확인하고 강화하며 유지하는 데 도움을 주고, 현세에 평화를 가져온다. 이와 더불어 설교자는 반항하는 사람들을 견제하고, 순종, 도덕, 규율, 명예를 가르친다."[8] 그러나 루터에게 설교자는 도덕 교사도 경찰도 아니다. 왜냐하면 그런 율법적인 일들은 "목사가 하는 모든 선한 일들 중에서도 확실히 가장 작은 것들"이기 때문이다. 그러나 율법을 설교하고 사람들에게 십계명을 상기시키지 않는다면, 세상의 덕과 질서가 무너지게 되는데, 이것이야말로 설교자가 그 임무를 소홀히 할 때 생기는 일이라고 믿었다. 루터는 심지어 이렇게 말하기도 한다. "세상의 평화는 이 땅에서 가장 큰 선이다.…사실상 이것은 올바른 설교 사역의 열매다."[9] 루터에 따르면, 목회직 즉 설교자의 직분은 평화를 가져오는 직분이다. 이런 식으로 훌륭한 목회자는 사람들의 몸과 영혼의 안녕에 기여한다. 이것은 왕의 아들도 내려다볼 수 없을 만큼 고귀한 직분이다. 언젠가 하나님은 우리가 자녀들을 어떻게 교육했는지 책임을 물으실 것이다. 우리는 지금 물질적 성공을 부추기며 자녀들을 교육하는가, 아니면 타인을 돕고 섬기는 방향으로 교육하고 있는가?

　루터의 교육관은 단순히 목회자 양성에만 국한되지 않았다. 그는 "모든 부모가 자녀를 목회자, 설교자, 교사로 교육할 필요는 없다. 모든 아이가 목회자나 설교자, 교사가 될 필요는 없기 때문이다"라고 분명히 밝히며, 교육의 폭넓은 목적을 강조한다. 특히 주목할 만한 점은 루터가 도시의 부유한 계층보다 가난한 가정의 자녀 교육에 더 큰 관심을 가졌다는 것이다. "그런 재능 있는 가난한 집 자녀들이 학업에 전념할 기회를 가져야 한다.…모든 학생이 최소한 라틴어를 읽고, 쓰고, 이해할 수 있어야 한다. 왜냐하면 우리에게는 고등교육을 받은 성경 전문가만 필요한 것이 아니기 때문이다."[10] 루터는 교육을 모든 이의 기본 권리로 보았으며, 교육받은 후 진로 선택은 자유로워야 한다고 가르친다. 앞서 언급했듯이, 목회자 교육 과정을 거쳤다고 해서 꼭 목사가 될 필요는 없다. 라틴어를 배운 사람도 얼마든지 기술 장인이 될 수 있고, 오히려 고등교육은 세상을 보는 시야를 넓히고 직업 전환의 가능성을 높인다. 이런 생각은 사회가 다양한 분야의 인재를 필요로 한다는 그의 통찰에서 비롯된 것이다.

　세속적 권위를 가진 이들에 대한 교육도 루터의 중요한 관심사였다. 그는 세속 정부를 "하나님이 주신 영광스럽고 훌륭한 선물"로 보았으며, 법과 생명과 평화를 지키기 위해 하나님이 제정하신 것이라고 생각했다.[11] 황제와 영주는 대개 법과 질서를 유지할 능력이 없는데 왜냐하면 그들은 무력('주먹과 무기')을 사용하기 때문이다. 그래서 통치자들은 지식('머리와 책')이 필요하다. 이러한 맥락에서 그는 "남성들이 세속 정부의 법과 지혜를 배우고 알아야 한다"고 설명한다.[12] 루터는 '법률가'라는 용어를 매우 포괄적으로 사용한다. 여기에는 장관, 서기관, 판사, 변호사, 공증인 등 정부의 법적 업무와 관련된 모든 직종이 포함된다. 그는 이들이 도시든 시골이든, 황제 앞에서든 영주 앞에서든 어떤 경우라도 자신의 직무를 올바로 수행할 때 세속 정부가 유지되고 발전할 수 있다고 보았다.

그리고 루터는 자녀 교육이 단순한 개인적 결정이 아니라고 강조했다. 그는 하나님이 자녀와 재산을 주셨다면 그것으로 하나님을 섬기고, 자녀가 하나님을 섬기게 하는 것이 부모의 의무라고 보았다. 그는 세속적 직업을 가지고 살아가는 일이 목회적 소명과 동등한 거룩한 성직이라고 믿었다. 이러한 루터의 교육관은 교육의 궁극적 목적이 하나님을 섬기고 사회에 기여하는 데 있음을 보여 준다.

루터는 당시 교육의 쇠퇴 현상을 깊이 우려했다. 그는 궁정뿐 아니라 도시에도 교육받은 인재가 필요하며 그 필요가 채워지지 못할 경우, "왕이 법학자가 되고, 왕자가 장관이 되며, 백작과 영주가 서기관이 되고, 시장이 성직자가 되어야 할 것"[13]이라고 했다. 그는 이런 선하고 유익한 일들을 위한 교육이 하나님을 기쁘시게 한다고 보았다. 교육의 가치는 당장의 금전적 이익이나 교육받지 않고 자란 자녀들이 벌어들일 수입보다 훨씬 크다. 이러한 맥락에서 루터는 설교자와 교사들이 어린아이들과 부모에게 교육의 중요성을 일찍부터 가르쳐야 한다고 강조한다. 그리고 이 모든 직무와 직분은 하나님이 세우셨기에 이를 경시하기보다 극진한 존경심으로 대하도록 가르쳐야 한다. 이 직무들은 궁극적으로 인간 사회의 평화와 화합에 기여하도록 제정되었는데, 많은 이들이 그 필요성과 올바른 수행 방식이 어떤 것인지 제대로 인식하지 못하고 있다. 이에 루터는 무기 다루는 법을 배우는 것이 전문적 직무를 올바르게 수행하는 법을 배우는 것보다 훨씬 쉽다고 지적한다. 그는 교육에 관한 자신의 글 말미에서 아리스토텔레스의 말을 언급하며 이렇게 말한다.

> 성실한 교장이나 교사, 학생들을 진심으로 가르치는 교육자들의 노고는 어떤 금전적 보상으로도 충분히 보답할 수 없다. 내가 만일 지금 설교자의 직무를 그만두어야 한다면 교장이나 교사가 되고 싶다. 설교직 다음으로 교육직이 가장 가치 있고 유용한 직책이라고 믿기 때문이다. 때로 이 둘은 그 가치를 비교하기조차 어렵다.[14]

종교개혁 이전과 이후의 교육 환경 변화도 주목할 만하다. 종교개혁 이전에는 사람들이 수도원이 운영하는 학교와 여러 교육기관에 적극적으로 지원하며 관심을 보였다. 하지만 종교개혁 이후에는 그런 후원과 관심이 급격히 감소하게 된다. 이런 상황에서 루터는 두 가지 중요한 제안을 한다. 첫째는 세속 권력자들이 새로운 학교를 설립해야 한다는 것이고, 그다음은 사람들이 자녀를 학교에 보내도록 장려해야 한다는 것이다. 특히 루터는 경제적 어려움이 교육의 장애물이 되어서는 안 되며, 가난한 가정의 자녀들도 교육받을 수 있도록 교회와 세속 권력자들이 재정 지원을 해야 한다고 주장한다. 이는 교육받은 인재들이 미래 사회의 중요한 직책을 맡을 수 있게 하려는 의도다.

1524년, 루터는 독일 전역의 시의원들에게 중요한 편지를 보냈다. 이 편지에서 그는 기독교 학교의 설립과 유지를 강력히 촉구했다. 그는 편지에서 종교개혁 이전에 많은 부모가 자녀들을 수도원과 대성당에 보냈다고 회상한다.[15] 그곳에서 아이들은 온갖 종류의 교양을 배울 수 있었다. 그러나 종교개혁으로 인해 이러한 교육 체계가 무너지면서, 대다수 청년들이 지적 교육이나 직업 교육의 기회를 잃게 되었다. 이는 수도원과 교회 기관의 쇠퇴가 교육의 붕괴로 이어졌음을 의미한다. 그는 양질의 교육이 얼마나 가치 있는지 잘 알고 있었기에 도시들이 교육기관을 적극적으로 지원해야 한다고 주장했다. 매우 실제적이고 설득력 있는 그의 주장에 따르면, 도시들이 도로, 댐, 다리 등 인프라 유지에 매년 상당한 비용을 지출하고 있다면, 가난하고 소외된 청소년들의 교육에도 마땅히 투자해야 한다.

그는 특히 종교개혁으로 발생한 재정적 이득을 강조한다. "사람들은 더 이상 면죄부, 미사, 철야 기도회, 기부, 유산,

기념일, 수도승, 형제단, 성지순례 등 말도 안 되는 일에 돈과 재산을 낭비하지 않게 되었다. 그렇다면 하나님과 그분의 영광에 대한 감사의 표시로 이렇게 절약된 돈의 일부를 가난한 아이들의 교육에 기부해야 하지 않겠는가!"[16] 종교개혁 덕분에 미신적 관행에서 해방된 그들이 하나님께 감사를 표현하는 실질적인 방법이 교육 환경에 대한 투자라는 것이다. 이런 방식으로 루터는 시의원들에게 하나님을 위해 청소년 교육을 책임져 달라고 간곡히 요청했으며, 부모들에게도 그들의 교육적 책임을 상기시켰다.

3. 부모의 의무

루터는 "여호와께서…우리 조상들에게 명령하사 [여호와의 기이한 행적을] 그들의 자손에게 알리라 하셨[다]"(시 78:5)는 말씀을 인용하면서, 부모가 자녀를 가르치는 것이 의무라고 강조한다.[17] 만일 부모가 의무를 다하지 않으면, 정부 당국과 시의회가 그 책임을 지고 아이들의 교육을 보장해야 한다고 주장한다. 아이들이 배우는 언어와 기술은 성경을 이해하고 세속의 통치를 수행하는 데 도움이 된다고 본 것이다. "만약 우리가 방심하여 언어 배우기를 그친다면(하나님이 이를 막아 주시기를!) 우리는 복음을 잃을 뿐만 아니라 언젠가는 라틴어나 독일어를 제대로 말하거나 쓸 수 없을 것이다."[18] 종교개혁은 주로 그림과 글을 통해 전파되었기 때문에, 읽고 쓰는 능력을 갖추는 것은 종교개혁의 지속을 위해 필수적이었다. 더욱이 모든 신자의 제사장직 개념에 따라, 모든 그리스도인이 성경을 직접 읽고 이해할 수 있어야 했기에 교육은 더욱 중요했다.

루터는 교육이 영적인 면뿐만 아니라 세속적 측면에서도 필수적이라고 보았다. "세속의 통치는 하나님이 정하신 직분"이기 때문에, "유능하고 훌륭한 적합한 사람을 그 직분에 앉혀야 한다"는 것이다. 흥미롭게도 루터는 고대 로마인과 그리스인들의 교육에 대한 열정을 높게 평가한다. "비록 그들은 하나님의 뜻을 잘 알지 못했지만, 젊은이들을 교육하고 훈련하는 데 매우 진지하고 부지런했다."[19] 루터는 설령 영적 교육이 필요하지 않다 하더라도 세속 정부를 잘 이끄는 것 자체가 교육의 충분한 목적이 된다고 주장한다.

> 세속 국가를 외형적으로 유지하기 위해서라도 유능한 남성과 여성이 필요하다. 이것만으로도 모든 곳에 소년 소녀를 위한 최고의 학교를 세워야 할 마땅한 이유가 된다. 남성은 국가와 국민을 잘 다스리고, 여성은 집과 자녀와 하인을 바르게 훈육할 수 있기 때문이다. 이제 그런 남자는 우리 아들들로부터, 그런 여자는 우리 딸들에게서 배출되어야 한다. 그러므로 이 목표를 위해 우리 아들딸을 바르게 교육하고 훈련하는 것이 마땅하다.[20]

일반 사람들은 이 임무를 수행할 능력이 없거나, 의지가 없거나, 그 중요성을 알지 못한다. 또한 왕자와 귀족들은 "지하실, 부엌, 침실을 정리하는 임무야말로 아이들에게 참으로 고귀하고 중요한 일"이라고 생각한다. 그래서 젊은이를 교육하는 이 중요한 임무는 전적으로 시의원들의 몫이 된다. 만일 이들이 학교나 교육기관에서 학문적으로 잘 훈련된 남녀 교사들에게 "언어, 교양, 예술, 역사"를 배운다면, 포괄적인 교육을 받고 "인류 역사의 흐름 속에서 자신의 고유한 자리를 찾아갈 수 있을"[21] 것이다.

루터는 아이들이 학교에 다니면 집안일을 도울 수 없으리라는 우려에 대해 이렇게 답한다. "내 생각에는 아이들이 하루에 한두 시간 정도 학교에서 공부하고, 나머지 시간은 집에서 일하거나, 기술을 배우거나, 하고 싶은 일을 하면서 보내는 것이 좋다. 이렇게 하면 어린 시절부터 공부와 일을 병행할 수 있을 것이다.…마찬가지로, 여자아이들도 하루 한 시간 정도 학교에서 공부할 수 있고, 그 외의 시간은 집안일을 돌볼 수 있다.…결국 부족한 것은 오직 하나, 젊은이들을 교육하려는 어른들의 진지한 열정과 유능한 남녀 인재를 양성하여 세상을 섬기고자 하는 열망뿐이다. 우수한 학생들 가운데 교사, 설교자, 교회 직분자가 될 자질이 있는 이들이 나올 것이다. 그런 학생이 보인다면 그가 학업을 더 오래 지속할 수 있도록 지원을 아끼지 말고 학문에 전념할 수 있도록 해야 한다."[22]

루터는 기초 교육 단계에서 학생들이 지적 능력을 기르는 동시에 실용적 기술도 습득할 수 있도록 이중 교육 체계를 제안한다. 그리고 고등교육은 보다 심화된 학문 교육을 제공하고 학문 연구에만 전념할 수 있는 길을 마련해 주어야 한다고 제안한다. 이러한 이중 교육 제도 자체도 새로운 개념이었지만, 루터가 남녀 모두에게 교육받을 권리가 있음을 강조한 점은 비교할 수 없을 만큼 혁신적인 일이다. 또한 그는 학생들의 학문적 성장을 위해 좋은 도서관과 서고를 마련하는 데 아낌없이 투자해야 하며 특히 대도시에서는 이를 충분히 감당할 수 있다고 강조한다. 루터는 당시 수도원과 교회 기관이 운영하는 도서관을 염두에 두었지만, 시간이 지나면서 이곳들에는 좋은 책이 거의 남아 있지 않았고, "수도사와 소피스트들의 어리석은 책들"만 가득했다고 개탄한다.[23] 그래서 도서관을 꾸릴 때는 신중한 선별이 필요하다고 제안한다. 다양한 언어로 된 성경들을 비치해야 하며, 다음으로는 고전어 성경을 주석한 교부들의 주석서와 성경 해설서가 필요하다. 이와 더불어, 언어를 배우는 데 도움이 되는 책, 문법을 배울 수 있는 기독교와 비기독교 시인들의 작품도 있어야 한다. 또한 인문학과 다양한 학문 분야의 서적, 법학 및 의학 서적, 특히 다양한 언어로 번역된 연대기와 역사서도 갖추어야 한다. 결국, 루터에게 도서관은 삶의 모든 영역에 유익을 주는 공간이어야 했던 것이다.

루터의 동료이자 비텐베르크에서 함께 활동했던 멜란히톤은, 널리 사용되는 교과서와 고전 문헌 편집본, 번역 및 주석서 덕분에 '독일의 교사*Praeceptor Germaniae*'라고 불렸다. 그의 저작들은 로마가톨릭 학교에서도 널리 사용될 정도로 권위가 있었지만, 저자명이 명시되지 않는 경우가 많았다. 예를 들어, 1518년에 출판된 그의 그리스어 문법서는 40판 이상 인쇄될 정도로 큰 인기를 누렸다. 이에 비해 루터는 멜란히톤처럼 학생들을 위한 교과서를 집필할 시간도, 관심도 없었다. 그러나 루터는 기독교 교육의 신학적 토대를 제공했다. 그는 그리스도인이란 하나님과 다른 사람들 앞에서 자신의 신앙을 책임질 수 있어야 한다고 강조하면서, 이를 위해 탄탄한 교육이 전제되어야 한다고 역설한다. 또한 그리스도인은 세상에서 책임 있는 삶을 살아야 하므로, 지적 능력뿐만 아니라 실용적인 기술을 기르는 교육도 필요하다고 제안했다. 그리고 직업의 난이도에 따라 교육 수준도 달라져야 한다고 보았다. 물론, 교육은 개인의 재능에 달려 있지만 소명의 실현은 사회의 필요에 달려 있다. 특정한 교육을 받았다고 해서 반드시 그에 상응하는 직업에 종사해야 하는 것은 아니며, 루터에게 이는 큰 문제가 아니다. 그는 모든 직업은 동등한 가치를 지니며 궁극적으로 하나님을 섬기는 방식이자 감사하는 행위라고 생각했기 때문이다. 직업의 가치는 보수가 아니라 봉사에 있다.

그가 이렇듯 강조한 교육의 중요성은 이후 예상치 못한 결과를 낳게 된다. 사회학자이자 경제학자인 막스 베버Max Weber(1864-1920)는 로마가톨릭과 개신교 사이의 경제적 격차에 주목하게 된다. 그리고 2008년에는 경제학자 사샤 베커 Sascha Becker(영국 워릭대)와 루트거 뵈스만Ludger Woessmann(독일

뮌헨대)이 19세기 프로이센에서 이 격차가 실제로 존재했음을 실증적으로 증명해 낸다.[24] 막스 베버는 개신교의 노동 윤리가 개신교인의 번영을 가져왔다고 판단했지만, 연구 결과 개신교인의 높은 문해율이 더 중요한 요인이었음이 밝혀졌다. 이는 루터가 강조한 교육의 핵심 요소와 정확히 일치한다. 루터는 모든 사람이 성경을 스스로 읽을 수 있어야 한다고 주장했고, 이는 개신교 사회에서 높은 교육 수준으로 이어졌다. 결과적으로 개신교인들은 로마가톨릭 신자들보다 교육 수준이 더 높았을 뿐만 아니라, 평균 소득도 눈에 띌 정도로 높았다.

이런 격차가 발생한 이유는 간단하다. 로마가톨릭에서는 오랫동안 고등교육이 사제 양성에만 집중되었기 때문이다. 이것을 목표로 교구와 수도원에서 신학교를 운영했고, 일반 신자들은 수준 높은 교육이 필요하지 않다는 통념이 오랜 세월 널리 퍼져 있었던 것이다. 이에 비해, 개신교 사회에서는 종교개혁이 시작되던 16세기부터 지적 능력이 뛰어난 아이들이 자연스럽게 고등교육을 받도록 장려했고, 이는 곧장 사회 진출과 직업 선택의 기회로 이어졌다고 볼 수 있다. 이런 교육 격차는 내가 오랫동안 신학 교수로 일한 독일 레겐스부르크 대학교에서도 두드러졌다. 레겐스부르크는 로마가톨릭이 주류인 도시로, 시민의 종교 구성 비율을 보면 가톨릭 신자가 압도적으로 높다. 하지만 레겐스부르크 대학교 교수진을 보면 대부분 개신교 신자이고, 대부분 루터교회가 주류인 독일 북부 출신이다.

이러한 차이는 루터가 강조한 남녀 모두에게 평등한 교육에서도 비롯된다. 전통적으로 로마가톨릭 사회에서는 남자아이들만 교육받는 경우가 많았으며, 그들이 훗날 사제가 되든 안 되든 마찬가지였다. 하지만 개신교 사회에서는 여자도 남자와 동일하게 교육받을 수 있어야 한다는 인식이 널리 공유되고 있었다. 실제로 19세기 후반에 들어서면서 개신교 지역의 초등학교에서는 남녀 학생 비율이 거의 같았다는 연구 보고가 있다. 1816년과 이후 1871년 프로이센에서 진행된 인구 조사 자료를 보면, 개신교 여성의 문해율이 로마가톨릭 남성보다 높았음을 알 수 있다.[25] 이는 개신교 여성의 사회적 진출에도 긍정적인 영향을 미쳤다. 예를 들어, 1908년 독일 대학에서 여성의 입학이 처음으로 허용되었을 때, 개신교 여학생의 수가 로마가톨릭 여학생보다 8배나 많았다.[26] 심지어 1970년대에도 로마가톨릭 지역보다 개신교 지역에서 독일의 남녀 간 교육 격차가 훨씬 작은 것으로 나타났다. 루터는 남녀 모두를 위한 교육을 강조함으로써 개신교 사회에서 남성과 여성의 교육 기회를 평등하게 만드는 데 크게 이바지했다. 물론 로마가톨릭 사회에서도 이러한 교육 격차를 상당 부분 해소했지만, 종교개혁이 교육에 미친 영향은 여전히 중요한 의미를 지닌다. 루터가 강조한 교육 개혁은 개신교 지역사회의 학문적·경제적 발전을 견인했으며, 나아가 모든 직업이 하나님을 섬기는 소명임을 강조하는 기독교적 직업윤리를 확립하는 데 이바지했다고 볼 수 있다.

토론을 위한 질문

1. 루터의 보편적 교육에 대한 요구는 기존의 사회규범과 어떻게 충돌했는가?

2. 루터는 왜 가난한 아이들을 위한 교육의 중요성을 강조했는가?

3. 오늘날 문화와 사회에서 교육이 지니는 가치와 역할은 무엇인가?

우리가 이웃과 관계를 맺고,
누군가의 권위 아래서 살아가며,
가족의 일원이 되는 것 자체가
하나님의 선물이다.
그리고 이 관계 속에서 우리는
사랑으로 섬길 기회를 얻는다.
세속적인 직업이라도
하나님의 뜻을 따라
성실하게 일할 때 그 직업은
거룩한 성직이 되고,
우리의 일상은 거룩한 예배가 된다.

8

소명은 사제만의 것이 아니다

루터는 교육뿐 아니라 직업에 대한 가르침으로도 많은 영향을 미쳤다. '직업'을 의미하는 독일어 단어 Beruf는 '소명Berufung'을 의미하는 라틴어 '보카티오vocatio'에서 유래했다. 그러나 루터가 살던 중세 후기에 소명은 주로 성직, 특히 수도사가 되는 것을 가리키는 교회 용어였다. 부름을 받은 수도사는 '소명'을 가지고 살아가는 사람이다.

오늘날 로마가톨릭 교회법은 "모든 그리스도인은 세례를 통해 하나님이 교회에 맡기신 사명을 수행하도록 부름받았다"(204)고 규정한다. 이는 사제와 수도사만이 아니라 모든 그리스도인에게 해당되는 원칙이다. 신약성경에서도 바울은 모든 그리스도인이 신성한 소명을 받았다고 이야기한다["하나님의 은사와 부르심에는 후회하심이 없느니라"(롬 11:29); "형제들아, 너희를 부르심을 보라"(고전 1:26)]. 그런데 이미 초대 교회 때부터 성직자와 수도사에게만 해당되는 소명의 개념이 생겨났다. 하지만 루터는 세속적인 활동도 모든 사람의 의무로 포함하여 소명의 개념을 확장한다. 그가 종교적 활동과 비종교적 활동을 똑같이 중요하게 여긴 이유는, 인간의 모든 활동이 하나님과 관련이 있기 때문이다. 모든 사람은 부름 받은 각자의 자리가 있고, 하나님을 섬김으로써 그 소명을 성취한다.

17-18세기에 이르러 독일의 개신 교회와 중산층 사회에서는 소명이란 직업, 즉 개인의 삶에서 하나님을 직접 섬기는 일이라는 이해가 생겨났다. 직업에 대한 충성심은 단순히 고용주에 대한 충성심이 아니라 하나님에 대한 충성심으로 여겨졌다. 18세기 말부터 19세기 초에 이르는 계몽주의와 독일 관념주의 시대에는, 직업이 의무에 대한 윤리적 가르침의 기본 개념이 되었다. 철학자 임마누엘 칸트에 따르면 보편적 도덕법은 소명을 통해 성취된다. 프로이센의 왕 프리드리히 (1712-1786)는 "왕은 국가의 첫 번째 신하"라고 선언한다. 칸트에 이어 개신교 신학자 알브레히트 리츨 Albrecht Ritschl도 소명의 중요성을 강조하며, 충성스럽게 자신의 일을 수행하는 그리스도인이야말로 하나님 나라를 실현하는 데 기여하는 사람이라고 설명한다. 직업을 소명으로 묘사하는 이러한 설명들은 그 시대 프로이센의 관리들과 공무원들에게도 영향을 미

쳤고, 이는 오늘날까지도 효율적이고 부패하지 않은 행정을 실현한 모범적인 국가 모델로 회자되고 있다.

1. 직업의 동등한 가치

루터는 '모든 직업의 가치는 동등하다'는 혁명적인 개념을 소개한다. 물론 루터도 이것이 얼마나 파급력이 있는 생각인지는 상상하지 못했다. 당시에는 성직자와 수도사의 일이 일반인의 일보다 더 거룩하다는 관념이 널리 퍼져 있었고, 그의 주된 목적은 바로 이런 생각을 타파하는 것이었다. "여종이 소의 젖을 짜거나 일꾼이 밭을 갈 때, 그들이 신자라면 이런 일상적인 일도 하나님이 기뻐하시는 일이라 믿을 수 있다. 이런 확신을 가진 평범한 노동자들이 확신 없이 살아가는 수도사나 수녀보다 하나님을 더 잘 섬기는 것이다."[1] 1521년, 루터는 《수도 서원에 관하여》라는 책에서 사제의 직무가 다른 일보다 우월하다는 직업적 특권의식을 거부한다. 그는 "각 사람은 부르심을 받은 그 부르심 그대로 지내라"(고전 7:20)는 성경 구절을 인용하며, 평범한 직업인도 하나님이 명하신 선한 일을 할 수 있다고 결론 내린다. 그는 자신의 소명에 대해 확신을 갖지 못하는 사람들에게 이렇게 조언한다.

> '만약 내가 하나님의 부르심을 받지 않았다면 무엇을 해야 하는가?' 그에 대한 나의 대답은, 당신은 항상 어떤 자리에

서 있다는 것이다. 당신은 남편이나 아내, 자녀, 하인일 수 있다. 만약 당신이 가장인데, 가족과 재산을 돌보고 당신에게 맡겨진 이들이 하나님께 순종하도록 이끌고 누구에게도 해를 끼치지 않도록 노력하는 것만으로 충분치 않다고 생각하는가? 이런 일상적 책임을 수행하는 것만으로도 당신은 하나님이 주신 역할을 다하는 것이다. 성지순례나 성인들의 거룩한 일도 해야 한다고 생각하는가? 머리가 네 개이고 손이 열 개라 해도 당신에게는 그럴 여유가 없을 것이고, 그런 특별한 일은 필요가 없다.[2]

이러한 가르침은 모든 정직한 노동이 하나님 앞에서 가치 있고 의미 있다는 사실을 강조한다. 이는 직업에 대한 새로운 시각을 제시하여, 일상적 노동의 존엄성을 높이는 데 큰 영향을 미쳤다.

    노동에 대한 이 같은 관점은, 인간이 선행이나 종교적 활동이 아닌 하나님에 대한 믿음을 통해 의로워진다는 신념에서 비롯된다. 선행은 하나님께 인정받기 위한 것이 아니라 오직 우리 이웃을 돕기 위한 것이다. 우리는 이미 창조주 하나님으로부터 모든 것을 받았기 때문에 더 이상의 보상을 바랄 필요가 없다. "하나님을 위해 하는 일은 선행이라고 부르지 않는다. 오히려 이웃을 위해 해야 할 일, 그것이 선행이다."[3] 우리가 이 땅에서 하는 일의 동기는, 동료 인간이 우리 도움을 필요로 한다는 사실에서 비롯된다. 이와 더불어 신앙인은 하나님이 우리를 위해 행하신 일, 즉 은혜로만 우리를 받아들이신 일에 대해 하나님께 감사하기 위해 일을 한다. 그리스도인이라면, 세속 직업에 종사하는 사람도 하나님의 영광을 위해, 그리고 이웃을 섬기기 위해 일한다. 물론 목회직도 이러한 관점에서 바라보아야 한다. 루터는 우리가 직접 하나님께 갈 수 없으며, 오직 이웃을 섬기며 간접적으로 하나님께 나아갈 수 있다고 가르친다. 이는 "너희가 여기 내 형제 중에 지극히 작은 자 하나에게 한 것이 곧 내게 한 것이니라"(마 25:40)고 하신 예수님의 말씀과 일맥상통한다.

산업화와 도시화를 거친 현대 사회에서는 전통적인 직업의 개념도 크게 변화했다. 과거 직업이 가지고 있던 공동체적 가치와 사회적 의미는 점차 사라지고, 대신 투자 수익의 극대화와 통제력 확보라는 경제적 관점이 지배하게 되었다. 그러나 이러한 변화는 여러 문제점을 드러내고 있다. 개인의 삶과 일이 분리되면서 많은 사람들이 직업에서 의미를 찾지 못하고 있으며, 이는 건강 악화, 동기 상실, 업무 품질 하락 등 다양한 부작용으로 이어지고 있다. 이에 따라 현대인들은 단순히 높은 급여나 적절한 근무시간보다는 일의 본질적 가치를 더 중요하게 여기기 시작했다. 구체적으로는 일이 얼마나 흥미롭고 도전적이며, 개인적으로 몰입할 수 있느냐가 주요한 판단 기준이 되고 있다. 이러한 맥락에서 마르틴 루터가 제시한 '이웃을 위한 봉사로서의 직업'이라는 이해는 매우 특별한 의미를 지닌다. 루터는 직업을 단순한 생계 수단으로 보지 않

루터는 '모든 직업의 가치는 동등하다'라는 개념을 소개하면서, 모든 정직한 노동이 하나님 앞에서 가치 있고 의미 있다는 것을 강조했다. 이는 직업에 대한 새로운 시각을 제시하여, 일상적 노동의 존엄성을 높이는 데 큰 영향을 미쳤다. 그림은 1902년 엽서에 담긴 루터 기념비.

는다. 그에게 직업은 개인이 가정, 직장, 사회의 공적·사적 영역에서 수행하는 모든 역할을 포함하는 포괄적 소명의 개념이다. 이는 직업을 통해 개인의 성장과 사회적 기여를 동시에 추구하는 현대인의 요구와 맞닿아 있다. 단순히 금전적 보상을 추구하기보다 개인의 성장과 사회적 가치 창출이 조화를 이루는 방향으로 직업의 의미를 재정립해 간다면, 현대 사회가 직면한 일의 의미 상실이라는 문제에 중요한 해결책을 마련할 수 있을 것이다.

2. 신분: 삶의 자리

루터가 '신분'이라는 뜻으로 사용했던 독일어 Stand는 현대적 의미의 계급 개념과 동일시할 수 없다. 오히려 그것은 '나의 현재 상태' 또는 '삶의 자리'라는 뜻을 가진다. 이는 우리가 살아가면서 맡게 되는 다양한 역할과 책임을 포함하는 넓은 개념이다. 루터는 이 삶의 자리를 통해 사람들이 서로 구별되기도 하고, 서로 연결될 수도 있다고 본다. 1630년 독일의 찬송가 작가 요한 헤르만Johann Heermann(1585-1647)이 쓴 "주께서 명하시는 모든 것을 기꺼이 행할 힘을 주소서. 이 땅에서의 소명을 다할 수 있도록"[4]이라는 구절은 소명에 대한 루터의 생각을 잘 반영한다. 여기서 말하는 소명 혹은 신분은 연령층에 따른 집단(예를 들어, 젊은이들)이나 사회 직업군(예를 들어, 농민), 종교적 신분(예를 들어, 수도사) 따위의 다양한 그룹을 규정해 준다. 루터는 이런 다양한 신분이 행동의 시작점이 된다고 말한다. 그리고 이런 신분은 우리가 임의로 선택할 수 있는 것이 아니라고 보았다. 즉, 창조주 하나님이 각 사람에게 특정한 위치와 고유한 역할을 부여하신다는 것이다. 예를 들어 교사, 어머니, 학생과 같은 각각의 역할은 모두 하나님이 주신 고유한 소명이다. 물론 루터가 사용하는 신분 개념은 카스트와는 전혀 다르다. 카스트가 폐쇄적이고 이동 불가능한 계급 구조라면, 루터가 말하는 신분은 사회적 안정성을 제공하면서도 유동적이고 열려 있는 개념이다. 한 사람은 살아가면서 여러 자리를 거칠 수 있고, 이는 우리의 삶이 성장하고 변화할 수 있음을 의미한다.

루터에게 신분은 고정된 것이 아니다. 심지어 한 사람이 여러 자리에 동시에 속할 수도 있다. 중세 전통에는 일반적으로 세 가지 자리, 즉 가르치는 자리(성직자), 정치하는 자리(영주, 기사), 노동하는 자리(평민과 노예)가 있는데, 이는 보통 위계적이고 수직적인 계급으로 이해되곤 했다. 그러나 루터는 신분을 계급적이거나 완전히 구별된 것으로 설명하지 않는다. 사람은 세 가지 삶의 자리 중 어느 한 곳에만 속하지 않는다. 그는 창세기 강의에서 이를 현실적인 생활 영역으로 재해석한다. "우리 인생을 위한 세 가지 삶의 자리가 있다. (1) 혈연 공동체*oikos*, (2) 사회정치 공동체*politicus*, (3) 영적 공동체*ecclesia*가 그것이다. 남편이든 국가 관료든 교회 교사든, 당신에게 맡겨진 삶의 자리를 돌아보고 맡은 소명에 충실한지 생각해 보라."⁵ 루터에게 이러한 삶의 자리들은 단순한 물리적 공간이 아니다. 이것들은 우리가 다양한 인간관계를 맺고 일상 활동을 수행하며 종교적 소명을 실천하는 의미 있는 자리다.

가정이라는 자리는 부모와 자녀 관계라는 좁은 의미에서부터 가사를 돕는 이들까지 포함하는 넓은 의미로 확장되며, 자녀 양육과 의식주 해결과 같은 생물학적 필수 요소들을 포함한다. 가정의 자리는 사회경제적 관계를 포괄하며, 이웃의 삶에 유익을 주고 개선하는 것을 중요한 가치로 둔다. 정치적 삶의 자리도 중요하다. 이는 하나님이 정하신 사회 질서를 위한 것으로, 통치자와 시민 모두를 포함하며 시대 변화에 따라 유동적으로 변한다는 특징을 가진다. 루터는 이러한 삶의 자리들이 서로 독립적으로 존재하기보다 긴밀하게 연결되어 있다고 보았으며, 한 개인이 여러 삶의 자리에서 동시에 다양한 역할을 할 수 있다고 설명한다. 예를 들어, 한 사람이 가정에서는 부모로, 직장에서는 직업인으로, 사회에서는 시민으로, 교회에서는 집사로서 다양한 역할을 동시에 수행할 수 있으며, 각각의 위치에서 주어진 소명에 충실하며 이웃과 더불어 사는 것이 중요하다고 강조한다. 이처럼 루터의 신분 개념은 고정적이고 계층적인 중세 신분론을 넘어, 보다 유연하고 실천적인 방식으로 개인의 삶과 사회적 역할을 이해하는 새로운 관점을 제시했다.

루터는 중세 신분론의 '가르치는 자리'에 '영적 공동체'인 교회를 놓는다. 교회라는 삶의 자리는 생물학적 법칙이나 국가의 법률과는 구별되는 고유한 법칙과 기능을 가지고 있다. 여기에는 설교자와 성례를 집행하는 사람뿐만 아니라 교회 재정을 관리하는 행정 직원, 보조원, 일반 신자까지 모두 포함된다. 즉, 루터는 그리스도인이라면 가정에서든 교회에서든 가르침의 역할을 수행해야 한다고 본 것이다. 여기서 우리는 삶과 활동을 어떤 측면에서 보느냐에 따라 달라지는 다양한 구조와 관계를 확인할 수 있다. 루터에 따르면, "하나님은 사람들의 성장과 훈련을 위해 결혼 생활, 성직자의 삶, 세속적 통치의 삶 등 다양한 삶의 영역을 마련하셨다."[6] 그러나 그런 신분 사이에는 높고 낮음이 없으며, 모두가 타인을 섬기는 것을 목적으로 한다. 각 사람은 특정한 삶의 자리에 있지만, 필요에 따라 다른 자리로 이동할 수도 있다. 다만 모든 삶의 자리에는 각자의 고유한 어려움이 있기에 어느 것이 더 쉽다고 할 수 없으며, 또한 죄로 오염되지 않는 완벽한 삶의 자리는 존재하지 않는다.

하나님이 이러한 신분을 만드신 이유는 그분의 뜻을 실현하고 질서를 유지하며 인간의 필요를 충족시키기 위해서다. "이러한 가면[즉, 신분]이 없다면, 평화와 규율을 유지할 수 없을 것이다."[7] 이와 더불어 그는 어떤 신분도 다른 것보다 우월할 수 없다는 점을 강력히 주장한다. 신분은 사회적 계급이 아니라 인간 생활에 똑같이 필요한 요소이며, 각자의 위치에서 주어진 의무를 수행하는 객관적인 범위를 의미한다. 중요한 것은 이러한 삶의 자리가 '소명' 또는 하나님이 주시는 직업과 동의어가 아니라, 소명을 수행하는 구체적인 상황과 장소라는 점이다.

3. 모든 이를 부르심

이처럼 사회에서 개인이 차지하는 위치를 뜻하는 '신분'은 '소명'과는 다른 개념으로서, 객관적으로 존재하는 구조다. 이에 비해 소명은 개인이 특정한 역할에 배정되어 의무를 지닐 때 비로소 성립된다. 예를 들어 모든 그리스도인은 영적 공동체에 속하게 되는데, 부모라면 자녀에게 기독교 신앙을 가르치는 역할을, 목사라면 하나님의 말씀을 전하고 성례를 집행하는 역할을 맡는다. 남자와 여자로 창조된 인간은 결혼하도록 부르심을 받고, 함께 자녀를 양육하고 가정을 세우게 된다. 가정이라는 삶의 자리는 이처럼 생물학적 측면과 개인의 결정이 서로 얽혀 있다. 마찬가지로, 군주나 신하의 신분도 특정 임무를 수행하라는 구체적인 지시가 주어질 때 소명이 된다. 즉 소명은 고유한 임무를 위해 하나님이 누군가를 선택해 부르신다는 사실에서 비롯된다.

예배로서의 직업

특정 직업에 종사한다고 해서 그것이 자동으로 '하나님을 섬기는 일', 소명이 되는 것은 아니다. 루터는 모든 직업이 봉사의 성격을 가진다는 사실을 끊임없이 상기시킨다. 정부는 통치자의 이익을 위해서가 아니라 국민을 위해 존재하고, 목사는 교회와 신자들을 위해 일한다. 이것은 우리가 얼마나 벌 수 있고 얼마나 적게 노동해도 되는지를 직업 선택의 척도로 삼지 말아야 함을 의미한다. 사람은 자기 자신을 위해 일하는 것이 아니라 다른 사람들을 위해 일하도록 창조되었다. 사람이 자기에게 맡겨진 일을 제대로 수행한다면, 그리스도인인지 여부에 관계없이 그는 하나님의 협력자가 된다. 그렇게 성실한 직업인들은 세상을 유지하고 끊임없이 새롭게 하시는 하나님의 창조 사역에 동참하는 동역자다.

어떤 일이 올바르게 수행되고 다른 사람들에게 유익을 줄 때, 그것은 소명이 된다. 따라서 사람들은 여러 가지 소명을 동시에 감당할 수 있다. 오늘날 우리는 흔히 소명을 특정 직업과 연결지어 생각하지만, 사실 부모, 자녀로서의 역할도 소명의 일부다. 루터에 따르면, 직업적 소명과 대인 관계 속에서 그리스도인의 사랑으로 행하는 일은 분리할 수 없다. 우리가 어떤 사람을 만나고 어떤 책임을 부여받든, 하나님은 우리가 사랑으로 소명을 수행하고 최선을 다할 것을 요구하신다. 루터는 창세기 강해에서 이렇게 말한다.

> 모든 사람은 소명을 받았고, 그 소명을 성실히 감당할 때 그것은 '하나님을 섬기는 일Gottesdienst' 즉 예배가 된다. 백성을 잘 다스리는 임금은 하나님을 섬기는 것이고, 자녀를 돌보는 어머니는 가정의 어머니로서 하나님을 섬기는 것이

며, 땀 흘려 일하는 아버지는 가정의 아버지로서 하나님을 섬기는 것이다. 학생도 학업에 충실할 때 하나님을 섬기는 것이다. 그러므로 하나님이 맡기신 소명을 다하며, 다른 사람의 일에 간섭하지 않고 오직 자기 소명에 집중하는 것이야말로 큰 지혜다. 그러나 이를 실천하는 사람은 그리 많지 않다.[8]

물론 루터는 인간의 약점을 정확히 알고 있었다. 사람들은 자주 다른 사람과 자신을 비교하며, 자신의 소명에 만족하지 못하는 경우가 많다. "자신의 처지에 만족하는 사람은 거의 없다. 평신도는 사제가 되고 싶어 하고, 학생은 교사가 되고 싶어 하며, 시민은 시장이 되고 싶어 한다. 그러나 순박한 믿음으로 살며 자신의 소명에 성실히 임하는 것이 하나님을 섬기는 가장 확실한 길이다. 그럼에도, 사람들은 자신의 소명에 쉽게 싫증을 낸다."[9] 이러한 인간의 경향을 경계하며 루터는 이렇게 경고한다. "하나님은 누구도 자신의 소명을 함부로 바꾸거나 포기하는 것을 원하지 않으신다. 교황 아래 있을 때 사람들은 자신의 일상을 떠나 수도원에 들어가는 것을 경건으로 여겼지만, 하나님은 각자 맡은 자리에서 성실하게 소명을 감당하기를 원하신다."[10]

하나님은 이 세상에 직접 개입하기보다 우리의 일을 통해 그분의 은혜를 이루고자 하신다. 그래서 우리는 "숨어 계신 하나님의 가면"[11]이 된다. 즉, 우리가 맡은 유익한 직업들은 모두 하나님이 인정하신 것이며, 이러한 직업이 없다면 도시나 국가가 유지될 수 없다. 따라서 우리가 자신의 직업을 소홀히 하면, 결국 하나님의 부르심을 등한시하는 셈이다. 루터에게 소명이란 주어진 상황 속에서 하나님이 우리에게 기대하시는 바를 깨닫고 실천하는 것이다. 그렇기에 소명은 특정 직업에 국한되지 않으며, 우리가 속한 모든 삶의 자리에서 이루어진다. 하나님은 우리가 맡은 역할에 충실하고, 사랑으로 섬기며, 비교나 불만이 아니라 신뢰와 헌신으로 소명을 감당하기를 원하신다.

이웃을 돕고 부모로서 자녀를 키우는 것은 모든 사람이 공통으로 받은 하나님의 소명이다. 부유하든 가난하든, 권력을 가졌든 그렇지 않든 상관없이 말이다. "모든 사람은 비록 멸시받고 천대받더라도, 자신의 일을 하나님이 기뻐하심을 알아야 한다. 하인, 하녀, 아버지, 어머니가 되는 것은 하나님이 정하신 거룩한 삶이며, 하나님이 기뻐하시는 삶이다."[12] 루터는 모든 진정한 소명이 하나님의 부르심에서 비롯된다고 보았다. 따라서 우리는 하나님이 맡기신 일을 기꺼이 받아들여야 한다.

그는 특정 직업이 다른 직업보다 우월하다고 여기는 태도야말로 창조주에 대한 경멸이라고 비판하며 이렇게 경고한다. "우리는 양심에 거리낌이 없어야 하고, 자신의 일이 수도원에 기부하고 수많은 훈장을 받는 것보다 더 많은 것을 성취할 수 있음을 알아야 한다. 심지어 가장 사소한 가사 노동일지라도 말이다."[13] 이것은 루터의 또 다른 말을 떠올리게 한다. "모든 사람이 이웃을 섬긴다면 온 세상이 예배로 가득할 것이다."[14] 소명이 언제나 하나님의 부르심과 명령으로 이해된다면, 우리는 믿음으로 하는 이 일이 하나님이 기뻐하시는 일이라는 확신을 가질 수 있다. 우리가 특정한 자리에 놓여 있다는 사실은 우리에게 주어진 특정한 도전이며, 따라서 결코 자신이 할 일이 없을 것에 대해 염려할 필요가 없다. 직업은 궁극적으로 이웃을 섬기는 일이므로, 어떤 직업을 가지느냐는 그리 중요한 문제가 아니다. 주어진 삶의 자리에서 이미 우리를 위해 소명이 준비되어 있기에, 우리는 소명을 열심히 찾아 헤맬 필요가 없다.

하나님이 소명을 주셨음을 깨닫는 순간, 우리는 직업에 대한 확신과 안정감을 얻게 된다. 왜냐하면 그리스도인은 하나님의 부르심 없이는 아무것도 할 수 없는 존재이기 때문이다. 우리가 이웃과 관계를 맺고, 누군가의 권위 아래에서 살아가며, 가족의 일원이 되는 것 자체가 하나님의 선물이다. 그리고 이 관계 속에서 우리는 사랑으로 섬길 기회를 얻는다. 세속적인 직업이라도 하나님의 뜻을 따라 성실하게 일할 때 그 직업은 거룩한 성직이 되고, 우리의 일상은 거룩한 예배가 된다.

직업 이동성

이제, 사람이 한번 정해진 직업이나 신분에서 평생 벗어날 수 없는지에 대해 생각해 보자. 루터는 모든 사람이 하나님 앞에서 동등하다고 보았지만, 사회에서는 각자의 역할이 어느 정도 정해져 있다고 믿었다. 그래서 그는 여성이 남성의 역할을 할 수 없고, 돼지치기가 변호사가 될 수 없으며, 농부가 시장이 될 수 없다고 주장했다.[15] 그는 생물학적 특성이나 교육 수준의 차이에 따라 다른 직업이 주어진다고 보았다. 이러한 생각은 일정 부분 당시 사회 구조의 영향을 받은 것이다.

그러나 루터가 여러 면에서 당시의 고정된 사회 계층 구조에 도전한 것 또한 사실이다. 예를 들어, 혼외 출생자들이 좋은 직업을 가질 수 없게 하는 불공정한 관행에 반대했다. 당시 혼외 출생자들은 이발사, 사형 집행인, 행상인처럼 낮은 지위의 직업만 가질 수 있었다. 그리고 루터는 가난한 가정의 자녀들도 좋은 교육을 받아 성공할 기회를 가져야 한다고 주장한다. 다만, 단순히 더 많은 돈을 벌기 위해 직업을 바꾸는 것은 옳지 않다고 여겼다. 모든 직업이 하나님을 섬기는 신성한 일 즉 예배라고 보았기에 단지 돈을 더 많이 벌려고 직업을 바꾸는 것은 바람직하지 않다고 여겼기 때문이다. 어쨌든 루터는 부모들에게 자녀에게 충분한 교육을 제공하면 정부, 학교, 교회 등 모든 공직에 진출할 수 있다는 사실을 분명하게 알려 준다.

> 왕자, 귀족, 영주로 태어난 사람들만 통치권을 갖는 것은 하나님의 뜻이 아니다. 하나님은 거지들도 지도자가 되길 원하신다. 이는 사람들이 오직 귀족으로 태어나야만 통치자가 될 수 있다고 생각하지 않게 하려 함이다.··· 역사가

보여 주듯, 앞으로도 당신의 아들과 나의 아들, 즉 평범한 가정의 자녀들이 영적·세속적 세상에서 중요한 지도자 역할을 맡게 될 것이다.[16]

루터는 교육받을 만한 사람이면 누구나 고등교육을 받을 기회가 있어야 한다고 믿었다. 그래서 그는 영주들에게 대학의 중요성을 강조한다. 1524년에 쓴 《독일의 시장들과 시의원들에게 학교 설립을 권함》이라는 저작에서 볼 수 있듯이, 그는 모든 사람이 기본 교육을 받아야 한다고 주장한다. 가난한 가정의 아이들은 정부와 교회가 제공하는 장학금의 혜택을 받아야 한다. 부모가 적절한 시기에 자녀의 교육을 지원하지 않으면 아이의 모든 발전 가능성이 사라지기 때문에, 부모는 자녀가 고등교육을 받을 능력과 관심이 있는지 판단해야 할 책임이 있다.

그러나 좋은 교육을 받았다고 해서 반드시 높은 직위의 직업을 추구할 필요는 없다. 앞서 언급했듯이, 기술직 노동자가 라틴어를 공부하는 것을 두고 나쁘다고 말할 수 없고, 자녀가 공부한 내용과 관련된 직업을 갖지 않더라도 좋은 교육은 결코 해롭지 않다.[17] 직업은 다양할 수 있고, 직업 간 도덕적 가치 차이는 없으며, 어떤 직업을 통해서든 만족스러운 삶을 영위할 수 있다. 직업상으로 높은 지위에 오르지 못했다고 해서 자신을 불행한 사람으로 여겨서는 안 된다.

루터에 따르면, 직업 선택은 개인의 자유로운 결정만으

로 이루어지지 않는다. 소명은 항상 공동체와 타인을 통해 주어지며, 우리는 소명을 받은 후에야 그 일에 헌신할 수 있다. 따라서 직업은 개인적 차원을 넘어 사회적 책임과 연결된다. 루터는 부모와 교사들이 자녀의 직업 선택에 영향을 줄 때, 사회 전체의 행복을 고려해야 한다고 자주 조언한다. 루터의 직업관에서 가장 중요한 것은 섬기고 사랑하고자 하는 준비된 태도다.

> 먼저 그리스도를 믿고 세례를 받으라. 그다음에 당신의 소명에 관심을 기울이라. 나는 목사로 부름받았고, 설교를 하면서 하나님이 기뻐하시는 거룩한 일을 한다. 당신이 부모라면 예수 그리스도를 믿으라. 그러면 당신은 거룩한 부모가 될 것이다. 아이들을 잘 돌보고, 기도하고, 가르치고, 필요할 때 훈육하라. 가정을 돌보고 식사를 준비하라. 이런 일들이야말로 당신이 부름받은 거룩한 일이다. 이것이 당신의 성직이며, 하나님의 말씀과 당신에게 주어진 소명의 일부다.[18]

가족과 결혼 생활, 그리고 더 큰 공동체 속에서 서로를 위해 봉사하는 삶은 그리스도가 보여 주신 섬김의 모범을 따르는 일이다. 그리스도가 우리를 섬기신 것처럼 우리도 서로를 섬기도록 부름받는다.

루터는 공동체의 필요와 무관한 소명은 없다고 강조한

다. 우리는 공동체가 특정한 봉사를 필요로 하고 우리에게 그 일을 할 자격이 있을 때 부름을 받는다. 이때 우리는 자신이 받은 소명에 대해 지나친 자부심을 갖거나 그것을 수행할 절대적 권리를 주장하면 안 된다. 소명은 봉사이며, 필요한 자격과 사회의 필요가 모두 존재할 때만 수행될 수 있기 때문이다. 그리고 진정한 소명을 받았다면, 아무리 어려워도 소명을 포기하지 않고 용기 내어 완수하는 것이 우리의 의무다.

루터의 직업관은 오늘날에도 개인주의와 이기주의에 맞서고, 우리의 일이 공동선을 위한 것임을 상기시키는 데 도움이 된다. 그에 따르면, 기독교 신앙은 단순히 말씀에 동의한다고 고개를 끄덕이는 것이 아니라 이웃의 필요를 돌보라는 하나님의 부르심에 적극적으로 응답하는 것이다. 물론 우리가 사는 시대와 루터의 시대 사이에는 5백 년이라는 간격이 놓여 있고 세상이 많이 변화했지만, 루터가 지녔던 기본적인 문제의식은 여전히 적절하다.

루터는 급진적 개혁자들과 달리 보수적 종교개혁의 대표자다. 일부 급진파들은 무력으로 세상을 바꾸려 했지만, 루터는 사회 구조의 전면적 변화를 주장하지 않았다. 그는 기독교 정부를 이 땅에 세운다고 해도 사회에서 발생하는 모든 문제를 해결할 수 없다는 점을 인정했고, 이 땅에 하나님 나라를 세우려는 인간의 노력을 불신했다. 그러나 그는 단순히 현상 유지를 지지하지 않았고, 세속적인 문제에 깊이 관여하면서 개인적인 이기주의를 결코 용납하지 않았다. 그는 자신에게 어떤 결과가 돌아올지 상관하지 않고 악행을 거침없이 비판하고 개선을 요구했다. 사회적 공존의 방식을 원칙적으로 세속 기관에 맡겼지만, 그들에게 더 높은 권위에 따르는 책임을 상기시켰다.

그는 일이 단순히 귀찮은 의무나 개인적 이익을 위한 것이 아니라 이웃을 위한 것임을 깨닫게 해 주었다. 코로나19 팬데믹을 통과하면서 수많은 나라들이 이런 공동체적 측면이 얼마나 중요한지 새롭게 인식했다. 슈퍼마켓 직원, 간호사, 쓰레기 수거원 같은 직업들이 얼마나 중요한지 갑자기 깨닫게 되었다. 이런 일들은 보통 낮은 급여를 받지만, 사회가 제대로 기능하는 데 필수적이다. 이들의 일에 공개적으로 감사를 표한 일부 국가들이 있었는데, 이는 루터의 관점에서 볼 때 모든 직업의 평등을 향한 중요한 첫걸음이라고 볼 수 있다.

토론을 위한 질문

1. 소명과 직업은 어떻게 다른가?

2. 루터가 말하는 '신분'과 일반적인 '사회 계층'은 어떻게 다른가?

3. 루터는 모든 사람에게 소명이 있다고 말한다. 오늘 우리는 그 소명을 어떻게 깨달을 수 있는가?

독일 사람이 독일어로
어떻게 말해야 하는지를
알기 위해 라틴어 문자에
의지할 필요가 없다.
그저 집 안의 어머니,
골목의 아이들, 시장의 평범한
사람들에게 물어보고,
사람들의 입을 보면서
그들이 어떻게 말하는지 보고,
그 말로 번역하면 그만이다.
그래야만 사람들은
당신이 독일어로 하는 말을
이해하게 될 것이다.

9
+
소통의 정석

루터는 정말 여러 방면에서 뛰어난 사람이었다. 그는 바르트부르크에 머무르면서 단 11주 만에 신약성경을 그리스어에서 독일어로 번역했고, 그것은 이듬해인 1522년 "9월 성경"이라는 제목으로 출판된다. 출판 전에는 그리스어에 더 능숙했던 동료 필립 멜란히톤과 몇몇 비텐베르크 신학자들이 루터와 함께 번역본을 검토했다. 초판 3천 부는 3개월 만에 모두 팔렸고, 같은 해 12월에 2판이 나왔다. 이 성경은 제본되지 않은 상태로 0.5굴덴에 팔렸는데, 당시 목수의 주급에 해당하는 가격이라 그리 저렴하지는 않았다(당시 필사본 성경은 5백 굴덴에 육박했기에 루터의 독일어 성경 가격은 파격적이었다―역주). 1534년에는 신구약 성경 전체가 독일어로 출판되었다. 루터는 이를 평생 다듬으며 개정판을 출간했고, 그가 죽을 때까지 그의 성경은 400회 이상 재출간되었다. 흥미롭게도 루터는 성경 번역을 포함한 모든 저작물에 대해 보수를 받지 않았고, 그 수익은 고스란히 인쇄업자들에게 돌아갔다.

루터 이전에도 독일어 성경 번역본이 있었지만, 대부분 조잡하고 이해하기 어려웠다. 당시 독일에서는 약 20개의 서로 다른 언어나 방언이 사용되고 있었기 때문이다. 이 언어들은 크게 북쪽의 '저지 독일어'와 남쪽의 '고지 독일어'로 나뉘어 있었다. 아이슬레벤에서 자란 루터는 저지 독일어가 몸에 배어 있었고, 그가 가르쳤던 비텐베르크에서도 일반인들은 거의 저지 독일어를 사용했다. 그런데 비텐베르크가 속한 작센 선제후령의 관공서와 대학에서는 남부 영향을 받은 고지 독일어를 사용했다. 그래서 루터는 성경 번역에 두 방언의 요소를 모두 사용했다. 그는 작센의 관청 언어를 기반으로 하면서도 딱딱한 문체 대신 생동감 있고 표현력이 풍부한 양식을 살려냈다. 그리고 이 번역본이 널리 퍼진 덕분에 루터의 언어는 결국 표준 독일어 발전에 결정적 역할을 하게 된다.

루터의 성경은 당시 독일어권 지역의 다섯 가정 중 한 가정이 읽을 정도로 보급되었다. 글을 읽을 수 있는 사람은 소수였지만, 가족들이 저녁에 모이면 글을 읽을 줄 아는 사람이 그의 성경을 읽어 주었다. 그러므로 이 성경은 일반인이 접할 수 있는 유일한 인쇄물이었다고 할 수 있다. 이처럼 큰 영향력을 끼쳤기에, 로마가톨릭 교회의 트리엔트 공의회가 루터의 성

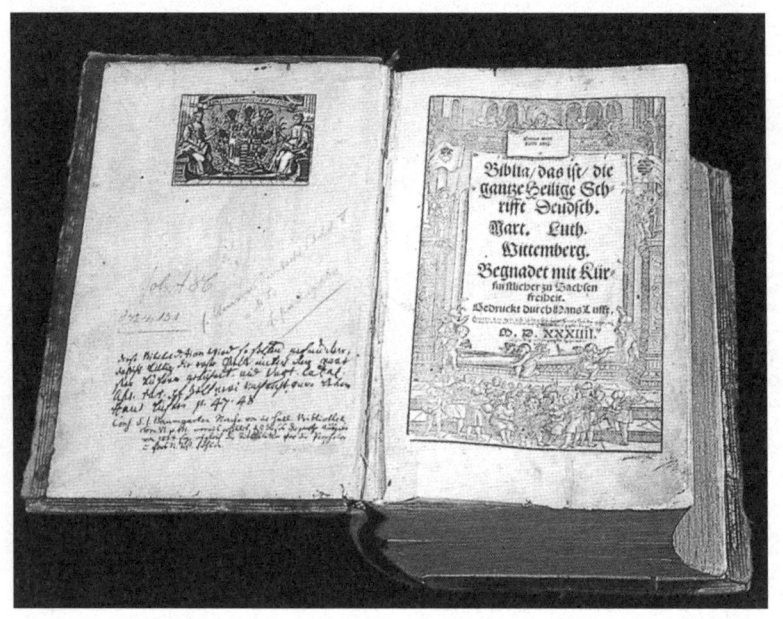

루터에게 번역은 단순히 내용을 한 언어에서 다른 언어로 옮기는 것만을 의미하지 않았다. 독자들이 실제 내용을 이해하는가가 가장 중요한 고려 요소였다. 그렇게 번역된 《루터 성경》은 당시 독일어권 지역의 다섯 가정 중 한 가정이 읽을 정도로 보급되었다. 사진은 구약, 외경, 신약이 포함되어 1534년에 인쇄된 《루터 성경》.

경을 금서 목록으로 지정한 것은 당연한 일이라고 할 수 있다.

1. 언어의 마법사

2017년, 저널리스트 크리스티안 펠트만Christian Feldmann은 〈프랑크푸르터 알게마이네 차이퉁Frankfurter Allgemeine Zeitung〉에서 루터를 두고 "역사상 가장 독창적인 언어 창조자"라고 표현했다.[1] 약간 과장된 표현일 수 있지만, 이는 충분히 근거 있는 말이다. 루터는 여러 방언의 경계를 넘어 모두가 이해할 수 있는 단어들을 사용한다. 많은 새로운 단어와 표현을 만들었는데, '평화로운friedfertig' '힘 있는 말Machtwort' '불의 열정Feuereifer' '틈새 메우기Lückenbüßer' 같은 용어들이 여기에 포함된다. 성경 번역에서도 "내 살의 털이 곤두섰다"(욥 4:15)나 "집을 모래 위에 지은 자"(마 7:26) 같은 생생한 표현을 사용한다. 또한 "교만은 멸망의 선구자다"(Hochmut kommt vor dem Fall: 잠 16:18)와 "의로운 자에게는 의가 돌아온다"(Recht muss Recht bleiben: 시 94:15) 같은 속담도 번역에 채택했다.

 루터는 사람들이 일상에서 사용하는 언어를 세심하게 관찰했고, 때로는 표현 하나를 위해 몇 주 동안 고심했다. "나는 순수하고 명확한 독일어로 번역하려고 열심히 노력했다. 종종 단 하나의 단어를 찾으려고 2-3주, 심지어 한 달 내내 찾고 질문했지만 결국 찾지 못할 때도 많았다. 필립 마기스터, 아우로갈루스와 함께 4일 밤낮을 열심히 일해도 단 세 줄도 제대로 번역하지 못할 때도 있었다."² 루터의 성경 번역에는 풍자와 조롱으로 가득한 그로비안주의Grobianism의 거친 표현이 전혀 사용되지 않았다. 그래서 번역된 성경에 담긴 그의 독일어는 고급스러우면서도 자연스러운 특징을 가진다.³

《9월 성경》이 출판되고 8년 후인 1530년, 루터는 "번역에 관한 짧은 서한"이라는 글을 쓴다. 이 편지에서 그는 자신의 번역 원칙을 설명한다. 라틴어는 당시 학자들 사이에서 일상적으로 사용되는 언어였지만, 일반 사람들에게는 그렇지 않았다. 그래서 그는 이렇게 설명한다. "독일 사람이 독일어로 어떻게 말해야 하는지를 알기 위해 라틴어 문자에 의지할 필요가 없다.…그저 집 안의 어머니, 골목의 아이들, 시장의 평범한 사람들에게 물어보고, 사람들의 입을 보면서 그들이 어떻게 말하는지 보고, 그 말로 번역하면 그만이다. 그래야만 사람들은 당신이 독일어로 하는 말을 이해하게 될 것이다."⁴

루터에게 번역은 단순히 내용을 한 언어에서 다른 언어로 옮기는 것만을 의미하지 않는다. 번역에서 가장 중요한 것은, 독자들이 실제로 내용을 이해하는가에 달려 있다. 예를 들어, 그는 그리스도의 말씀 *"Ex abundantia cordis os loquitur"*를 직역하면 '마음의 홍수로 입이 말하다'가 되지만, "어떤 독일인이 그런 말을 이해할 수 있겠는가?"라고 되묻는다. 그래서 그는 이것을 "마음이 충만하여 입이 열리다Wes das Herz voll ist, des gehet der Mund über"로 번역한다. 이것이 당시 가정주부와 일반인들이 실제로 사용하는 표현이었기 때문이다.⁵ 더 명확한 예로, 라틴어 성경의 마가복음 14:4을 살펴보자("*Ut quid perditio ista unguenti facta est?*").[6] 이를 직역하면 '왜 향유를 낭비했는가?'가 되지만, 루터는 이것이 진짜 독일어인지 의문을 제기했다. 그래서 그는 이 본문을 "아이고 이런 일이 일어나다니, 향유가 아깝다 Was soll solcher Schade? Nein, es ist schade um die Salbe"로 번역했다. 그는 이것이 "막달라 마리아가 향유를 흘리고 부적절하게 다루어 낭비했다는 것을 알 수 있는 좋은 독일어 표현"이라고 설명한다.

　루터는 정확한 번역을 원했지만, 문자 그대로 직역해서 아무도 이해하지 못하게 되는 것은 원하지 않았다. 그는 좀 더 자유로운 번역을 통해 일반인이 이해할 수 있도록 해야 한다고 생각했다. 사람들이 의미를 이해할 수 있을 때만 그 번역은 성공한 것이기 때문이다. 예를 들어, 그는 천사가 마리아에게 한 인사를 번역하면서, "당신은 은혜 충만한 마리아! du voll von Gnaden Maria" 대신, "당신은 복된 마리아! du holdselig Maria"라는 표현을 썼다. "마리아는 맥주 통이나 돈가방이 아니"라는 이유였다.[7] 그는 독일인의 일반적인 어법이나 문화에 따라 이렇게 표현하는 쪽이 천사의 의도를 더 정확하게 전달할 수 있다고 판단한다. 물론 시간이 지나면서 언어도 변했고, 그가 마리아에게 사용한 holdselig 같은 표현도 더 이상 이해할 수 없는 말이 되어 버렸다. 루터에게 중요한 것은, 모든 평신도가 공적인 전달자를 통해 듣거나 번역하려고 힘쓸 필요 없이 하나님의 말씀을 스스로 읽고 이해할 수 있어야 한다는 점이다. 이를 통해 성직자들의 독점적인 성서 해석권이 깨졌고, 모든 사람이 스스로 성경을 이해할 수 있게 되었다.

루터는 성경의 의미에 방점을 두었지만, "중요한 구절에서는 문자의 본래 의미를 살리기 위해 문자적 번역에서 크게 벗어나지 않았다"고 말한다.[8] 예를 들어, 그는 요한복음 6:27을 "하나님 아버지께서 이 사람에게 인을 치셨다Diesen hat Gott der Vater versiegelt"고 번역했다. '이 사람은 하나님 아버지께서 구별하셨다'거나 '이 사람에게 아버지가 마음을 두셨다'고 했다면 더 쉬운 독일어 표현이 되었을 테지만, 루터는 원문의 정확한 의미를 보존하기 위해 문자적 번역을 선택했다. 루터가 번역은 누구나 할 수 있는 일이 아니라고 강조한 것은 그리 놀랄 일이 아니다. 좋은 번역가는 경건하고 성실할 뿐만 아니라, 각 상황에 맞는 적절한 단어를 선택할 수 있는 풍부한 어휘력을 갖추어야 하기 때문이다.

2. 성경 본문의 의미 이해

루터는 동료들과 함께 시편을 독일어로 번역한 후, 자신의 번역 방법을 설명하는 짧은 글을 썼다. 시편에는 번역의 좋은 예시가 많았기 때문이다.[9] 이 글에서 그는 자신의 번역 원칙을 이렇게 설명한다.

때로 문법학자나 랍비들의 해석과 다른 번역을 제시하더

라도, 이는 놀랄 일이 아니다. 우리는 번역의 기본 규칙은 준수하면서도, 본문의 의미를 더욱 충실히 전달하려고 했기 때문이다. 히브리어 단어가 가진 의미의 범주 안에서 독자들이 더 명확히 이해할 수 있도록 번역하고, 랍비들이 제시한 엄격한 문법에 지나치게 구속되어 의미가 제한되는 것을 피하고자 했다. 이러한 접근법은 학교 교사들이 가르치는 원리와도 일맥상통한다. 단어의 문자적 의미에만 집착하기보다는, 그 의미를 제대로 전달하는 것이 더 중요하다.[10]

시편은 대부분 운문 형식으로 쓰여 있는데, 루터가 볼 때 가장 중요한 것은 먼저 그 참된 의미를 이해하는 것이고 그다음에는 이 의미를 독일어로 이해할 수 있게 표현해야 한다. 단어를 글자 그대로 직역하여 의미가 대충 전달되고 이해하기 어려운 표현이 되게 하는 것은 피해야 한다. 그래서 루터는 이렇게 강조한다. "독일어로 말할 때 히브리어 표현 방식을 따를 필요가 없다. 대신 히브리어 원문을 이해했다면, 그 의미를 파악하고 이렇게 생각해 봐야 한다. '자, 독일 사람이라면 이런 경우에 어떻게 말할까?' 만약 이 상황에 맞는 독일어 단어를 찾았다면, 히브리어 단어는 과감히 버리고 그 의미를 가장 잘 표현하는 독일어로 자유롭게 사용하면 된다."[11] 루터는 시편 68:13을 통해 이를 설명하는데, 히브리어를 직역하면 "네가 표적 사이에 누우면 비둘기의 날개는 은으로 덮이고 그 날개

루터가 신약성경을 독일어로 번역한 바르트부르크 방. 다재다능했던 루터에 의해 번역된 성경 번역본은 표준 독일어 발전에 크게 기여했고, 그가 만든 독일어 단어와 문장들은 오늘날 다양한 독일어 표현과 속담에 풍부하게 사용되고 있다.

가 반짝이는 금으로 덮인다"가 된다. 루터는 그런 말을 독일어로 이해할 사람은 거의 없다고 주장하면서, "비둘기 날개는 은으로 덮여 있고 깃털은 금빛으로 반짝이는구나"라고 번역한다. 이로써 문자 그대로의 번역이 아니더라도 본문의 의도는 충족된다.

때때로 루터의 번역은 해석과 같다. 예를 들어 시편 118:27을 문자 그대로 번역하면 다음과 같다. "축제 행렬을 나뭇가지로 묶어 제단의 뿔까지 나아가게 하라." 시편 기자가 말하는 (이 축제 행렬의) 희생 제물은 유월절 또는 오순절 양을 의미한다. 이 양은 제물로 바쳐지기 전 밧줄에 묶여 제단까지 끌려가고, 제물로 바쳐진 후에 집에서 먹게 된다. 그러나 루터는 이 모든 구절이 그리스도를 가리킨다고 해석하면서, 그것이 하나님을 찬양하는 이유라고 설명한다. 그러면서 이 구절을 다음과 같이 다소 자유롭게 번역한다. "5월의 나뭇가지로 제단 뿔까지 축제를 장식하라!" 여기서 '5월의 나뭇가지Maien'라는 단어는 수액이 흐르는 싱그러운 나뭇가지를 가리키는 말이었는데, 오늘날에는 더 이상 사용하지 않는 말이다. 루터의 독일어 성경 번역본에는 이 표현이 그대로 남아 있지만, 독일 가톨릭교회와 개신 교회가 공동으로 번역한 현대 독일어 성경은 좀 더 쉬운 표현을 사용한다. "나뭇가지를 가지고 제단 뿔까지 축제의 춤을 추어라!" 이것은 전적으로 루터의 번역 원칙에 따른 것이다. "우리는 진정으로 부지런함과 수고를 아끼지 않았다. 누구든지 더 잘할 수 있는 사람이라면 기꺼이

그에게 맡기라."¹²

　루터와 그의 동료들은 누구나 이해할 수 있는 성경 번역본을 만들기 위해 끊임없는 노력을 기울였다. 그러나 언어는 계속 변화하며, 따라서 번역본의 수정 작업도 끊임없이 계속되어야 한다. 루터가 의도하지는 않았지만, 그의 성경 번역은 표준 독일어 발전에 크게 기여했고, 그가 만든 독일어 단어와 문장들은 오늘날 다양한 독일어 표현과 속담에서 풍부하게 사용되고 있다. 크리스티안 펠트만은 이를 다음과 같이 요약한다.

> [독일에는] 수많은 방언이 혼재되어 있었다. 이런 혼란스러운 상황에서 초지역적이며 이해하기 쉬운 공통의 언어를 만들어 내는 데 큰 영향력을 발휘한 가장 재능 있고 독창적인 사람은 의심할 여지 없이 마르틴 루터다. 다른 나라에서는 대도시와 왕실 혹은 정치권력에 의해 통일된 언어가 형성되거나 제정되었다. 그러나 독일에서는 모두가 알고 사랑하는 글이 널리 퍼지면서 그 길이 놓였다. 독일어 보급과 발전에 결정적이었던 것은 바로 마르틴 루터의 독일어 번역 성경이다.¹³

토론을 위한 질문

1. 루터의 번역 철학은 무엇인가?

2. 그의 성경 번역은 독일어에 어떤 영향을 미쳤는가?

그는 소수만이
부자가 되는 경제를 거부하고,
공동선을 지향하는 경제를 지지했다.
"이웃의 돈이나 재산을 빼앗거나
엉터리 상품이나 부정한 거래로
이웃의 재산을 갈취하지 말고,
이웃의 재산과 생명을 증진하며
보호하는 데 힘써야 한다."
우리 자신의 안위를 해치지 않으면서
이웃의 안녕을 돌보고
추구하는 태도가 경제 활동의
최우선 과제가 되어야 한다.

10

약탈적 자본주의에 반대하며

마르틴 루터는 단순한 종교개혁자 그 이상이었다. 그는 교회와 공공 영역에서 매우 중요한 인물이었고, 많은 사람들이 그의 조언을 구했다. 비록 전문가는 아니었지만 경제 문제에서도 마찬가지였다. 여러 돕는 이들과 학생들을 돌보며 큰 집안 살림을 꾸리던 아내 카타리나와 달리, 남편인 루터는 돈과 부에 전혀 관심이 없었고 집의 재정이 흔들리지 않는 한 도움이 필요한 사람들을 찾아 돕고 나누는 일에만 신경을 썼다. 그러나 그는 개방적 사고와 성경에 대한 깊은 이해를 바탕으로 경제 문제에 대해서도 좋은 식견을 가지고 있었다.

루터 시대에는 독일 인구의 90퍼센트가 시골에 살았기에 대부분이 농민이었고 그들 중 많은 사람이 자기 재산 없이 귀족이나 수도원, 부유한 시민 등 지주의 호의에 의존했다. 비텐베르크처럼 인구가 2천 명 정도 되는 작은 도시에서도 많은 시민이 농업에 종사했다. 루터의 아내 카타리나도 땅을 경작하고 닭과 돼지를 기르면서 가족을 부양해야 했다. 상거래는 아우크스부르크와 뉘른베르크 같은 부유한 상업 도시에서 번성했는데, 아메리카 대륙의 발견으로 남미와 인도, 발트해에서 스페인에 이르는 새로운 차원의 상거래가 가능해졌다. 이로 인해 몇몇 상인들은 전례 없는 수준으로 부를 축적하게 된다. 예를 들어 아우크스부르크의 부자 야콥 푸거 Jakob Fugger(1459-1525)는 마인츠의 대주교 알브레히트뿐만 아니라 황제에게도 돈을 빌려줄 수 있을 정도로 막대한 재산을 모았다.[1]

이 시기에 제품 가격의 상승으로 장인과 공예가들은 기업가로 성장했지만, 그들의 조력자들은 수익의 극히 일부만을 받았다. 예를 들어, 루카스 크라나흐는 유명한 화가일 뿐만 아니라 약국과 인쇄소를 소유하고 있었고, 루터의 《9월 성경》을 인쇄했으며, 비텐베르크에서 의약품 판매 독점권을 가지고 있었을 뿐만 아니라, 1524년까지 여러 차례 비텐베르크의 시장직을 역임했다. 알브레히트 뒤러 Albrecht Dürer(1471-1528)도 고향 뉘른베르크에서 그림 판매를 위해 대리인과 계약을 맺어 "목판화와 에칭 작품을 한 나라에서 다른 나라로, 한 도시에서 다른 도시로" 가능한 한 가장 높은 가격에 판매하던 큰손이었다.[2] 이 새로운 자본주의의 부상은 부자와 가난한 이들의 격차를 더욱 심화시켰다. 루터도 이 사실을 잘 알고 있었는데, 그의 아버지가 구리 광산 사업으로 부를 쌓은 가문 출신이기 때문이다.

1525년 루터는 결혼을 하고 비텐베르크에서 가족을 부양하면서 일상의 경제적 문제에 직면하게 된다. 그의 아내는 집에 하숙생을 받고, 고향인 쾰스도르프 근처에 작은 농장을 사서 먹고 사는 일만큼은 거의 자급자족할 수 있게 만들면서 뛰어난 재정 관리 능력을 보여 주었다. 그럼에도 루터는 높은 이자율에 주목했고, 풍작에도 음식 가격이 비싸다고 종종 불평했다.[3] 그런 루터가 경제 문제를 좀 더 구체적으로 다루기 시작한 것은 그리 놀라운 일이 아닐 것이다. 그는 이미 1520년에 발표한 《독일의 그리스도인 귀족에게 고함》에서 사치스러운 옷, 외국산 향신료, 외상으로 물건을 사는 행위를 빈곤에 빠지는 원인으로 지목했다.[4] 또한 그는 야곱 푸거와 같은 사람들이 어떻게 그렇게 많은 부를 축적할 수 있었는지 의문을 제기한다.

기독교 내에서 이자를 받는 문제는 아주 오래전부터 논쟁거리였다. 예를 들어 "너와 함께한 내 백성 중에서 가난한 자에게 돈을 꾸어 주면 너는 그에게 채권자같이 하지 말며 이자를 받지 말[라]"(출 22:25) 같은 성경 구절을 근거로, 그리스도인은 돈을 빌려주더라도 이익을 취해서는 안 되며 서로 어려울 때 도와야 한다고 강조한다. 하지만 이런 이상적인 생각은 현실적으로 실천하기 어려웠을 것이다. 그래서 교황 레오 1세(약 400-461)는 성직자와 평신도 모두에게 "돈을 이자로 빌려주고 고리대금업으로 부자가 되려는" 행위를 금지했다.[5] 여러 교회 회의에서도 이 금지 조항을 반복해서 강조했다. 그러나 토마스 아퀴나스(약 1225-1274)와 같은 스콜라 신학자들은, 빌린 돈을 제때 갚지 않거나 전액 혹은 또는 일부를 돌려주지 못할 경우, 혹은 감사의 의미로 이자를 지급하는 경우라면 이자 받는 행위도 정당하다고 보았다.[6] 즉, 이자를 받는 것이 완전히 잘못된 행위는 아니라는 뜻이다.

1500년 아우크스부르크에서 열린 제국의회는 '수익권 매매 계약Zinsskauf'(문자적으로는 '이자 매입'이라는 뜻이다)을 합법으로 인정했다.[7] 즉 돈을 빌려주는 사람은 교회가 고리대금으로 금지한 이자 수령을 하는 것이 아니라, 융자를 통해 나오는 정기적 수입을 구매하는 것이다. 수익권 매매 계약은 여러 방식으로 이루어졌다. (1) 돈을 빌린 사람이 빌려준 사람에게 담보로 특정 토지를 제공하거나, (2) 빌려준 사람이 미리 정해진 수확물의 일부를 받거나, (3) 담보로 토지 일부가 아닌 전 재산을 제공하는 경우도 있었는데 이를 '맹목적 수익권 매매 계약'이라고 한다.

루터가 비판한 것은, 돈을 빌려주는 사람은 거의 위험을 부담하지 않는 구조였다. 빌려주는 사람에게는 위험이 거의 없었지만, 빌린 사람은 농사가 잘되든 안 되든 상관없이 정해진 금액을 갚아야 했다. 흉작이 들어도 계약은 계약이라며 예외 없이 상환을 요구했고, 재산 전체를 담보로 맡긴 경우에는 모든 것을 잃을 수도 있었다. 이런 상황이 생긴 데는 교회법이

한몫했다. 기독교는 이자 받는 것을 금지했지만, 사회에는 여전히 돈을 빌려야 하는 사람들이 있었다.

　　1179년 교회 공의회에서는 이자 받는 행위를 더 강하게 금지하며, 이를 어기면 기독교식 장례도 치를 수 없게 했다. 그리스도인들이 대부업을 더욱 기피하게 되자, 자연스럽게 유대인들이 이 일을 맡았다. 당시 유대인들은 많은 나라에서 다른 직업을 가질 수 없었고, 땅과 같은 재산을 소유하는 것도 금지되어 있었기 때문에 대부업은 그들의 중요한 생계 수단이 되었다. 유대인들은 소규모 사업가들에게 필요한 자금을 제공하는 중요한 역할을 했지만, 경제가 어려워지면 '고리대금업자'라는 비난을 받으며 도시에서 쫓겨나기도 했다. 이런 과정에서 유대인들은 돈을 밝히는 욕심쟁이라는 잘못된 인식이 퍼지게 된다. 이것이 중세 유럽에서 생겨난 반유대주의의 유래다.

　　루터 또한 시대의 아들로서 유대인을 비난한 것을 그리 놀라워할 필요는 없다. 실제로 1519년에 쓴 《고리대금에 대한 설교》 1, 2쇄 표지에는 "돈을 갚거나 이자를 내라"는 문구와 함께 유대인이 그려져 있었고, 3쇄에서는 교사와 네 명의 청중(그중 두 명이 유대인이다)이 진지하게 듣는 모습만 묘사되었다.[8] 1520년 출간된 같은 주제의 두 번째 설교도 3쇄까지 비슷한 이미지를 사용했지만, 이후에는 그런 풍자를 삭제했다. 루터는 출판물 삽화를 자신이 관리 감독할 수 없었다고 변명했지만, 초판 인쇄가 비텐베르크에서 나왔기에 그가 정말 원했다면 그런 풍자는 막을 수 있었을 것이다. 이후의 관련 출판물에는 이런 풍자가 나오지 않지만, 유대인들과 그들의 대부업에 대해 그가 가진 태도는 당시 사람들 사이에 널리 퍼진 공통된 인식을 반영한다. 이제 루터가 실제로 쓴 글들을 살펴보자.

1. 《고리대금에 대한 설교》(1519/1520)

16세기 초반 무렵, 특히 1490-1494년, 1500-1504년, 1515-1519년 사이에 유난히 흉작이 많았다. 이로 인해 많은 농민이 생활고에 시달리며 돈을 빌리게 되었는데, 이를 갚지 못해 결국 전 재산을 잃는 경우가 빈번했다. 이에 1519년 마르틴 루터는 《고리대금에 대한 설교》를 썼다. 그는 구약성경(신 15:7-11)을 인용하며, 어려움에 처한 사람에게 기꺼이 그리고 기쁜 마음으로 이자 없이 돈을 빌려주어야 하고, 누구도 굶주리거나 구걸하지 않도록 해야 한다고 강조했다. 또한 신약의 누가복음 6:30-35을 언급하며, "그리스도인은 자발적으로 주고 아낌없이 빌려주며, 심지어 원수에게도 친절해야 하고 다투거나 해치지 말아야 한다"고 설명한다.[9]

만일 포도주, 곡식, 돈 같은 것을 빌려주고, 빌린 것보다 더 많이 갚도록 이자를 과하게 붙인다면, 이는 "유대인의 속임수이며, 그리스도의 거룩한 복음에 어긋나는 비기독교적인 행동이다. 심지어 자연의 법칙에도 맞지 않는다"고 덧붙인다. 여기서 루터는 누가복음 6:31의 이른바 '황금률'("남에게 대접을 받고자 하는 대로 너희도 남을 대접하라")을 언급한다. 누구도 이자 내기를 좋아하지 않는데, 그렇다면 왜 남에게 이자를 요구하는가? 루터도 이런 조언이 사람들에게 쉽게 받아들여지지 않을 것임을 알았다. 그래서 그는 이렇게 덧붙인다. "만약 이렇게 하지 않는다면, 당신은 그리스도인이 아니며, 이 땅에서 이미 천국을 다 누린 셈이다." 루터는 그리스도인이 세상 재물을 다루는 원칙을 다음과 같이 요약한다. "세속적인 재화를 가진 그리스도인의 사업과 자선은 세 가지로 구성된다. 무상으로 주고, 이자 없이 빌려주고, 사랑으로 놓아주라."[10]

루터는 수익권 매매 계약 방식에 조금 다른 입장을 가진다. 이 법을 적용해서 토지 담보 대출을 하는 경우, 그는 여기서 밭의 수확량에 따라 4-6퍼센트 정도 이자를 받는 것은 괜찮다고 보았다. 하지만 7-10퍼센트까지 이자를 부과하는 경우는 고리대금이자 강도질이라고 비판한다. 왜냐하면 "가난한 평민들이 은연중 착취당하고 경제적 부담이 가중된다"고 보았기 때문이다.[11] 루터는 돈 문제에서도 항상 이웃을 섬기고 해를 끼치지 말아야 한다고 강조한다. 그리고 이자 수익을 노린 매매 계약이 완전히 정당하다고 보지 않았다. 이 방식을 따르면, 돈을 빌려준 사람은 안전하게 이자 수입을 챙길 수 있지만, 채무자는 수확량이 어떻게 될지는 알 수 없으니 모든 위험을 고스란히 떠안게 된다. 돈을 준 사람은 편히 앉아서 기다리기만 하면 되는 것이다. 그래서 처음 글을 발표한 후 두 달 뒤인 1519년 12월, 루터는 이 주제를 더 깊이 다룬 《고리대금에 대한 긴 설교》를 쓰게 된다. 첫 번째 글이 사람들에게 반발을 일으킨 것 같고, 그래서 "그리스도의 순수한 가르침이 더 큰 오해를 낳지 않도록"[12] 자신의 입장을 자세히 설명하고 싶었던 것이다.

루터는 돈과 관련된 거래에서 강요나 폭력을 쓰지 않는 것이 매우 중요하다고 보았다. 그는 마태복음 5:40을 인용한다. "너를 고발하여 속옷을 가지고자 하는 자에게 겉옷까지도 가지게 하며." 법정에서 일어나는 자기방어나 다툼 같은 것들을 처벌하기는 힘들겠지만, 하나님은 이를 좋게 보지 않으신다. 루터는 이렇게 말한다. "모두가 자기 권리만 주장하고 잘못을 참으려 하지 않는다면 평화는 찾아오지 않는다."[13] 억지로 자기 권리를 밀어붙이면, 결국 얻는 것보다 그 과정에 쏟는 비용이 더 클 때가 많다. 그러니 돈 문제는 항상 평화롭게 해결하려고 노력해야 한다.

다음으로 루터는 두 번째 원칙을 꺼낸다. "우리의 재화가 필요한 사람이나 그것을 요청하는 사람이 있다면 대가 없이 자유롭게 주어야 한다."[14] 그는 다시 마태복음 5:42을 언급한다. "네게 구하는 자에게 주며 네게 꾸고자 하는 자에게 거절하지 말라." 루터는 '빌려주는 것'과 '주는 것'을 구분한다. 빌려준다는 것은 나중에 돌려받되 이자 같은 추가 이익을 붙이지 않는다는 뜻이고, 준다는 것은 돌려받을 생각조차 하지 않는다는 뜻이다. 그는 기독교 공동체라면 누구도 구걸하거나 굶주릴 필요가 없어야 한다고 보았다. 그리스도인은 친구뿐 아니라 원수나 대적자에게도 손이 열려 있어야 한다. 그러면서 루터는 교회에만 기부하는 행위를 경고한다. 특히 로마의 성 베드로 대성당 건축 같은 데 돈을 바치는 것을 최고의 선행으로 여기지 말라고 지적한다. 그렇다고 그가 적당한 수준의 교회 건물 건축과 장식을 반대한 것은 아니다. "예배를 위해 적절한 공간과 장식은 필수적이다. 모든 공적 예배는 당연히 가장 훌륭한 방식으로 집례되어야 한다. 그러나 여기에는 제한도 있어야 한다. 예배당의 부속물은 값비싼 물품이 아니라 순수하고 의미 있는 것으로 채워져야 한다는 점을 유의해야 한다." 루터는 자선과 기부의 흐름이 화려한 나무나 돌로 만든 교회로 향하기보다 가난하고 어려운 사람들에게 더 많이 향해야 한다고 강조한다. 그런 선행이야말로 "백향목과 대리석으로 쌓아 올린 모든 교회보다 더 빛나게 될 것"[15]이다. 그래서 각 도시와 촌락이 자체적으로 교회를 짓고 꾸미며 가난한 이들을 돌볼 준비를 해서, 더는 거지들이 길거리에 떠돌 필요가 없도록 교회가 힘써야 한다고 가르친다.

우리는 루터의 주장을 다음과 같이 정리할 수 있다. '물건을 주되 돌려받으려 하지 말아야 하고, 빌려줄 때는 빌려준 것 이상을 요구하지 말아야 하며, 누가 억지로 빼앗아 가더라도 평화롭게 놓아주어야 한다.' 그리고 나서 그는 '수익권 매매 계약'이라는 주제로 넘어간다. 루터는 이렇게 경고한다. "수익권 계약이 정당하고 일반적인 거래로 자리 잡았다고 하지만, 나에게는 여러 이유로 여전히 불쾌하고 혐오스러운 관행이다."[16] 보통은 채권자가 채무자보다 월등하게 부유한 것이 현실이다.[17] 루터는 채무자만 위험부담을 지는 현상을 바로잡기 위해서는, 돈 빌린 사람이 전 재산이 아닌 일부만 가지고 책임을 지도록 해야 한다고 주장한다. 그래야 이자를 내지 못해도 전 재산을 잃고 거리로 내몰리지 않을 수 있기 때문이다. 위험부담은 빌린 사람뿐 아니라 돈을 빌려준 사람도 어느 정도 감수해야 한다고 본 것이다. 빌려준 사람이야 돈을 빌려주고도 먹고사는 데 지장이 없지만, 빌린 사람은 그 돈을 갚으려고 뭔가를 끊임없이 해야 한다. 또한 루터는 채권자가 자기 마음대로 돈을 갚으라고 채무자를 닦달하면 안 된다고 말한다. 채권자가 갑자기 돈을 회수하려 하면 채무자는 다시 빈곤의 나락에 빠질 수 있기 때문이다. 다만, 돈 빌린 사람이 돈을 잘못 사용해서 손해를 끼쳤다면 손실은 당연히 채무자가 책임져야 한다고 설명한다.

루터가 이자로 재산을 불리는 이들을 "자신의 것도 아니고 자신의 통제 아래 있지도 않은 돈의 행운을 파는 고리대금업자, 도둑, 강도"[18]라고 부른 것은 그리 놀라운 일이 아니다. 사회적 현실 속에서 돈을 빌린 사람은 자기 잘못이 아니더라도 너무 쉽게 빈곤해질 수 있음을 정확히 파악한 것이다. 루터는 돈 빌린 사람에게 피치 못할 문제가 생기면, 상황이 회복되어 자유롭게 일할 수 있을 때까지 이자를 낼 필요가 없어야 한다고 주장한다. 쉽게 말해, 빌린 사람이 자기 땅에서 열심히 일했는데도 예상만큼 수확을 내지 못했다면, 채무자의 잘못이 아닌 한 채권자에게 이자 갚을 의무가 없다는 것이다. 루터는 돈 빌린 사람은 빌려준 사람에게 이렇게 말해야 한다고 가르친다. "당신이 내 이익에 관심 가지려면 내 손실에도 관심을 가져야 한다."[19] 위험을 서로 공유하지 않으면 그것이야말로 사악한 고리대금업이다. 루터가 보기에 제일 좋은 해결책은 성경에서 말하는 십일조의 명령을 따르는 것이다. 이자는 10분의 1이 최선이며, 필요한 경우 6분의 1까지 높일 수도 있다고 설명한다.

> 이는 모두가 완벽하게 합의할 만한 지점이며, 둘 다 하나님의 은혜와 축복을 바랄 수 있게 된다. 결과가 좋은 해라면 채권자는 큰 이익이 생길 것이고, 좋지 않은 해에는 적은 이익만 거둘 것이다. 채권자는 채무자와 함께 위험과 행운을 모두 감수해야 마땅하며, 둘 다 하나님을 바라보아야 한다.… 그러므로 십일조는 모든 이자 계산법 가운데 가장 탁월한 방식이다. 이는 세상이 시작된 이래로 사용되었고, 구약에서는 하나님의 율법과 자연법에 따라 가장 공정한 제도로 칭찬받고 인정되었다.[20]

루터는 문자주의자는 아니지만, 성경의 선례와 이성 모두에 호소한다. 그는 상황에 따라 수확의 10분의 1에서 더 많거나 적은 이자 수입을 받아들이는 데 개방적인 반면, 매년 지불할 이자액이 동일하게 유지되는 고정금리에는 찬성하지 않는다.

왜냐하면 그런 고정금리는 수많은 채무자를 빠르게 빈곤에 빠뜨릴 수 있기 때문이다. 그래서 귀족들이 이런 제안을 받아들이고 제국의회는 고리대금이 억제되도록 적절한 법적 조치를 취해야 한다고 루터는 주장한다.

2. 《상업과 고리대금에 대하여》(1524)

몇 년 후 루터는 다시 이자 문제에 직면하게 된다. 1522년 비텐베르크에 왔던 야콥 슈트라우스 Jacob Strauss(약 1480-1532) 박사가 이듬해 아이제나흐의 성 게오르크 교회 목사로 부름을 받게 된다. 슈트라우스는 그곳에서 자신의 여러 글들을 모아 출판했는데, 그 책의 주장은 이자 수령뿐 아니라 이자 지불도 죄라는 것이었다. 이자를 지불하는 사람은 고리대금업의 공범이 되는 셈이니, 그리스도인이 돈을 빌리면 이자를 지불하지 않는 방식으로 하나님께 순종해야 한다는 것이다. 그 근거는 돈을 빌려주되 아무것도 돌려받지 말라는 성경 말씀이다. 예상대로 일부 채무자들이 이자 지불을 거부하면서 이자 수입에 의존하던 교회 기관들이 크게 타격을 입게 된다.

이때 루터는 용맹공 요한 프리드리히 John Frederick the Magnanimous(1503-1554)를 대신해 의견을 작성해 달라는 요청을 받게 된다. 그는 작센의 공작 요한(1468-1532)의 아들로서 당시 교회 정치에 관여하던 중요한 인물이다. 그래서 1523년 10월 18일, 루터는 작센 수상 게오르크 폰 브뤼크에게 메모를 작성했는데, 루터는 슈트라우스의 출판물에서 가장 위험한 점을 이렇게 지적한다.

> 채무자가 채권자에게 이자 갚을 의무가 없다고 하는 것은 옳지 않다. 그렇게 한다면 채무자도 고리대금업자와 똑같이 죄를 짓는 셈이다. 채무자는 고리대금업자의 부당함을 지적하면서 계약대로 이자 지불을 해야 한다. 그들의 계약은 그 자체로 잘못된 것이지만, 악한 계약이라도 채무자가 이를 지적하며 계약을 이행할 때 비로소 죄에서 자유로울 수 있다. 부당한 이자나 고리대금에 스스로 계약했다면 어떤 경우라도 복수는 금물이다.[21]

루터는 돈을 빌려주고 이자를 받는 것이 기독교적이지 않다는 점에서 슈트라우스와 뜻을 같이 했다. 하지만 이 세상에서 이자를 완전히 금지하거나 좋은 제도로 바꾸는 것은 불가능하다고 생각했다. "왜냐하면 세상 사람들은 욕심이 많아서 늘 자기 이익만 챙기려 하기 때문이다."

이런 생각을 더 깊이 풀어서, 루터는 1524년 《상업과 고리대금에 대하여》를 쓰게 된다. 그는 자신의 생각이 세상에서 받아들여지리라고 기대하지는 않았다. 그래도 복음을 아는 사람이라면 양심에 따라 무엇이 옳고 그른지 정도는 스스로 판단할 수 있다고 믿었다. 그래서 그는 "악마와 함께 부자가 되느니 하나님과 함께 가난하게 살겠다"는 마음을 가진 사람들에게 호소했다. 그는 물건을 사고파는 일은 당연히 필요하다고 여겼지만, 사치품이 정말 필요한지에 대해서는 의문을 던진다. 이런 물건을 사면 나라 경제가 힘들어지고 돈이 외국으로 빠져나갈 수도 있다. 또한 그는 물건을 무조건 비싸게 팔아 이익만 챙기려는 태도에도 반대했다. 이런 방식은 이웃에게 해를 끼치고 그들의 재산을 강탈하는 것과 같다고 본 것이다. 루터는 상인들이 "내 물건이니 내가 원하는 대로 비싸게 판다는 것이 아니라, 정당하고 합리적인 가격에 판다"[22]는 원칙을 가져야 한다고 역설한다. 상인은 하나님과 이웃을 생각하며 책임감 있게 장사해야 한다는 것이다. 그렇기에 고정 이윤을 정할 수 없고, 가격은 물건을 만들거나 구하는 데 든 비용, 투자액, 물건을 구하는 데 따른 위험을 고려해서 정해야 한다고 보았다. 특히 물건을 먼 곳에서 가져올 때는 위험을 더 고려해야 했는데, 당시 도로는 엉망이었고 강도나 도적 떼도 들끓었기 때문이다. 루터는 "일꾼이 자기의 먹을 것 받는 것이 마땅[하다]"(마 10:10)는 성구를 인용하며 정당한 대가를 받는 것이 자연스럽다고 말하면서도, 너무 많은 이익을 취하게 될 때 "우리의 죄를 용서하소서"라고 기도해야 한다고 권한다. 왜냐하면 누구나 죄에서 자유롭지 않기 때문이다.

루터는 책의 두 번째 부분에서 누군가를 위해 보증을 서는 문제를 다룬다. 그는 이를 아주 솔직하게 "어리석은 짓"이라고 부른다.[23] 성경은 우리에게 사람이 아니라 오직 하나님만 신뢰하라고 가르치기 때문이다. "인간의 본성은 거짓되고,

비록 경제 전문가는 아니었지만, 개방적 사고와 성경에 대한 깊은 이해를 바탕으로 경제 문제에 대해서도 좋은 식견을 가지고 있었던 마르틴 루터. 그림은 수도사 복장을 한 마르틴 루터의 초상화로, 루카스 크라나흐 작품(1520).

허영에 차 있고, 기만적이고, 믿을 수 없다. 성경도 그렇게 말하고 매일의 경험도 이를 보여 준다."[24] 누군가의 보증을 서는 것은 사람을 믿는 것이고, 그러다 보면 자신의 삶과 재산을 위험에 빠뜨리게 된다. 이처럼 보증이 좋은 선택이 아니라면 어떻게 해야 할까? 루터는 그리스도인끼리는 재산을 기꺼이 내주고, 돌려받으면 좋고 못 받으면 포기해야 한다고 말한다. 돈이나 물건을 빌려줄 때도 자유롭게 주되, 돌려받을 가능성은 상황에 따라 다름을 인정해야 한다. 그리스도인들은 서로 형제자매라서 "누구도 다른 사람을 버리지 않고, 게으르거나 뻔뻔한 태도로 일하지 않고 남의 재산과 타인의 노동에 기생해서 살려고 하지 않는다." 루터는 비그리스도인과의 경제적 관계에 대해서도 구체적인 견해를 제시한다. 이때는 세속 권력이 빚을 갚도록 강제해야 한다고 주장하지만, 당국이 나서도 해결되지 않는다면 "그냥 손실을 받아들이라"고 덧붙인다.[25] 세상 속에서 그리스도인은 소수이기 때문에 권력자들이 비그리스도인들로 하여금 빌린 돈을 갚도록 강제해야 한다. 루터는 또한 대출의 의무에도 한계를 두었다. 그는 사람들이 자신의 필요를 위해 쓰고 남은 것 외에는 돈을 빌려줄 의무가 없다고 규정한다. 우리에게 가장 중요한 책임은 가족부양의 의무이기 때문이다.

　　루터는 독점과 착취에 관해 특히 강하게 비판했다. 그는 특정 품목, 특히 멀리서 수입된 상품에 대해 한두 명의 상인이 독점권을 얻을 때 발생하는 위험을 광범위하게 다루었다. 이런 상인들은 제 마음대로 비싸게 팔거나, 이웃의 어려운 상황을 알고도 돕기는커녕 이를 최대한 이용해 부를 축적한다고 지적한다. 루터는 이들을 "명백한 도둑, 강도, 착취자"[26]라고 부른다. 루터는 세속 권력이 이런 독점권 남용을 막아야 한다고 촉구한다. "세속 권력이 이런 사람들의 재산을 환수하고 나라 밖으로 쫓아내는 것이 옳다"[27]고 하면서, 나아가 이런 착취자들은 "인간이라고 부를 자격이 없으며 우리와 함께 살아서도 안 된다"고 강조한다. 루터는 당시 상품 가격이 터무니없이 치솟는 것에 대해 "영주들이 정당한 권한을 행사하여 상인들의 불공정한 행위를 처벌하고, 백성들을 착취하지 못하게 막아야 한다"고 말한다. 하지만 그는 동시에 영주들이 종종 상인들과 한통속일 수 있다는 의심의 끈도 놓지 않는다. 그래도 루터는 이런 불의가 하나님의 심판을 피할 수 없다고 확신했는데, 하나님이 "한 악인을 들어서 다른 악인을 벌하시며"[28] 정의가 결국 실현되리라 굳게 믿었다.

3. 《고리대금에 맞서 설교하라》(1540)

고리대금이 만연해지자 루터는 다시 펜을 들게 된다. 그는 모든 설교자에게 고리대금에 반대하는 설교를 멈추지 말고, 사람들을 경고하고 깨우치라고 요청한다. 루터는 교회가 이제껏 가르치던 방식대로 이렇게 쓴다. "만약 당신이 돈을 빌려주고 처음 준 것보다 더 많이 받거나 요구한다면, 그것은 고리대금이고 비난받아 마땅하다."²⁹ 그는 5퍼센트나 6퍼센트의 이자조차 고리대금이라고 설명한다. 여기서 루터가 다루는 문제는 베풂이나 상거래가 아니라, 빌려주는 관계에 대한 것이다. 그는 빌려준 만큼만 돌려받기를 기대해야지, 그 이상을 바라면 안 된다는 원칙을 말한다. 누군가가 '그러면 아무도 돈을 빌려주지 않을 것 아니냐'고 반박하면, 루터는 "이자 없이 빌려주는 것이야말로 '선행'"이라고 답한다.³⁰ 그것이 바로 어려움 당한 사람을 실제로 돕는 일이다.

루터는 고리대금의 문제가 세속적 사안이라 이를 해결하기 위해 설교자가 할 수 있는 일이 제한적이라는 사실을 잘 알고 있었다. 이 문제는 오히려 법률가들의 영역이라고 보았기에 법률가들이 나서서 고리대금을 금지하고 이런 일이 발생할 때 적극적으로 처벌해야 한다고 주장한다. 루터는 역사적 사례들을 언급하며 다음과 같은 아리스토텔레스의 말을 인용한다.

> 이자를 받고 돈을 빌려주는 것은 옳지 않다. 화폐가 창조된 본래 목적은 상품 교환이다. 그런데 그 이익이 화폐 자체에서 나오고 있다. 이자는 돈에서 증식된 돈이며, 이것이 이자(τόκος: 출산, 이자)라는 말의 유래다. 생산자는 돈이고 생산된 것은 이자이며, 둘은 서로 유사하다. 이러한 형태의 수익 창출은 자연을 가장 거스르는 혐오스러운 행위다.³¹

세속적 문제에 관해서 아리스토텔레스는 루터에게 여전히 권위 있는 인물이었다. 루터는 아리스토텔레스의 논증을 따라서, 자연의 이치를 거스르는 고리대금에 반대했다. 루터는 라이프치히와 같은 도시에서 40퍼센트 이상의 이자를 요구하는 사례를 언급하면서, 이런 높은 이자율 때문에 시민이나 농부가 1년 안에 파산하게 된다고 경멸의 어조로 말한다.[32] 루터의 주장에 따르면, 이러한 도둑질을 종식시키기 위해 법률가들과 귀족들이 함께 협력해야 한다. 그는 이 장을 마무리하며 선행은 "주는 것, 빌려주는 것, 그리고 참는 것"[33]이라고 다시 한번 강조한다. 그리스도인들은 절대 고리대금에 관여해서는 안 된다.

다음 장에서 루터는 '베풂'에 대해 이야기하며 "네게 구하는 자에게 주며 네게 꾸고자 하는 자에게 거절하지 말라"는 마태복음 5:42 말씀을 인용한다. 그는 이것이 우리가 친구든 적이든 도움이 필요한 모든 사람을 도와야 한다는 뜻이라고 설명한다. 다만 여기에는 일하기를 원치 않거나 우리 마을 출신이 아닌 사람들은 포함되지 않는다. 당시에는 도시에서 도시로 떠도는 이들이 많았기 때문이다. 또한, 자신도 생계유지가 힘들 정도로 소유가 적어질 때까지 억지로 줄 필요는 없다고 한다. 모든 것을 내놓으면 나중에 또 다른 어려움이 생길 때 도울 수 없기 때문이다. 관대하게 주라는 것이 자신까지 거지가 되라는 의미는 아니다. 또한 이익을 얻거나 칭찬을 받는 것이 주는 행위의 목적이 되어서도 안 된다. 루터는 요즘 유행하는 '좋은 일을 하고 그것을 자랑하라!'는 말을 끔찍하게 여길 것이다. 그는 로마서의 "긍휼을 베푸는 자는 즐거움으로 [하라]"(12:8)는 말씀을 인용하며, 그냥 주고 나서 잊어버리라고 말한다. 마치 아무것도 주지 않았고, 자선 행위를 하지 않은 것처럼 여기라는 것이다.[34]

그리고 나서 루터는 '빌려주는 일'에 대해 이야기한다. 빌려주는 것도 친구와 적을 가리지 않고 어려움에 처한 사람들을 돕는 행위다. 여기서 우리를 이끄는 원칙은 황금률이다. 즉, 다른 사람이 나에게 해 주기를 바라는 대로 남에게 행하라는 것이다. 남의 불행을 보고 기뻐해서는 안 되고, 열린 손으로 그들에게 연민을 느끼며 도와야 한다. "마귀를 제외하고, 인간에게 이보다 더 큰 적은 없다. 그들은 바로 인색한 사람과 고리대금업자다. 이런 자들은 모든 사람 위에 하나님처럼 군림하려 한다."[35] 루터가 이런 사람들을 왜 그리도 강하게 비판하는지는 그가 목격한 사례들을 통해 분명히 알 수 있다. 당시 일부 사람들은 가능한 한 빨리 부자가 되려고 다른 사람의 고통에는 전혀 신경 쓰지 않았다. 기독교적인 이웃 사랑은 완전히 뒷전으로 밀려났다. 루터는 세속 권력이 너무 약하거나 무관심해서 이런 문제에 제대로 대처하지 못했다고 지적한다. 심지어 어떤 경우에는 권력자들이 백성들을 착취하며 화려한 삶을 누리는 범죄까지 저질렀다고 비판한다.

루터는 이어서 세 번째이자 마지막 주제로 넘어간다. 이전 글에서도 언급했던 것으로, 바로 그리스도인은 기꺼이 고난을 감수해야 한다는 주제다. 그리스도인이라면 법을 통하지 않고 스스로 정의를 실현하려고 해서는 안 된다. 그들은 세속의 권력자들과 시민들과 귀족들 사이에서 많은 사람을 만나게 될 것이고, 이들은 주거나 빌려주거나 도울 생각이 없기에 그리스도인들은 시련을 겪을 것이다. 심지어 목사들도 이런 사람들 때문에 어려움을 겪는다. 당시 목사들은 목사관에서 살 수 있었지만, 그저 임시 거주자였을 뿐이고 목사가 죽으면 남겨진 배우자와 자녀들이 거지로 전락하는 일이 흔했다. 루터는 1525년 작센 선제후령에서 시작된 시찰단 조사를 통해 이러한 현실을 알게 되었는데, 방문했던 목사관들이 폐허 같았다고 전한다. 하지만 루터는 침울한 어조로 끝맺지 않는다. 그리스도인들은 고통받더라도 절망해서는 안 된다. "당신은 그저 경건한 그리스도인, 설교자, 목사, 시민, 농부, 귀족, 영주가 되어 직분을 성실하고 충실히 수행하라.…순전한 마음으로 하나님을 위해 고난을 감내하고, 고난의 원인을 제공하지 않는 진정한 그리스도인이 되라."[36]

그리고 루터는 재치 있게 글을 마무리한다. 그는 탐욕스러운 고리대금업자들로부터 완전히 등을 돌릴 필요가 없다고 쓴다. 왜냐하면 그들과 함께 일하고 그들에게 백 배, 천 배로 갚아 줄 부유한 주님이 계시기 때문이다. 그분은 하늘과 땅을 창조하신 하나님이다. 하나님은 "복음의 말씀에서 그의 사랑하는 아들을 통해 우리에게 제안하셨다. '주고 빌려주라. 그러면 너에게 돌아올 것이다.' 단지 같은 양이 아니라, 누르고 흔들어 넘치도록 후하게 담은 분량이 돌아올 것이다."[37] 루터는 여기야말로 고리대금을 실천할 적절한 곳이라고 말한다. 문제는, 루터도 시인하듯 그들이 이 조언에 귀를 기울이지 않을 것이라는 점이다.

4. 경제 관행에 대한 도전

루터가 고리대금에 대해 쓴 네 개의 저서를 보면, 그의 주장은 수년에 걸쳐 거의 변하지 않았고 오히려 그 어조가 점점 날카로워졌다. 상황을 들여다보면, 1539년 봄 비텐베르크 지역에서는 전년 여름 강수량이 적어 식량 가격이 엄청나게 치솟았다. 게다가 인위적으로 공급 부족을 만들어 가격을 더 끌어올렸고, 이로 인해 많은 사람이 굶주리고 소규모 상인들은 빚더미에 올라앉았거나 가게 문을 닫아야 했다.[38] 이를 목도한 루터는 비텐베르크 시장이자 화가, 기업가였던 루카스 크라나흐와 선제후 요한 프리드리히에게 호소하면서 문제를 신학적 논리로 해결하려 했다. 산상수훈에 따르면, 그리스도인에게 빚이 있다면 마땅히 갚아야 하며, 하나님이 매일 양식 주실 것을 믿어야 한다. 그리고 누가 무엇을 요청하든, 그 대가로 무엇을 받을지 묻지 말고 도와주어야 한다. 루터는 원론적으로 이자 부과 자체를 거부하는데, 이는 1515년 제5차 라테란 공의회의 결정과 같다. 이 공의회는 이자 금지 규정을 갱신했지만 실제로는 많은 예외를 두었다.

루터는 이자의 완전 금지를 원칙적으로 주장했지만, 현실적으로는 실제 수익의 10분의 1 또는 합리적 수준의 이자가 고리대금 관행보다 낫다고 생각했다. 더불어 사회적 약자인 노인과 과부, 고아들에게는 무이자 대출을 해야 한다고 주장한다. 장 칼뱅도 비슷한 논리를 펼쳤지만, 도시의 관행이었던 이자 부과를 처음부터 수용했다는 점에서 차이가 난다. 루터는 행정관과 귀족들에게 법과 관습에 따라 이자율을 적절히 감독하도록 촉구했다. 즉, 이자율은 5퍼센트를 넘지 않아야 하며, 채무자의 수익이 낮으면 그에 맞춰 줄여야 한다는 것이다. 그는 부유한 사람은 이자를 일부 포기할 줄 알아야 하고, 노인이나 가난한 사람은 적절한 이자를 받아야 한다고 보았다. 또한 부채와 신용 거래에 대한 더욱 엄격한 법도 필요하다고 강조했다.

　루터는 수익권 매매 계약이 합법적 행위임을 알았지만, 이런 방식은 위험하며 자연법과 기독교가 가르치는 사랑의 계명에 어긋난다고 비판한다. 이로 인해 사람들이 쉽게 재산을 잃고 빈곤에 빠질 수 있기 때문이다. 이것이 정당화될 수 있는 유일한 경우는 돈을 빌려주는 사람과 빌리는 사람이 이익과 위험을 함께 공유하는 상황뿐이다. 그는 물건을 사고팔거나 돈을 빌리고 빌려주지 않으면 상업 자체가 존재할 수 없음을 인정한다. 하지만 어떤 경우라도, 심지어 어떤 거래 행위에서도, 하나님 사랑과 이웃 사랑의 계명이 손상되면 안 된다고 강조한다.

루터는 성경, 특히 구약과 아리스토텔레스의 주장을 근거로 이자 금지를 주장했는데, 그가 바란 대로 이자 부과를 완전히 금지해야만 하는지는 의문이다. 그럼에도 그의 경제관은 여전히 진지하게 고려할 가치가 있다. 그는 소수만이 부자가 되는 경제를 거부하고, 공동선을 지향하는 경제를 지지했다. 그는 제7계명에 대한 설명에서 이를 간결히 요약한다. "모든 것 이상으로 하나님을 경외하고 사랑해야 한다. 이웃의 돈이나 재산을 빼앗거나 엉터리 상품이나 부정한 거래로 이웃의 재산을 갈취하지 말고, 이웃의 재산과 생명을 증진하며 보호하는 데 힘써야 한다."[39] 우리 자신의 안위를 해치지 않으면서 이웃의 안녕을 돌보고 추구하는 태도가 경제 활동의 최우선 과제가 되어야 한다.

토론을 위한 질문

1. 초기 및 중세 그리스도인들은 대출에 이자를 부과하는 것에 왜 그렇게 강하게 반대했을까?

2. 루터가 수익권 매매 계약을 반대한 이유는 무엇이었는가?

3. 오늘날의 채무자/채권자 사회는 루터의 고리대금에 대한 가르침에서 무엇을 배울 수 있을까?

비텐베르크는 전반적으로
자연과학 발전에 유리한
학문적 환경을 제공했다고
평가할 수 있다.
이러한 열린 환경은
한편으로는 인문주의 교육을 중시한
멜란히톤의 공헌이 컸고,
다른 한편으로는 과학적 문제에 대해
섣부른 판단을 하지 않으면서도
하나님의 창조물인 자연에 대해
건전한 호기심을 유지했던
루터의 열린 태도 덕분이라고
할 수 있다.

11

과학에 열려 있는 기독교 신앙

1539년 6월 4일(혹은 5일)에 이루어진 루터의 탁상담화에는 하늘과 달과 태양이 아니라 지구가 움직인다고 주장하는 새로운 천문학자 이야기가 등장했다고 전해진다. 이에 대해 루터는 이렇게 대답했다고 한다. "현명한 사람이라면, 다른 사람들이 높이 평가한다고 해서 생각 없이 박수치며 따라가면 안 된다.…나는 성경을 믿는다. 여호수아는 태양에게 멈추라고 명령했지, 지구에게 명령하지 않았다."[1] 이 대화에 암시된 새로운 천문학자는 코페르니쿠스로 보이며, 그는 오래된 지구 중심적 세계관에서 태양 중심적 세계관으로의 전환을 상징하는 인물이다. 이 대화만 보면 루터는 중세 사고에서 빠져나오지 못한 사람, 성경을 근거로 과학의 진보에 반대한 인물로 보인다.

그런데 이것이 정말 사실일까? 1539년의 것으로 알려진 이 탁상담화는 1566년에 아우리파버라 불리는 요한 골트슈미트가 출간했고, 당시 현장에 있던 동시대 증인들의 글에는 루터가 코페르니쿠스나 천문학에 관해 언급했다는 내용이 전혀 나오지 않는다. 게다가 루터는 비텐베르크 대학교에서 자연과학이 꽃피는 것을 방해하지 않았다. 물리학자이자 과학사가인 안드레아스 클라이너트Andreas Kleinert가 밝히듯, 루터가 코페르니쿠스에 반대하는 태도를 가졌다는 주장은 19세기 가톨릭 역사학자들이 꾸며낸 이야기다.[2] 두 명의 프로이센 로마 가톨릭 역사학자 프란츠 베크만Franz Beckmann과 프란츠 히플러Franz Hippler는, 1871년부터 1878년까지 프로이센 수상 오토 폰 비스마르크(1815-1898) 정부와 가톨릭교회 사이에서 일어난 '문화 투쟁'에 적극 참여하고 있었는데,[3] 그들은 루터를 16세기 과학 혁명의 반대자로 몰아 비판했다. 그리고 이러한 역사 왜곡은 이후 역사학자와 신학자들에 의해 빠르게 퍼져 나갔다.

다방면에 걸친 학자였던 필립 멜란히톤과 달리, 신학자인 루터는 기본적인 신학적 신념과 충돌하지 않는 한 자연과학 자체에는 별 관심이 없던 인물이다. 그에게 코페르니쿠스의 새로운 세계관은 그런 충돌을 일으키지 않는 것처럼 보였으니 크게 반대할 필요도 없었다.

1. 코페르니쿠스에 대한 비텐베르크의 관심

필립 멜란히톤은 《물리학 입문 Initia doctrinae physicae》에서 코페르니쿠스의 태양 중심적 세계관에 대해 상세히 기술한다.[4] 그는 이 새로운 세계관이 고대 그리스 천문학자이자 수학자인 사모스의 아리스타르코스(기원전 약 319-기원후 약 230)가 이미 주장했던 내용의 반복일 뿐이라고 기록한다. 그러면서 멜란히톤은 시편 19:4-6을 인용하며 지동설을 반박한다. "하나님이 해를 위하여 하늘에 장막을 베푸셨도다. 해는 그의 신방에서 나오는 신랑과 같고 그의 길을 달리기 기뻐하는 장사 같아서, 하늘 이 끝에서 나와서 하늘 저 끝까지 운행함이여."

니콜라우스 코페르니쿠스(1473-1543)가 관심을 가졌던 것은, 우리가 흔히 말하는 '코페르니쿠스적 전환' 자체보다는 고대 그리스에서 유래한 '천구의 조화' 개념을 더 아름답고 정교한 체계로 발전시키는 것이었다. 미국 신학자 해럴드 네벨식 Harold Nebelsick(1925-1989)은 "코페르니쿠스는 실제로 보이는 천체의 운동과 별도로 기하학적 모델을 만들려는 의도가 전혀 없었다"[5]고 설명한다. 루터가 활동하던 시대에는 여전히 고대 그리스의 천구의 조화 사상이 사람들의 사고를 지배하고 있었고, 이 때문에 코페르니쿠스는 관측 결과의 정확성을 다소 포기하면서까지 계산의 우아함과 조화로움을 유지하려고 노력했다. 당시 교회도 이러한 전통적인 관점을 고수하며, 갈릴레오 갈릴레이(1564-1642)에게 지동설을 사실로 가르치지 말고 가설로만 다루라고 요구했다. 하지만 요하네스 케플러(1571-1630)는 달랐다. 그는 수학을 활용해 관측 데이터를 기반으로 한 새로운 조화의 개념을 면밀하게 제시하며 천문학에 혁신을 일으켰다.

루터는 각 개인에게 선포되는 의롭게 하시는 하나님 말씀에 관심이 있었다. 그는 이성이 양면성을 지닌다고 보았기에, 그것이 신앙의 궁극적 토대가 될 수 없다고 강조한다. 루터교 신학자 베르너 엘러트Werner Elert(1885-1954)는 이렇게 말한다 "복음에서 사명을 얻고 그 사명이 복음 선포로 완성된다는 것을 아는 교회는 다양한 모습으로 나타나는 세계관들에 관심이 없다." 하지만 그는 덧붙여 말한다. "그렇다고 루터가 신학적 권위로 새로운 세계관의 확산을 막았다는 주장은 명백히 역사를 왜곡한 것이다."[6] 실제로 루터 시대에는, 코페르니쿠스 세계관을 대표하는 과학자들이 신학적 간섭을 받지 않고 비텐베르크 대학에서 자유롭게 가르칠 수 있었다. 예를 들어, 조르다노 브루노Giordano Bruno(1548-1600)는 1586년부터 1588년까지 비텐베르크를 피난처 삼아 강의 활동을 지속할 수 있었다. 루터는 신학자였기에, 그의 주요 저작에는 자연과학에 대한 언급이 거의 등장하지 않는다. 천문학에 관한 이야기는 대부분 탁상담화에 등장할 뿐이다. 그럼에도 비텐베르크에서 천문학은 결코 소외되지 않고 활발히 연구되었다.

1532년, 일명 레티쿠스Rhaeticus라 불리는 게오르크 요아힘 폰 라우헨Georg Joachim von Lauchen(1514-1574)은 비텐베르크

에서 학업을 시작했다. 그는 천문학과 수학을 공부하면서 멜란히톤에게 그리스어도 배웠다. 멜란히톤이 이 학생의 재능을 빠르게 알아보고 전폭적으로 지원한 덕에, 그는 수학과 천문학을 가르치는 교수직을 얻을 수 있었다. 1538년에는 멜란히톤이 지원해 준 학술 여행으로 코페르니쿠스를 방문했는데, 그때부터 코페르니쿠스와 2년이나 함께 지내게 된다. 그리고 1541년 비텐베르크로 돌아와 인문학부 학장과 신학부 교수가 되었다. 1542년 5월에는 뉘른베르크로 가서 코페르니쿠스의 저서 《천구의 회전에 관하여 De revolutionibus orbium coelestium》 초판의 출판을 감독하기도 했다. 인쇄업자 요하네스 페트라에우스가 이 일을 맡았는데, 신학계의 반발을 줄이기 위해 마르틴 루터의 친한 친구인 안드레아스 오시안더 Andreas Osiander(1498-1552)가 서문을 쓰게 된다. 그는 코페르니쿠스의 이론을 단순 가설로 묘사하면서, 천문학적 계산과 일치하는 것은 단순한 우연이라고 설명한다. 이 책은 코페르니쿠스가 사망하기 직전인 1543년에 출판되어 세상에 나왔다.

2. 자연과학을 지원한 비텐베르크 대학교

에를랑겐의 신학자 베르너 엘러트는 다음과 같이 기록한다. "1545년 기초수학 교수직을 다시 채워야 했을 때, 비텐베르크 대학은 선제후에게 임명 제안서를 제출하면서 이 대학이 수학 교육을 선도하여 튀빙겐, 라이프치히, 그라이프스발트, 로

비텐베르크 대학교 전경. 루터는 비텐베르크 대학교에서 자연과학이 꽃피는 것을 방해하지 않았다. 신학자인 루터는 기본적인 신학적 신념과 충돌하지 않는 한 자연과학에 대해 열린 태도를 취했다.

스톡 같은 대학들이 비텐베르크의 모범을 따르고 있다는 점을 강조하며 자부심을 드러냈다. 당시 고급수학을 강의하던 에라스무스 라인홀트는 1538년 1월 13일에 루터와 함께 혜성을 관찰한 인물로, 열렬한 코페르니쿠스 지지자가 되었다."[7] 라인홀트는 코페르니쿠스와 그의 저서《천구의 회전에 관하여》를 공개적으로 칭찬하며 이에 대한 주석을 직접 쓰기도 했다. 그러나 흥미롭게도 그는 물리학적·신학적 이유를 들어 지동설 자체는 거부한다. 이런 일들을 종합해 보면, 비텐베르크 대학에서는 교회의 검열을 두려워하지 않고 코페르니쿠스의 연구를 지지하고 연구할 수 있었다. 또한 라인홀트의 사례에서 볼 수 있듯이, 코페르니쿠스를 지지한다고 해서 반드시 그의 세계관 전체를 수용한 것은 아님을 알 수 있다.

코페르니쿠스의 천문학 체계를 둘러싼 과학적 논쟁은 그를 지지하는 학자들 사이에서도 오랫동안 계속되었다. 그럼에도 비텐베르크는 전반적으로 자연과학 발전에 유리한 학문적 환경을 제공했다고 평가할 수 있다. 이러한 열린 환경은 한편으로는 인문주의 교육을 중시한 멜란히톤의 공헌이 컸고, 다른 한편으로는 과학적 문제에 대해 섣부른 판단을 하지 않으면서도 하나님의 창조물인 자연에 대해 건전한 호기심을 유지했던 루터의 열린 태도 덕분이라고 할 수 있다. 다음 장에서 이러한 비텐베르크의 과학적 전통을 더 자세히 살펴보자.

토론을 위한 질문

1. 왜 루터는 과학 혁명의 반대자로 기억되었는가?

2. 고대 그리스 자연철학과 성경이 모두 지구 중심 모델을 지지하는데, 코페르니쿠스가 태양 중심 모델을 주장하게 된 동기는 무엇인가?

3. 오늘날 신앙과 자연과학의 관계를 어떻게 이해해야 할까?

세상의 모든 일은
별이 아닌 하나님으로부터 온다.
"하늘이 우리 삶을 지배하지 않으며,
하나님도 우리 삶을
하늘에 맡기지 않는다."
하나님은 창조의 주인이시고,
별들은 하나님이 세상의 운명을
인도하시는 도구가 아니다.
또한 미래는 오직 하나님만 아시기에,
별을 보는 것으로는
미래를 알 수 없다.

12

점성술은 미래를 보여 주지 않는다

"15세기 말과 16세기는 점성술의 전성기라 할 수 있다. 그 어떤 시대도 점성술이 이처럼 광범위하게 인정받고 일상에 널리 퍼진 예는 없었다."[1] 당시에는 유명한 덴마크 천문학자 티코 브라헤Tycho Brahe(1546-1601)나 요하네스 케플러 같은 전문 천문학자들도 점성술로 운세 보는 것을 매우 당연하게 여겼다. 점성술이 대학 교육과정에 정식으로 포함되어 있었다는 점을 보면 그 인기를 실감할 수 있는데, 예를 들어 볼로냐 대학교에는 점성술 학과와 전담 교수직이 따로 마련되어 있을 정도였다. 유럽에서는 인쇄술이 널리 보급되면서 달력도 보편화되었고, 연간 달력에는 점성술사들의 의견을 반영한 그해의 날씨, 수확 전망, 그해 일어날 질병과 전쟁의 위험 같은 예측이 모두 포함되었다.

종교개혁의 도시 비텐베르크의 뛰어난 학자라고 해서 다를 바 없었다. 루터의 동료로서 종교개혁을 이끌던 최고의 성서학자 멜란히톤이야말로 점성술 연구에 관심을 두고 열렬히 옹호했던 인물이다. 그의 아버지가 그랬던 것처럼 멜란히톤도 자녀가 태어나면 운세를 알아보려고 점성술사부터 찾았다는 일화가 전해진다. 멜란히톤에게 별은 하나님의 전능함을 보여 주는 표시이자 통로다. 그는 하나님이 별의 운행과 자리를 언제든 바꿀 수 있다고 믿기는 했지만, 하나님이 미래를 보여 줄 때 별을 통해 미리 알려 주신다고 믿었던 것이다. 그래서 멜란히톤은 점성술이야말로 하나님의 뜻을 미리 아는 방법이라고 생각했다.[2]

이에 비해, 루터는 별의 힘을 믿는 것을 제1계명에 위배되는 우상숭배로 치부한다.[3] 그는 별을 보고 점치는 행위를 하나님의 전능하심을 제한하는 불신앙으로 여겨 거부한다. 하나님은 홀로 만물을 창조하고 모든 미래를 결정하시며, 그것을 하는 데 별 따위는 필요 없다. 루터는 점성술에 관한 글을 따로 저술하지는 않았지만, 탁상담화에서 이런 생각을 자주 표현했다. 그는 멜란히톤과 자신을 비교하며 이렇게 말한다. "필립[멜란히톤]이 우울하고 불안할 때 점성술을 애용하는 것은 내가 우울할 때 맥주를 한잔하는 것과 마찬가지다."[4]

1. 천문학과 점성술

루터 시대에는 모든 천문학자가 동시에 점성술사이기도 했기 때문에 '천문학자'와 '점성술사'라는 용어가 종종 혼용되었지만, 그럼에도 루터에게는 천문학이 '정확한 과학'이었다. 그는 창세기 15:5에서 하나님이 아브라함에게 하늘의 별을 세어 보라고 하신 말씀을 근거 삼아, 천문학이 하나님의 승인을 받은 학문이라고 보았다. 루터는 이렇게 말한다. "천문학은 가장 오래된 학문으로, 많은 기술을 발전시키기도 했다. 고대인들 특히 히브리인들은 천문학에 익숙해서 하늘의 운행을 세심하게 관찰했다."[5] 루터에 따르면, 천문학은 그 한계를 지킬 때 하나님의 선물로 간주된다. 그러나 그것이 점성술로 변질되어 각 개인에게 일어날 일을 예언하려 한다면 결코 용납될 수 없다고 보았다.

루터는 이렇게 설명한다. "나는 천문학을 받아들이고, 그 학문이 제공하는 다양한 유익을 기뻐한다."[6] 그는 천문학을 수학의 일부로 여겼다. "나는 증거를 다루는 천문학과 수학을 높이 평가한다. 하지만 점성술에는 아무런 가치를 두지 않는다."[7] 물론 루터는 당연히 성경을 자연에 대한 인식보다 우선시했지만, 성경과 자연과학 사이에서 종교적 갈등을 하지 않았다. 반면 점성술은 신학적이고 합리적인 이유로 배척했지만, 여기에서도 신앙적 갈등까지 나아가지는 않았다.

2. 신학적·실천적 비판

루터가 점성술을 반대한 가장 중요한 근거는 신학적인 것이다. 루터는 멜란히톤이 자정에 천칭자리에서 태어난 이들이 불행하다고 언급한 것에 대해 다음과 같이 논평한다. "점성술사들은 매우 불행하다. 그들은 하나님이 아닌 별이 생사고락을 결정한다고 믿기 때문에 인내심이 없다."[8] 루터에 따르면, 세상의 모든 일은 별이 아닌 하나님으로부터 온다. "하늘[별]이 우리 삶을 지배하지 않으며, 하나님도 우리 삶을 하늘에 맡기지 않는다."[9] 하나님은 창조의 주인이시고, 별들은 하나님이 세상의 운명을 인도하시는 도구가 아니다. 또한 미래는 오직 하나님만 아시기에, 별을 보는 것으로는 미래를 알 수 없다.

루터는 별이 우리를 지배하는 것이 아니라 우리가 별을 지배한다고 말한다. 그러니 별을 두려워할 필요가 없다. 멜란히톤이 1532년 6월과 7월에 별자리 배치를 근거로 불행을 예고했을 때, 루터는 "점성술은 재앙을 예언하지만, 신학은 구원을 예언한다"[10]고 반박한다. 시편 19:1에서 "하늘이 하나님의 영광을 선포한다"고 했으니, 별들은 우리에게 하나님을 찬양할 이유를 준다는 이유를 든다. 루터는 하나님의 능력과 주권을 우습게 여기며 제한하는 점성술이야말로 첫 번째 계명에 어긋난다고 보았다.

루터는 신학적 이유 외에도 실질적인 이유로 점성술을 반대한다. 우선, 점성술은 너무 뻔한 내용만 알릴 뿐이다. "지금까지 점성술을 공부해 보았다. 필립은 이것이 전문적인 학문이라고 생각하지만, 사실은 전혀 전문적이지 않다. 그들은 달력에 '여름에는 눈이 오지 않고, 겨울에는 천둥이 치지 않는다'는 너무 뻔한 사실을 기록한다. 봄에 씨를 뿌리고 가을에 수확하는 것쯤은 농부도 다 아는 사실이다."[11]

그는 점성술이 논리적이지 않다고 비판한다. 특히 아이가 태어날 때 별자리 운세 보는 것을 우매하게 여겼다. "별에서 나오는 광선이 정말 신생아의 미래를 결정할 만큼 강력하다면, 왜 아이가 태어날 때 하늘에 떠 있는 모든 별을 고려하지 않고 몇 개만 선택해서 운세를 판단하는가? 또 왜 별의 영향력은 출생할 때만 결정적인가? 별이 아이의 미래를 정할 수 있다면, 뱃속이든 밖에서든 똑같이 영향을 미쳐야 하지 않는가? 별들이 엄마 배의 얇은 피부를 신경 쓴다고 생각하는가? 별들이 아이가 태어날 때까지 기다리고 있다고 생각하는가?"[12]

고대로부터, 심지어 루터 시대에도 점성술사들과 일반인에게 별은 신으로 여겨졌고, 아이가 태어날 때 미래의 삶에 영향을 미치는 힘을 가진다고 믿어졌다. 그러나 루터에게 이는 명백한 신성모독적 사고였다. 루터는 거의 동시에 태어난 쌍둥이의 상반된 발전을 예로 들며 이렇게 말한다. "에서와 야곱은 한 부모에게서, 같은 시각에, 같은 별 아래 태어났지만 본성과 자리와 의도가 매우 달랐다. 그러므로 하나님으로부터 일어나는 일, 혹은 그분이 하시는 일은 별들에게 돌려서는 안 된다."[13] 루터는 자신의 삶을 돌아보며 점성술이 인간의 구체적인 삶을 예측할 수 없음을 강조한다. "나는 필립[멜란히톤]과 자주 이 문제를 이야기했고, 내 인생이 어떻게 단계적으로 펼쳐졌으며 내가 무엇을 했는지 자세히 말해 주었다. 나는 농부의 아들로, 아버지, 할아버지, 조상 모두 진정한 농부였다.… 그러나 내가 학사, 석사, 수도사가 된 것은 별에 기록되어 있지 않다."[14] 1516/1517년 십계명에 관한 설교에서도 드러나듯이, 점성술에 대한 루터의 반대는 전통에 뿌리를 둔다.[15] 아우구스티누스와 영국 철학자이자 신학자인 오캄의 윌리엄, 루터의 에르푸르트 대학 스승인 유도쿠스 트루트페터(약 1460-1519)도 점성술을 거부한 전통에 속해 있다.

그러나 루터도 시대의 아들이었다는 점을 잊어서는 안 된다. 후에 천문학자 에드먼드 핼리 Edmond Halley(1656-1742)의 이름을 딴 혜성이 출현했을 때 쓴 편지에서, 루터는 그 혜성이 좋지 않은 징조를 예고한다고 쓴다. 이후 편지에서 그는 혜성이 꼬리를 먼저 북쪽으로, 다음에는 남쪽으로 돌렸기 때문에 황제와 페르디난드 왕으로부터 어떤 나쁜 일들이 일어날 조짐이 보인다고 덧붙였다. 한편으로, 그는 점성술사들이 별의 힘을 주로 부정적으로만 해석하는 것을 질책하며, 한 가지 예외로 동방 박사와 별 이야기를 든다. "왜냐하면 그 별은 이미 존재하는 복음의 계시를 가리키기 때문이다."[16] 클라우스 램멜 Klaus Lämmel은 이렇게 기록한다.

혜성과 일식을 불길한 징조로 보는 루터의 믿음은 고대부터 이어진 오랜 관습이다.··· 이에 따르면, 천문 현상은 고대부터 그러했듯이 지상에서 발생하는 '괴현상'이나 '징조'와 같은 범주에 속하며, 특히 기형 출생, 자연재해, 또는 당시 과학으로 설명할 수 없는 비정상적이거나 특이한 사건들과 연결되어 있다고 보았다.[17]

특히 루터의 탁상담화와 서신들에서 우리는 자연이나 동물과 관련한 특이한 사건들에 대한 수많은 언급을 확인할 수 있다. 그는 이러한 사건들을 하나님의 진노와 세상의 종말이 가까워졌음을 나타내는 반복적인 징조로 해석했다. 루터에 따르면, 하나님은 큰 재앙이나 변화가 임박했음을 우리가 깨닫기를 원하신다.[18] 여기서도 루터는 성경을 근거로 삼는데, 누가복음 21:25의 예수님 말씀이 결정적이다. "해와 달과 별들에서 징조들이 나타나고, 땅에서는 민족들이 바다와 파도의 성난 소리 때문에 어쩔 줄을 몰라서 괴로워할 것이다. 사람들은 세상에 닥쳐올 일들을 예상하고, 무서워서 기절할 것이다"(21:25-26, 새번역). 이와 반대로, 홍수 이후 나타난 하나님의 무지개는 인간과의 평화를 보여 주는 표징이 된다. 성경을 결정적인 기준으로 삼았던 루터에게, 이러한 징조들은 죄 많은 인류에 대한 하나님의 경고나 은혜의 표징으로 이해될 수 있다.

3. 점성술: 미래를 알고자 하는 인간의 시도

점성술은 성경에서 출발하지 않고 별자리로 미래를 알아내려 한다. 그것의 초점은 무언가를 전달하는 하나님이 아니라 미래를 장악하려는 인간 자신에게 맞춰져 있다. 이는 하나님이 세상을 다스리신다는 루터의 이해와 근본적으로 배치된다. 그럼에도 루터는 요하네스 리히텐베르거 Johannes Lichtenberger (약 1440-1503)의 예언서를 독일어로 번역한 책에 기꺼이 서문을 썼다. 이는 1488년 하이델베르크에서 처음 출판되었던 책이다. 리히텐베르거는 1470년대에 독일의 귀족 궁정에서 활동했고, 1473년부터 1476년까지는 황제 프리드리히 3세의 궁정 점성가로 알려졌다. 초기에 나온 그의 익명 출판물《예언 Prognosticatio》(1576년까지 세 단계로 이루어진 점성술적 예측)은 "1530년까지 여러 언어로 30판 이상 인쇄되며 빠르게 베스트셀러가 되었다"고 전해진다.[19] 리히텐베르거는 이 책에서 영적·세속적 권력자들에게 닥칠 심각한 고난을 예고했는데, 루터는 이 책이 농민 봉기를 폭력적으로 진압한 후 안심하고 있던 영적·세속적 지도자들을 일깨우기에 적합하다고 판단했다.

그러나 루터는 리히텐베르거의 예언이 영적 계시가 아니라고 분명히 밝힌다. 계시는 점성술 없이 이루어지는 반면, 점성술은 "고대로부터 많은 사람에게 사용되며 명성을 얻은 이교적 학문 분야"라고 보았기 때문이다.[20] 루터에 따르면, 하나님은 천사들을 통해 세상을 다스리시며, "불행이 닥칠 때 하늘에 징조를 만드시고, 유성(즉, 혜성)이 나타나게 하거나 해와 달이 어두워지게 하시며, 기타 특이한 현상들이 나타나게 하신다."[21] 루터는 이러한 징조는 악한 자들을 위협하고 미래의 불행을 경고하는 하나님의 방식이라고 보았다. 이런 자연의 특이한 현상에서 점성술과 점술이 생겨났지만, 하나님의 길은 우리가 명확히 알 수 없기에 이것을 학문이라고 단언하기에는 여러모로 부족하다.

루터는 리히텐베르거의 예언에 어느 정도 진실이 담겨 있다고 보았지만, 그의 점성술적 기술이 신뢰할 만한 것은 아니라고 평가한다. 하늘과 땅의 징조 자체는 하나님과 천사들이 불경건한 지도자와 땅을 향해 경고하기 위한 작품이라는 점에서는 틀림없지만, 이를 인간이 다룰 수 있는 기술로 삼는 것은 잘못된 일이다. 이는 그의 예언이 항상 실현되지는 않았다는 사실에서도 드러난다. 나아가 루터는 하나님이 별들을 우리에게 불행을 알리기 위해 만드신 것이 아니라 "땅을 밝게 비추기 위해" 만드셨다는 점을 잊어서는 안 된다고 강조한다.[22] 루터에 따르면, 성경은 천체 현상이 미래 사건의 징조임을 지적하면서도 별을 통한 모든 예언을 금지한다. 그러므로 참된 그리스도인이라면 자연현상을 통해 예언을 구하지 말아야 한다는 예레미야 10:2을 적용할 만하다. "여러 나라의 길을 배우지 말라. 이방 사람들은 하늘의 징조를 두려워하거니와 너희는 그것을 두려워하지 말라." 루터는 리히텐베르거 예언서의 서문에서도 이 구절을 언급했다.

루터는 세상의 종말을 여러 번 언급하지만, 점성술과 종말론 사이에 연관성을 두지 않았다. 오히려 점성술은 신학적 의미에서 루터가 이해한 율법과 연결될 수 있다. 왜냐하면 그는 자연의 특별한 사건들에는 죄 가운데 있는 인간을 흔들어 깨우려는 의도가 있다고 보았기 때문이다. 물론 루터에게는, 점성술이 미래를 예측하며 만들어 낸 두려움은 허상이며 오직 하나님만이 두려움의 근원이다. 그러나 제아무리 큰 두려움에 휩싸인 죄인이라 해도 회개하는 이에게 하나님이 은혜를 베푸신다는 것이 개혁자가 가진 확신이다.

잉게트라우트 루돌피Ingetraut Ludolphy는 이렇게 기록한다. "루터는 성경이 당시 일반적으로 받아들여지던 해석과 다른 가르침을 주는 것처럼 보일 때마다 동시대 사람들의 해석과 거리를 두었다. 심지어 가장 가까운 동료나 친구일지라도 말이다. 이런 태도는 당시의 시대적 관념으로부터 놀라울 정도로 자유로웠으며, 이로 인해 그는 자신의 시대보다 훨씬 앞서 있는 사람으로 보였다."[23] 루터는 가까운 동료이자 친구인 필립 멜란히톤에 대해 이렇게 말한다.

필립 멜란히톤이 점성술에 그토록 강하게 집착하는 것이 안타깝다. 그는 하늘의 징조에 쉽게 영향을 받고 자기 생각에 속아 크게 착각하고 있다. 그는 자주 틀렸지만, 그런 생각에서 벗어나지 못한다. 얼마 전 내가 토르가우에서 매우 약한 상태로 돌아왔을 때, 내가 곧 죽을 운명이라고 말했다. 나는 필립이 이런 일에 그토록 진지할 거라고는 믿고 싶지 않았다. 나는 천체의 징조를 두려워하지 않는다. 우리의 창조는 모든 별을 능가하며 그런 것 따위에 종속될 수 없기 때문이다. 비록 우리의 육신은 그렇더라도 말이다. 나는 이런 차이를 두려워하지 않으며, 그것을 높이 평가하는 것은 영리한 철학자들에게 맡기겠다.[24]

여기서 루터와 멜란히톤 사이의 큰 차이가 드러난다. 루터는 별이 인간 삶에 거의 영향을 미치지 못하고, 두려워할 필요도 없다고 말한다. 반면, 기독교 인문주의를 대표하는 멜란히톤은 점성술이 인간 삶에 중대한 영향을 미친다고 여긴다. 멜란히톤은 점성술을 엄밀한 과학이고 학문이라고 확신하지만, 루터는 모호하고 종잡을 수 없는 것으로 여긴다. 점성술에 대한 이들의 평가는 상당한 차이가 있지만, 그럼에도 불구하고 두 사람의 관계는 틀어지지 않았다. 루터는 점성술에 대한 멜란히톤의 관심이 그들의 공통된 기독교 신앙의 핵심을 위협하지 않는다고 보았는데, 왜냐하면 멜란히톤도 모든 자연적·역사적 사건의 원인이 하나님의 권능에 있다고 보았기 때문이다. 즉, 점성술도 궁극적으로 모든 세계를 인도하고 다스리시는 하나님을 가리킨다. 점성술이 하나님의 신성을 위협하지 않는 한, 루터도 그것에 적극적으로 반대할 이유가 없었다.

토론을 위한 질문

1. 루터는 왜 점성술을 거부했을까?

2. 루터 시대에 점성술은 천문학과 어떤 관련이 있었는가?

3. 오늘날에는 천문학이 놀라운 발전을 이루었는데도, 별자리 운세가 여전히 인기 있는 이유는 무엇일까?

루터는 사제 신분의
질적 우월성을 거부한다.
결혼의 신분은 하나님이
두 사람에게 지우신 짐을 통해
옛 자아의 죽음을 돕는 장소,
인내하며 하나님의 뜻에
헌신하는 학교가 된다.
우리는 결혼 관계 안에서
상대에게 인내와 사랑을 보여 줄
무수한 기회를 얻는데,
이는 미혼자는 얻을 수 없는 것이다.

13

그리스도인의 결혼

마르틴 루터는 중세 후기에 살았던 인물로, 당시는 가부장제가 지배적인 시대였다. 그러나 이러한 배경만으로 여성이 전혀 목소리를 내지 못했다고 단정해서는 안 된다. 루터의 결혼 생활을 살펴보면, 아내 카타리나가 가계 재정을 관리하고 살림과 하인들을 책임졌고, 루터는 외부인에게 가정을 대표하는 역할을 맡았다. 예를 들어, 카타리나는 자신에게 주어진 돈으로는 생활이 어려움을 토로하며 루터에게 이를 해결할 것을 요구했고, 이에 루터는 선제후에게 자신의 봉급 인상을 요청했다.

한번은 루터가 탁상담화에서 이렇게 말한 적이 있다. "내 아내는 원할 때마다 나를 설득할 수 있다. 그녀는 집안의 모든 권한을 손에 쥐고 있기 때문이다. 나는 기꺼이 집안일의 전권을 그녀에게 맡기지만, 나 역시 내 권한이 온전히 보장되기를 바란다. 여자가 통치를 맡으면 결코 좋은 결과를 낳지 못한다."[1] 이처럼 루터는 가정 내에서 아내의 영향력을 인정하면서도, 그 권한이 가정의 범위를 넘어서는 것에는 회의적인 태도를 보였다.

루터가 학생들이나 친구들과 식탁에서 대화를 나눌 때, 카타리나도 가끔 그 자리에 함께하며 의견을 내기도 했다. 하지만 루터는 그녀가 목소리를 높이는 것을 항상 반기지는 않았다. "여자는 타고난 웅변술을 지니고 있어 남자가 큰 노력으로 익혀야 하는 것을 쉽게 해낸다. 그러나 이는 가정 내에서만 유효하며, 세상 정치에서는 그 말솜씨가 아무 소용이 없다. 그런 일은 남자를 위해 창조된 것이지 여자를 위한 것이 아니다."[2]

그럼에도 불구하고 루터는 여성이 하나님의 질서 안에서 중요한 위치를 차지한다고 보았다. 그는 1545년의 한 설교에서 이렇게 말한다. "누구도 어머니 없이 태어날 수 없다. 태어나는 모든 것은 어머니를 통해 나온다. 아담이 스스로를 만든 것이 아니라 하나님에 의해 창조되었듯이, 모든 인간은 하나님에 의해 어머니 태에서 창조되고 보존되며, 이후 하나님의 도움으로 세상에 태어난다."[3] 즉, 루터에게 여성은 하나님이 자녀를 창조하는 데 필수적인 존재다. 어머니 곧 여성이 없다면 자녀도, 나아가 남성도 존재할 수 없다는 것이다.

루카스 크라나흐가 그린 마르틴 루터(1526)와 카타리나 폰 보라의 초상화(1526). 가부장제가 지배적이던 중세 후기에 결혼한 루터는 가정 내에서 아내의 영향력을 인정하면서도, 그 권한이 가정의 범위를 넘어서는 것에는 회의적인 태도를 보였다.

이러한 관점에서 루터는 결혼을 모든 신분 중 가장 오래된 것으로 여겼다. 그는 결혼을 '거룩한 삶의 자리'이자 '거룩한 질서'라고 부르며, "하나님은 자신의 창조물이자 질서인 거룩한 결혼이 유지되기를 원하신다. 이를 통해 매일 남자와 여자가 태어나고 자라나기 때문이다"라고 설파했다.[4] 루터에게 결혼은 무엇보다 인류를 보존하는 거룩하고 근본적인 제도였다.

1. 결혼

남성은 하나님이 자신을 남성으로 창조하신 것에 감사할 수 있고, 여성 역시 자신이 여성으로 창조된 것에 감사할 수 있다. 그리고 두 사람 모두 거룩한 결혼의 자리로 부름받아 하나님의 뜻과 축복 안에서 자녀를 낳게 된 것에 감사할 수 있다. 루터는 이 때문에 누구도 결혼이라는 삶의 자리와 하나님의 질서를 경멸하거나 비난해서는 안 되며, 오히려 이를 높이 존중하고 소중히 여겨야 한다고 강조한다.

루터는 교부 시대, 예를 들어 아우구스티누스와 암브로시우스(339-397)가 활동하던 시기에는 모든 사제가 독신이나 결혼을 선택할 자유가 있었다고 지적하면서, 사제의 의무 독신제는 이후 수도사들에 의해 도입된 것이라며 이에 반대한다.[5] 루터에게 결혼은 하나님이 정하신 근본 질서다. 그는 교황이 거룩한 결혼을 멸시하고 이를 불결한 것으로 여긴다고 비판하는데, 이는 수도사나 사제의 독신 생활이 결혼보다 더 가치 있다는 당시의 통념을 겨냥한 것이다.

하나님은 인간을 남성과 여성으로 창조하셨다. 그러므로 우리는 여성에서 남성으로, 또는 남성에서 여성으로 스스로를 바꾸려 하기보다, 하나님이 우리를 창조하신 모습 그대로 받아들여야 한다. 우리는 하나님의 피조물로서 각자의 신체를 하나님의 선물로 받아들여야 한다. 루터는 "우리는 하나님이 만드신 그대로다. 나는 남자이고, 너는 여자다"라고 말한다. 여기서 남성과 여성의 동등한 가치가 드러난다. 하나님은 "자신의 훌륭한 작품이 그의 신성한 창조물로 존중받기를 원하시며 멸시당하지 않기를 바라신다. 남성은 여성이나 그녀의 신체를 멸시하거나 조롱하지 않아야 하고, 여성도 남성을 그렇게 대하지 않아야 한다. 오히려 각자는 서로의 모습과 신체를 하나님이 기뻐하시는 선한 창조물로 존중해야 한다."[6]

루터에 따르면 결혼은 거룩한 사역이며 이를 막아서는 안 된다. 그는 "남성이라면 여성이 필요하고, 여성이라면 남성이 필요한 것은 자연스럽고 필연적인 일"[7]이라고 본다. 물론 루터는 마태복음 19:12에서 예수님이 결혼에 적합하지 않은 고자를 언급하신 것을 간과하지 않는다. 그러나 그 외에는 결혼의 신분을 거부할 핑계가 없다. 그는 독신 서약을 한 사제, 수도사, 수녀들을 직접 겨냥하며, 이러한 서약이 하나님의 창조 질서에 어긋난다고 비판한다. 다만 결혼에 적합함에도 불구하고 복음을 전하고 영적 자녀를 늘리기 위해 자발적으로 독신을 선택하는 이들도 있다. 루터는 현실적으로 "그런 사람은 드물며, 천 명 중 한 명도 되지 않는다. 그들은 하나님의 특별한 기적이다"라고 말한다.[8] 독신은 극소수에게만 해당하며, 결혼은 모든 이를 위한 하나님의 질서로 의도된 것이다.

루터는 세상이 결혼에 대해 얼마나 경멸적으로 말하는지 잘 알고 있었다. 예를 들어, 여성을 필연적인 악으로 여기거나, 모든 가정에 그런 악이 존재하며 결혼은 짧은 기쁨과 긴 불쾌함에 불과하다는 식의 표현들 말이다. 그러나 루터는 결혼의 신분과 결혼한 상태를 구분하며 이렇게 말한다. "결혼했어도 결혼의 신분을 깨닫지 못하는 사람의 생활은 괴로움, 고역, 고통으로 가득하다. 그는 필연적으로 불평하고, 이교도나 맹목적이고 비이성적인 사람처럼 하나님을 모독할 것이다. 하지만 결혼의 신분을 깨닫는 사람은 그 안에서 끝없는 기쁨, 사랑, 즐거움을 발견할 것이다."[9] 결혼은 하나님의 사역이며 그분을 기쁘시게 하는 제도다. 이 진리를 깨달을 때 우리는 슬픔 속에서도 평안을, 불쾌함 속에서도 즐거움을, 환난 속에서도 기쁨을 누릴 수 있다. 우리는 자신의 욕망이 아닌 하나님의 일과 그분의 뜻에 우리의 감정과 삶의 초점을 맞추어야 한다.

2. 성과 사랑

앞서 살펴본 대로, 루터에 따르면 인간이 남성과 여성으로 이 세상에 존재하는 것은 하나님의 선한 뜻이요 선한 사역이다.

두 성별 모두 하나님의 선한 창조물이기 때문에, 서로를 멸시하거나 폄하하려 해서는 안 되며, 하나님을 기쁘시게 하는 작품으로서 서로를 존중해야 한다. 하나님은 남성과 여성이 서로에게 의존하도록 질서를 세우셨고, 서로에 대한 끌림과 욕망 즉 성적인 사랑 역시 하나님이 만드신 것이다. "이것은 하나님의 말씀이다. 이 말씀의 능력으로 남성의 몸에 자손을 위한 씨가 생기고, 여성에 대한 강렬한 자연적 끌림이 창조되고 유지된다. 이는 서약이나 법으로 막을 수 없는 하나님의 말씀과 사역이다."[10] 이는 창조 초기부터 사실이었으며 오늘날에도 여전히 유효하다. 루터는 남녀 간의 사랑을 높이 평가하며, 이는 세상 모든 사랑 중 가장 크고 순수한 것이라고 본다. 그는 이를 이기적으로 자신만을 추구하는 거짓된 사랑뿐 아니라 부모와 자녀, 형제자매 간의 자연스러운 사랑과도 구별한다. "다른 모든 사랑은 사랑받는 대상 외에 다른 것을 추구하지만, 이 사랑은 오직 사랑하는 이의 온전한 존재만을 원한다. 아담이 타락하지 않았다면, 신랑과 신부의 사랑은 가장 아름다운 사랑이었을 것이다."[11]

그러나 아담이 타락했고, 그로 인해 인류는 죄에 빠졌다. 이는 성적인 사랑에도 적용되며, 더 이상 순수하지 않게 되었다. 이제는 상대에 대한 순수한 헌신이 아니라 자신의 쾌락을 함께 추구하는 사랑이 되었다. 심지어 자녀를 낳는 과정에도 육체적 욕망이 더해졌다. 여기서 루터는 자신의 스승인 아우구스티누스의 견해를 따른다. 그는 "내가 죄악 중에서 출생하였음이여, 어머니가 죄 중에서 나를 잉태하였[다]"(시 51:5)는 말씀을 인간의 생식 행위와 연관된 원죄의 생물학적 전수로 해석한다.[12] 아우구스티누스 수도회 출신인 루터는 성적 쾌락을 죄악시하는 아우구스티누스의 생각을 계승했고, 남녀 간의 사랑에 악마적인 측면이 있다고 보았다. 이는 이기적인 욕망, 배우자를 사랑하고 존중하기보다는 상대를 이용하려는 태도이며, 루터는 십계명 중 여섯 번째 계명을 해석하며 이런 생각을 제안했다.[13] 그는 원죄로 발생한 이러한 문제 안에서 결혼을 이해한다.

루터는 타락 이전에도 결혼이 하나님의 뜻과 사역이었다고 단호하게 말한다. 결혼은 인간의 죄악을 억제하기 위한 임시방편이 아니다. 하나님은 세상이 사람들로 채워지도록 결혼을 제정하셨다. 루터에게 결혼하고 자녀를 낳는 것은 당연한 결과이지만, 그렇다고 결혼의 의미를 자녀 출산에만 제한하지 않는다. 타락한 세상에서 죄인으로 살아가는 우리에게, 결혼은 성적 충동으로 인한 방종과 죄로 인한 무질서를 막는 역할도 수행한다. 결혼은 타락한 성욕을 길들이고, 방종한 성생활로 인해 몸, 재산, 명예, 우정에 입는 피해를 억제한다.[14] 물론 결혼했다고 해서 죄 없이 살 수 있는 것은 아니다. 감각적 욕망은 결혼 안에서도 지속되기 때문이다. 그럼에도 결혼은 하나님의 뜻과 사역이며, 하나님의 축복 아래 있는 거룩한 질서다.

하나님은 믿음 안에 굳건히 서서 하나님의 뜻을 따르고

자 하는 부부가 서로에게 갖는 감각적 욕망을 책망하지 않으신다. 따라서 결혼은 죄의 영향을 받고 있음에도 불구하고 하나님의 은혜로 창조와 용서와 칭의의 말씀을 받는 자리가 된다. 결혼은 죄 가운데 있음에도 여전히 신성하고 거룩한 자리다. 루터는 남녀 간의 사랑을 하나님의 선한 창조라는 렌즈와 죄의 무게를 진 인간의 행동이라는 렌즈로 바라본다.

우선 루터에 따르면 결혼은 하나님이 제정하신 근본적 질서이며, 거기서 다른 모든 질서와 신분이 파생된다. 결혼에 대한 인간의 자연스러운 충동은 창조 때 주신 하나님의 명령 때문이다. 결혼은 단순히 하나님의 계명이 아니라, 창조 때부터 인간 존재에 필연적으로 부여된 것이다. 루터는 결혼하지 않는 사람은 필연적으로 성적 방종과 음행에 빠진다고 보았다. 이러한 진술은 루터 자신의 독신 경험과 관찰에서 비롯된 것으로, 그의 시대를 향한 강한 비판을 담고 있다.[15] 그래서 루터는 결혼을 회피하는 자가 하나님을 시험하고 사탄의 뜻을 따른다고 주장할 수 있었던 것이다. 오직 결혼 생활 안에서만 성욕은 파괴적인 힘이 되지 않는다. 그러므로 성생활의 고통과 죄악 때문에라도 모든 사람은 결혼을 해야 한다.

그러나 하나님이 결혼을 허락하셨더라도 예외가 있다는 사실을 루터는 알고 있다. 본성상 결혼에 적합하지 않은 사람들과, 하나님이 금욕이라는 지고한 초자연적 은사를 주셔서 결혼하지 않고도 순결을 유지할 수 있는 사람들이 있다. 하지만 그런 사람은 극히 드물다. 그들은 '하나님의 특별한 기적'이다.[16] 루터는 로마교회가 이 사실을 간과하고 독신 법을 만들어 사제들에게 이를 강요했다고 지적한다.[17] 물론 독신의 은사를 받은 사람이라면 이를 감사할 수 있을 것이다. 하지만 하나님이 독신의 은사로 부르시거나 은혜로운 금욕의 은사로 힘을 주시지 않는 한, 누구도 이를 받아들이고 추구하면 안 된다.

루터는 독신의 가능성을 인정하며 그 특별한 임무와 존엄을 강조한다. 구약에서는 아내와 자녀 없이 지내는 것이 죄였지만, 신약에서는 그렇지 않다. 루터는 바울과 같은 독신 상태가 하나님의 말씀을 전하는 데 더 유리할 수 있다고 설명한다. "독신이 더 나은 것은 (그리스도와 바울의 경우처럼) 하나님의 말씀과 설교 때문이다. 그러나 그 자체로는 결혼보다 훨씬 열등하다."[18] 즉, 윤리적으로 결혼이야말로 가장 고귀한 삶의 선물이라는 뜻이다. 루터는 사제 신분의 질적 우월성을 거부한다. 결혼의 신분은 하나님이 두 사람에게 지우신 짐을 통해 옛 자아의 죽음을 돕는 장소, 인내하며 하나님의 뜻에 헌신하는 학교가 된다. 우리는 결혼 관계 안에서 상대에게 인내와 사랑을 보여 줄 무수한 기회를 얻는데, 이는 미혼자는 얻을 수 없는 것이다. 그래서 루터에게 결혼은 원칙이고, 독신 생활은 예외 조항이다.[19]

우리는 기쁘게 결혼 관계 안으로 들어가고, 계속해서 기쁨을 유지해야 한다. 하나님은 결혼하는 두 사람과 그들의 결혼을 기뻐하시기 때문이다. 하나님의 말씀으로 장식되고 거룩해지는 결혼은, 모든 부담과 고난과 실망 속에서도 강력한 기쁨의 원천이 된다. 결혼은 고난 가운데 평화를, 불안 가운데 기쁨을, 시련 가운데 희망을 제공한다. "하나님의 말씀으로 결혼을 바라보는 것이야말로 최고의 기술이다. 결혼의 신분과 부부를 사랑스럽게 만드는 것은 오직 이 말씀뿐이다."[20] 루터는 결혼을 단지 인간의 제도로 보며 하나님과 무관하다고 여기는 세속적 시각을 거부한다. 하나님의 뜻과 말씀이 결혼을 거룩하게 만든다.

3. 세속적 사안으로서의 결혼

이처럼 하나님이 결혼을 제정하셨다는 인식을 가질 때만 결혼 생활은 거룩할 수 있다. 그러나 "결혼식과 결혼 생활은 세속적 사안이다"라고 루터가 썼듯이, 이 사실은 결혼을 형식적이고 세속적인 것으로 규정하는 것과 모순되지 않는다.[21] 결혼은 하나님의 창조 질서에 속하지만, 그리스도의 구원 질서에 속하지는 않는다. 그로 인해 결혼은 성례가 아니라 하나님의 축복 아래 있는 제도이며, 비그리스도인도 결혼을 거룩하고 특별하게 여긴다. 교회는 결혼을 자연 질서에 속한 것으로 이해하기 때문에 결혼에 관한 법적 책임을 지지 않는다. 결혼은 교회법과 교회의 관할권이 아니라 세속 권위 아래 놓이고, 따라서 루터파 개혁 사상이 도입된 지역에서는 결혼의 관할권을 교회가 아닌 세속 당국이 행사했다.[22] 미국 같은 일부 국가에서는 주 정부가 목사에게 결혼식을 집행할 수 있는 법적

허가를 내주는데, 이런 경우 결혼은 세속적 측면과 영적 측면이 하나로 통합된다고 볼 수 있다. 그러나 미국에서도 판사 앞에서 결혼할 수 있고, 점점 세속화가 진행된 독일에서도 하나님의 축복을 포기하고 시청에서 결혼식을 올릴 수 있다.[23]

루터의 결혼 이해는 그가 가르친 '두 통치론'의 단면을 보여 준다. 결혼은 창조 질서의 관점에서 세속적 사안이며, 왼쪽 왕국에 속한다. 이는 구원 질서에 속하지 않기에, 인간은 결혼하지 않고도 구원받을 수 있다. 가부장제, 동반자 관계, 평등주의 같은 결혼 관계의 형태는 세속 영역에서 해결할 문제이지, 교회가 간섭할 부분이 아니다. 결혼의 형태는 각 시대와 사회적 상황에 따라 결정되며 이는 루터 자신의 결혼에서도 마찬가지였다. 앞서 보았듯이 당시 관습에 따라 루터의 아내 카타리나는 집과 농장과 재정을 관리했고, 남편은 신학적 임무를 수행했다. 두 사람은 자녀 양육에도 함께 책임을 졌다. 보통 낮 시간과 루터가 여행 중일 때는 아내가, 가족 시간이나 아이들이 아플 때는 루터가 가정을 돌보았으며, 아이들이 루터가 작업하는 책상 주위에서 뛰어놀기도 했다. 두 사람의 책임 영역은 명확히 분리되지 않았다. 루터는 수도사로 오랜 독신 생활을 하면서 옷을 스스로 수선하는 일에 익숙했고, 아내의 반대에도 불구하고 이 습관을 결혼 후에도 유지했다.

목사로서 루터는 결혼 문제에 공적으로 관여하지 않았을 것이다. 세속 당국이 결혼 관할권을 행사했기 때문이다. 그럼에도 그는 결혼과 관련된 양심의 문제로 고민하는 이들이 찾아와 조언을 구할 때마다 입장을 밝혔다. 앞서 언급했듯이, 그는 편지에서 결혼 문제를 종종 다루었다. 그에 따르면, 결혼과 관련한 교회 사역의 진정한 임무는 하나님의 뜻을 선포하고, 결혼 생활을 시작하는 이들에게 복음을 전하는 것이다. 어떤 결혼도 복음에서 나오는 믿음과 사랑의 힘 없이는 제대로 유지될 수 없기 때문이다.

4. 결혼의 실천

루터는 전통적으로 내려온 결혼예식의 이분법적 구조를 유지했다. 우선, 교회 문 앞에서는 실제 결혼예식, 즉 부부의 법적 결합 선언이 이루어진다. 다음으로 교회 내부의 제단 앞에서는 영적 의식을 진행한다. 즉 결혼에 관한 하나님의 말씀을 선포하고, 하나님의 축복을 내리고, 신혼부부를 위해 회중의 중보기도를 요청한다. "신부와 신랑을 축복하는 목사는 이들의 결혼을 확인하고, 이들이 서로를 받아들이고 그 사실을 공개적으로 확증했음을 증언한다."[24] 오늘날 루터교의 이해에 따르면, 교회에서 행하는 결혼식이란 부부가 된 것을 확인하고 이에 따라 교회가 축복하는 의식일 뿐이다. 앞서 언급했듯이, 미국에서는 목사가 세속 당국으로부터 법적 권한을 받아 결혼식의 법적 행위와 영적 행위를 동시에 집행한다. 물론, 부부가 원할 경우 판사와 같은 세속 권위자에게만 결혼을 요청할 수도 있다.

루터는 결혼의 본질적 특성 중 하나로 공개성을 강조한다. 결혼은 본질적으로 공적 제도이기 때문에 증인들과 회중 앞에서 공개적으로 이루어져야 한다. 그의 가르침에 따르면, 비밀 약혼은 법적 확실성을 제공하지 못하며, 두 약혼자의 진술만으로는 결혼을 인정하기에 충분하지 않다. 이와 더불어, 부모의 동의 없이 이루어지는 결혼을 제4계명(부모 공경) 위반으로 간주하기도 한다. 그러나 동시에 부모가 자녀의 의지와 사랑에 반하는 결혼을 강요하거나, 진정으로 사랑하는 두 사람의 결합을 방해해서도 안 된다고 가르친다.

　　결혼은 두 가지 핵심적 의미를 갖는다. 하나는 부부간의 관계이고, 다른 하나는 자녀 양육의 의무다. 우선적으로 남성과 여성은 서로를 위해 존재한다. 결혼의 행복은 "남편과 아내가 서로를 소중히 여기고, 하나가 되며, 서로를 섬기는 데" 있다.[25] 감각적 사랑만으로는 충분하지 않다. 그런 사랑은 이내 식어 버리기 때문이다. 결혼은 충실함의 언약이다. "결혼의 전체적 기반과 본질은 각자가 자신을 상대에게 내어 주고, 서로에게 충실하며 다른 누구에게도 자신을 주지 않겠다고 약속하는 데 있다. 서로에게 자신을 묶고 내어 줌으로써, 다른 누구의 몸도 그들에게 접근할 수 없게 된다."[26] 이 충실함의 언약 안에서 이루어지는 부부의 성생활은 결혼 밖의 관계와는 다른 의미를 가진다. 그것은 이기적인 쾌락이 아니라 상대를 섬기려는 의지에서 비롯된다.

　　루터는 부부의 육체적 결합이 자녀 출산만을 위한 것이

아니라고 설명한다. 하나님은 부부가 자녀 출산의 목적을 넘어 사랑의 표현으로서 육체적 교제를 나누는 것을 허락하셨다. 이와 관련하여 바울을 비판하며 다음과 같이 가르친다. "바울이 데살로니가서[살전 4:5]에서 가르친 것처럼 그리스도인 부부는 육체의 정욕에 지배당하지 않아야 한다. 그러나 각자는 자신을 점검하여 지나친 금욕으로 인해 음행이나 다른 죄의 유혹에 노출되지 않도록 조심해야 한다."[27] 부부의 사랑과 충실함은 배우자에게 실망하거나 서로 갈등할 때, 상대가 병에 걸리거나 의견이 대립하거나 악의적 태도를 보일 때 그 진실성이 드러난다.

루터는 결혼을 현실적으로 이해한다. 인간의 힘으로만 살면 결혼이 항상 위험에 처할 수 있지만, 그리스도인은 눈에 보이는 행복이 아니라 하나님의 뜻을 추구한다. 특히 배우자가 병들거나 어려움에 처할 때 결혼 서약을 지키는 것은 매우 중요하다. 배우자를 섬기는 것이 곧 하나님을 섬기는 길이 되기 때문이다. "당신이 이런 은혜의 선물을 깨닫고 하나님을 위해 병든 배우자를 섬길 때, 당신은 복되고 또 복되다."[28] 루터는 하나님이 우리에게 감당할 수 없을 정도의 짐을 주시지 않는다고 굳게 믿었다. 결혼예식에서 입장할 때, 하나님과 함께 들어가느냐 하나님 없이 자신만만하게 들어가느냐에 결혼의 모든 성패가 달려 있다. 루터에 따르면, 첫사랑이나 일시적인 열정은 결혼의 지속 가능한 기반이 될 수 없다. "아내를 얻기는 쉽지만, 변함없이 사랑하기는 어렵다."[29] 배우자에게 싫증을 느끼고 다른 이에게 눈을 돌리는 것은 마귀의 유혹이다. 이 위험에 맞서기 위해 결혼은 하나님의 눈앞에서 시작해야 하고, 끊임없이 하나님의 도움을 구하는 기도가 이어져야 한다. 루터는 유혹이 있을 때 이렇게 간구하라고 조언한다. "집에 있는 내 배우자는 훨씬 더 아름다운 보석이다. 하나님이 그녀를 나에게 선물로 주셨고, 그분의 말씀으로 아내를 장식하셨다. 그녀가 아름답지 않거나 연약하더라도 마찬가지다."[30]

결혼의 또 다른 중요한 측면은 하나님의 말씀과 뜻에 따른 출산과 양육이다. 어머니는 이를 통해 하나님의 사랑의 뜻을 수행하는 특별한 역할을 한다. 어머니는 온 존재로 하나님의 도구가 되는 존엄을 지닌다. 루터 시대에는 출산과 관련된 의료나 위생 조건이 열악하여 많은 위험이 따랐다. 그럼에도 루터는 자연적 관점에서는 부담과 고난으로 보이는 것이 믿음의 눈으로 보면 하나님의 은혜로운 뜻을 실행하고 새 생명을 양육하는 특별한 소명이 된다고 가르쳤다. 이러한 관점에서 하나님은 부모를 자녀의 사도, 감독, 목사로 부르신다.

5. 부모 역할과 가정

루터에 따르면, 부모는 하나님의 자리에 있으며 자녀에게는 지상에서 가장 높은 권위를 가진다. 세속 권위를 포함한 모든 인간적 권위는 부모의 권위에서 파생된다. 이 권위는 세속적 영역과 영적 영역 모두에 걸쳐 있다. 즉 부모는 세속적 사안에

루터는, 하나님을 위한 교육이란 자녀를 종교적 기관에 맡기는 것이 아니라, 직업적 성취를 이루고 사회적, 종교적 권위를 받아들이면서 타인과 하나님을 섬기는 삶을 살 수 있도록 가르치는 것이라고 보았다. 그림은 마르틴 루터가 가족과 함께 음악을 연주하는 모습을 그린 구스타프 스판겐베르크의 작품(1866).

서 자녀의 권위자일 뿐 아니라, 만인 제사장직의 원리에 따라 자녀의 영적 권위자이기도 하다. 이에 따라 자녀에게 복음을 선포할 의무가 주어진다. 부모는 자녀를 사랑하고 세속 사회에서 건강하게 살아가도록 교육할 뿐만 아니라, 영적 성장을 위해서도 최선을 다해야 한다. 개혁자는 자녀 양육의 중요성을 강조하면서, 부모가 자녀를 잘 양육하여 영원한 복을 얻거나, 소홀해서 지옥에 이를 수도 있다고 보았다.

루터는 '자녀에게 간섭하지 않고 그들이 믿고 싶은 것과 하고 싶은 것을 스스로 결정하게 한다'는 식의 오늘날의 사고방식을 절대로 용납하지 않았을 것이다. 오히려 그 반대다! 그는 믿음은 누구에게도 강요될 수 없고 또 그래서도 안 된다고 늘 강조했지만, 부모의 모범적 역할이 자녀에게 미치는 강력한 영향력을 잘 알고 있었다. "사과 열매는 그 나무에서 멀리 떨어지지 않는다"는 속담처럼, 부모가 믿음에 무관심하면 자녀도 종교적 무관심 속에서 자라게 된다. 하나님은 부모를 하나님의 대리자로 임명하셨다. 그렇기에 자녀는 부모를 하나님의 자리에 있는 존재로 바라보아야 한다. 루터는《소교리문답》에서 자녀가 부모를 공경해야 한다고 강조하면서 '공경'은 단순한 사랑을 넘어서는 개념이라고 설명한다.[31] 공경에는 사랑과 두려움이 포함된다. 여기서 두려움은 위협을 느끼는 것이 아니라 존경을 의미한다. 사랑은 존경 없이, 존경은 사랑 없이 온전할 수 없다. 이는 하나님을 섬기듯 부모를 섬겨야 한다는 뜻이다. 부모 자녀 관계를 제대로 이해하려면, 먼저 부모가 자녀에게 최고의 권위라는 점을 염두에 두어야 한다. 물론 이 권위는 부모의 권력 행사가 아니라, 하나님이 부모에게 부여하신 임무로 제한된다.

루터는 가정의 아버지에게 가족의 머리로서 광범위한 권리를 부여한다. 중세 후기 가정은 부모와 자녀 외에도 가사를 돕는 하인, 직공, 견습생, 그 가정의 돌봄을 받는 사람 등 다양한 구성원을 포함했다. 당시 관습에 따라 남편은 아내보다 상위에 있었지만, 루터는 부부의 상호 존중과 협력을 강조했다. 주목할 점은 루터가 가사 일에 대한 남녀 간 협력을 인정했다는 대목이다. 예를 들어, 남편이 밤에 아기를 돌보고, 기저귀를 빨고, 아내를 돌보며 아내를 위해 일하는 것은 하나님을 기쁘시게 하는 일이다.[32] 아내는 남편의 동반자이며 단순히 남편의 일을 돕는 조력자가 아니다. 당시 여성은 집과 정원과 들판에서 힘든 기능을 수행하며 고유한 책임을 지는 남편의 동반자였다. 즉, 가정에 대한 아버지의 다스림은 아내의 그것과 조화를 이루고, 그들은 함께 가족 구성원을 책임진다. 한편, 가정은 국가법에 종속되지만 내부 구조와 기능은 창조에 따른 고유한 질서를 따른다. 가정의 아버지는 국가로부터 혹은 국가를 위해 권력을 받지 않으며, 가정이라는 영역은 국가로부터 독립적인 위치를 차지한다.

아내의 주 관심사는 가정 경제이고, 가정의 아버지는 가족의 종교적 부분을 책임진다. 루터의 《대교리문답》 서문에 따르면, 아버지는 적어도 일주일에 한 번 자녀와 하인들에게 교리문답을 가르치며 교육해야 한다.[33] 이렇게 하면서 아버지는 가족 공동체에서 목사와 같은 기능을 수행한다. 영적 돌봄의 임무는 교회가 위임하는 것이 아니라, 하나님이 세례받은 그리스도인 가정에 부여하신 일이다. 오늘날에는 대개 자녀 교육이 여성의 일로 여겨지지만, 루터는 이것을 여성의 일로 보지 않았다.

가정에서 아버지의 역할은 어머니와 함께 자녀를 일정한 연령까지 돌보고 양육하는 것이다. 자녀와 부모의 관계는 인간을 창조하신 하나님과의 관계와 유사하다. 생물학적 측면에서 자녀를 사랑하는 것은 자연스러운 창조주의 의도지만, 이것은 결코 육체적 사랑, 즉 성적 학대로 이어져서는 안 된다. 부모는 하나님을 대신하여 자녀를 교육하는 위치에 있는 사람이기 때문이다. 하나님을 위한 교육이란 자녀를 종교적 기관에 맡기는 것이 아니라, 직업적 성취를 이루고 사회적·종교적 권위를 받아들이면서 타인과 하나님을 섬기는 삶을 살 수 있도록 가르치는 것을 의미한다.

루터의 견해에 따르면, 부모의 권위에 저항하는 자녀의 고집은 성인이 되어 반사회적 태도로 발전할 수 있으니, 현명한 교육과 적절한 훈육으로 바로잡아야 한다. "자녀는 존경심에서 우러나오는 건전한 두려움을 배우도록 양육되어야 한다. 그들이 존경할 대상을 두려워하게 하되, 공포만 느끼게 해서는 안 된다. 일부 부모들은 자녀가 극도로 두려워하는 것만으로 만족하지만, 이는 자녀의 평생에 해를 끼친다."[34] 자녀에 대한 지나친 엄격함은 현명하지 못할 뿐만 아니라, 오히려 부모의 의도와 반대되는 결과를 초래할 수 있다. 이는 자녀의 본성을 부정하는 행위이기도 하다. 자녀들은 성인보다 인간의 원초적 순수함에 더 가까이 있다. 그래서 루터는 자녀의 자연스러운 순수함과 개성을 인정하지 않는 부모들을 책망했다.

루터의 가정관에 대한 접근은 종종 오해되어 왔다. 그는 아버지가 무제한의 권력을 행사하는 가부장제를 옹호하기보다, 가정 내 윤리적 상호 관계의 중요성을 강조했다. 비록 당시 시대적 맥락에서 남편이 가정에서 우월한 위치에 있다는 전제를 받아들였지만, 그의 행동은 이러한 관습을 넘어선다. 특히 주목할 것은 루터의 유언장이다. 그는 당시 작센 법에 반하여 아내를 유일한 상속인이자 미성년 자녀의 후견인으로 지정했다. 이는 당시에는 매우 혁신적인 결정이었다. 작센 법에 따르면 남편이 사망한 여성에게는 따로 후견인이 지정되어야 했기 때문이다. 비록 루터 사망 후 그의 유언이 즉시 인정되지는 않았지만, 결국 그녀는 자녀에 대한 권리를 되찾고 재산을 스스로 관리할 수 있는 권한을 얻게 된다. 이는 루터가 실제로 아내를 동등한 존재로 여겼고, 사후에도 그렇게 되기를 바랐다는 중요한 증거다.

루터가 부모를 세속 권위에 비유한 것은 오늘날 민주적 사회 구조에서는 온전히 적용되기 어렵다. 그럼에도, 그의 결혼관과 가정관에서 발견되는 현대적 요소를 간과해서는 안 될 것이다. 예를 들어, 루터는 부모의 권리는 제1계명에 의해

제한된다고 보았다. 즉, 부모보다 하나님께 더 순종해야 한다는 것이다. 루터가 아버지의 반대에도 불구하고 수도원에 들어갔던 일도 이렇게 이해할 수 있다. 결혼 생활에서도 루터는 당시로서 상당히 진보적이었다. 그의 아내는 남편에게 간섭받지 않는 자유로운 영역이 있었고, 둘의 관계는 아내를 향한 루터의 고백대로 서로 의존하며 공동의 안녕을 함께 지향하는 "지적이고 영적인 동반자 관계"[35]다.

토론을 위한 질문

1. 결혼에 대한 루터의 견해는 독신과 관련된 기독교 전통과 어떻게 대조되는가?

2. 결혼이 거룩하면서도 세속적인 실체라는 말은 무슨 뜻인가?

3. 가족에 대한 루터의 견해는 현대의 가족생활 개념과 어떻게 유사하고, 어떻게 다른가?

루터는 음악과 신학 사이에
본질적인 연결성을 발견했다.
그에게 음악은
단순한 예술적 표현이 아니라
신학적이고 목회적인 기능을
수행하는 도구다.
음악은 마음을
평화와 기쁨으로 이끌고,
마귀를 쫓아내며,
인간을 새롭게 한다.
언어와 곡조를 결합하여
하나님을 찬양할 수 있다는 것은
인간이 다른 피조물과 구별되는
구분점이 된다.

14

행복한 예배

독일의 《개신교 찬송가집 Evangelische Gesangbuch》에는 루터가 작사에 관여한 29개의 찬송가가 실려 있는데, 그중 16곡은 그가 작곡까지 한 곡들이다. 이외에도 그가 곡만 붙인 2곡의 찬송가도 있다. 미국의 《복음주의 루터교회 찬송가집 Evangelical Lutheran Worship》에도 루터가 가사나 곡을 쓴, 혹은 작사와 작곡을 모두 맡은 19곡이 수록되어 있다. 이렇게 500년이 지난 오늘까지도 교회 찬송가집에 그의 노래가 남아 있다는 사실은 루터의 음악적 유산이 얼마나 오랫동안 영향력을 발휘했는지 잘 보여 준다. 현대 찬송가 가운데 몇 곡 정도가 500년 후에 불릴지 생각해 보면, 루터의 찬송가가 얼마나 대단한지 실감할 수 있다. 특히 1620년 예수회 신부 아담 콘체니우스

Adam Conzenius가 "루터의 찬송가는 그의 저술과 강의보다 더 많은 영혼을 죽였다"고 기록한 것은 매우 의미심장하다.[1] 이는 루터의 찬송가가 그의 저술이나 설교보다 일반 대중에게 더 깊이 파고들었음을 시사한다. 심지어 그의 곡은 거리에서도 불리면서 대중 사이에 개신교 사상을 전파하는 데 중요한 역할을 하게 된다. 물론 루터가 음악에 친숙했던 것은 음악이 교육과정의 일부였기 때문이다. 하지만 그가 보여 준 음악적 재능과 관심은 단순한 교육의 결과를 넘어선다고 볼 수 있다.

1. 루터가 받은 음악 교육

루터가 어려서부터 가정에서 음악을 접했는지는 잘 알 수 없다. 다만 1497년, 13세가 되던 해에 입학했던 마그데부르크 대성당 학교에서 음악과의 깊은 인연이 시작되었다는 것만은 확실하다. 이 학교는 14세기 말 네덜란드에서 설립된 종교 공동체인 공동생활형제회가 운영하던 학교다. 마그데부르크 대성당은 작센 선제후 에른스트 대주교 밑에서 합창곡과 다성음악의 중심지로 번영했던 곳인데, 루터도 여기서 합창단에 들어가 노래했을 가능성이 높다.[2] 아마도 성악 교습도 받고, 다른 학생들과 노래하며 약간의 돈을 벌었을 것이다.[3] 1년간 이 학교에 다니다가 1498년에는 친척이 있는 아이제나흐의 성 게오르기우스 학교로 옮기게 된다. 이 학교의 이름은 도시의 수호성인인 성 게오르기우스의 이름을 딴 것이다. 루터는 그곳에서도 다른 학생들과 여러 집을 돌아다니며 노래하면서 생계비를 충당했다. 그의 숙소는 귀족 가문 샬베의 집이었는데, 여기서 유쾌한 사교 생활을 누리는 사제 요하네스 브라운 Johannes Braun(약 1450-1516)과 깊은 친분을 맺게 된다. 샬베의 집은 교회 음악과 세속 음악을 양성하는 산실이었고, 심지어 모테트도 함께 불렀다.

그러다 1501년에는 드디어 에르푸르트 대학교에 입학하게 된다. 이곳은 해마다 약 260명의 신입생이 등록하는 독일 최대 규모의 대학이었다. 거기서는 필수 과정으로 음악 이론을 공부해야 했고[4] 수업에는 아리스토텔레스의 음악에 관한 강의가 포함되었다. 루터는 교양과정을 들으면서 류트 연주에도 적극적이었고, 이때 작곡을 배우게 된다.[5] 하지만 잘 알려진 대로 1505년 갑작스럽게 에르푸르트의 아우구스티누스 은수자 수도원에 들어가게 된다. 그곳에서 신학을 공부하기 시작했는데, 그러면서 아우구스티누스, 토마스 아퀴나스, 가브리엘 비엘이 음악을 어떻게 이해했는지를 다시 배우게 된다.

루터에게는 음악 감독Kantor 요한 발터Johann Walter(1496-1570)와의 긴밀한 사귐이 매우 특별했다. 1525년 작센의 선제후 현자 프리드리히가 사망하자, 후계자인 요한이 토르가우의 음악 감독 요한 발터와 비텐베르크의 다른 두 음악 감독의 자리를 없애려고 했다. 그때 루터는 요한 발터가 음악 감독직을 유지할 수 있도록 선제후를 설득하고자 노력했다.[6] 바리톤 음색을 지녔던 루터는 결혼해서 가정을 이룬 다음에도 가족

모임에서 자주 노래하며 류트를 연주했다고 전해진다. 작센 선제후 궁정의 음악 감독 콘라트 루프Konrad Rupff(약 1475-1530)와 요한 발터가 1525년 가을에 3주간 비텐베르크의 루터의 집에 머물며 독일어 미사Deutsche Messe의 음악 편곡을 도운 일도 기억할 만한 역사다.[7]

루터는 뮌헨의 작곡가 루이스 젠플Louis Senfl(약 1486-1543)과 라이프치히 토마스 교회의 음악 감독이었다가 후에 비텐베르크 시의원이 된 게오르크 라우와도 깊은 친분을 나누었다. 조스캥 데 프레Josquin des Prés(약 1450-1521)의 작품도 높이 평가했는데, 조스캥이 음악으로 복음을 선포한다고 여겼기 때문이다.[8] 1531년, 루터는 젠플에게 여러 모테트 악보에 감사하며 몇 권의 책을 답례로 보냈다.[9] 그 전해인 1530년에는 코부르크 성에서 아우크스부르크 제국의회 진행 상황을 지켜보던 중 바이에른 궁정 음악가 젠플에게 다성음악 작품을 보내 달라고 요청하기도 했다. 비록 바이에른 공작들이 자신에게 우호적이지 않다는 사실을 알면서도, 루터는 "그들이 음악을 장려하고 존중하는 사람들이기에 존중한다"며 그들을 칭찬했다.[10]

젠플에게 보낸 편지에서 루터는 음악이 악한 영을 쫓아내며, "신학 외에는 음악과 같은 수준에 놓을 수 있는 예술은 없다"고 강조했다. 그는 신학처럼 음악도 마음을 평온하고 유쾌하게 한다고 설명하며, 음악이 슬픔과 우울을 몰아낸다는 확신을 거듭 강조한다. 루터에게 신학과 음악은 매우 밀접하게 연결되어 있는데, 이는 이미 예언자들이 "시편과 노래로 진리를 선포했다"는 점에서도 드러난다.[11] 이처럼 개혁자에게 음악은 말씀 선포의 수단이며, 이 점은 루터의 찬송가 작곡에서 확인할 수 있다. 음악의 중요성은 자녀 교육에서도 드러난다. 루터는 아들 요하네스를 토르가우 학교에 보낼 때 "문법과 음악을 훈련받게" 하려는 목적이 있었는데, 아들에게 보내는 편지에서 요한 발터가 그곳에 음악 감독으로 있으니 "음악을 배우라"고 명확히 지시한다.[12] 음악에 대한 이런 깊은 관심이 있었기에, 음악은 자연스럽게 종교개혁의 주요한 도구로 활용되었다.

2. 루터와 교회 찬송

수 세기 동안 교회 예배에서 신자들은 대부분 침묵했다. 예배 때 고작 회중이 할 수 있는 말이라고는 "키리에 엘레이손 Kyrie eleison"(주님, 자비를 베푸소서) 정도였고, 그 외에는 내내 입을 다물고 있어야 했다. 11세기에 '라이젠 Leisen'(*eleison*에서 유래)을 부르는 관습이 시작되었는데, 모든 성자 축일에 드리는 연속기도와 라틴어 찬송에서 회중이 '키리에'로 응답할 수 있도록 하는 전례적 관행이었다. 라이젠은 미사 중 사제의 찬송에 한 절로 된(보통 네 줄로 이루어진) 짧은 자국어 찬송으로 응답하는 답가를 뜻한다. 루터는 여러 라이젠을 선별해 찬송가로 확장했고, 이는 개신교 찬송의 전신으로도 여겨진다. 루터는 당시의 예배 관행에 도무지 만족할 수 없었다. 회중은 적극적으로 예배에 참여할 수 없었고, 가뭄에 콩 나듯 가끔 '키리에 엘레이손'을 말하거나 라이젠을 부르는 정도였다. 게다가 미사는 전적으로 라틴어로 진행되었는데, 사제들조차 그들이 미사 때 낭독하는 라틴어가 무슨 뜻인지도 몰랐으니, 회중이야 말할 것도 없다. 그러니 사제든 회중이든 예배 시간에 무슨 일이 일어나는지 전혀 몰랐던 것은 그리 놀라운 일이 아니다.[13] 루터는 회중이 전례, 성경 낭독, 설교, 찬송을 이해해야 한다고 확신했다. 그래서 그는 먼저 성경을 독일어로 번역했고, 덕분에 사람들은 스스로 성경을 읽을 수 있게 되었다. 다음 계획은 예배자들이 교회 예배에 적극적으로 참여하도록 장려하는 것이었다.

1523년, 루터는 선제후의 비서였던 게오르크 슈팔라틴에게 이런 글을 보낸다. "[우리의] 계획은 예언자와 고대 교부들의 모범을 따라, 일반인을 위한 시편, 즉 우리의 언어로 된 영적인 노래를 만들어 하나님의 말씀이 음악의 형태로도 사람들 사이에 머물게 하는 것이다."[14] 루터는 예언자(시편 찬송)와 고대 교회(암브로시우스)의 모범에서 영감을 얻었다. 앞서 설명했듯이, 당시 미사는 사제와 전문 성가대만 교창하는 '보여 주기식 미사'로 진행되고 있었다. 하지만 루터의 신학적 이해에 따르면 모든 그리스도인이 사제이므로, 예배를 사제와 성가대에만 맡기는 것은 적절치 않았다. 이 문제를 고민하던 루터는 암브로시우스의 운율이 있는 찬송을 해결책으로 떠올렸고, 이것을 대 그레고리우스의 미사 찬송보다 더 선호했다. 교회는 모두 함께 노래하는 공동체다. 그래서 그는 라틴어 찬송을 번역하고, 회중이 독일어로 합창할 수 있게 했다.

　루터가 자국어로 된 찬송 제작에 직접 참여한 것은 그의 중요한 업적 가운데 하나다. 회중 찬송은 교회 예배에서 전례적 기능을 수행했을 뿐 아니라 새로운 신앙을 대중에게 알리는 효과적인 역할을 했다. 1527년 오스트리아 지역에서 레온하르트 카이저Leonhard Kaiser 목사가 이단으로 몰려 화형당할 때, 그는 주변 사람들에게 루터가 3년 전 '기독교적으로 개사한' "오소서, 성령, 하나님, 주님이시여Komm, Heiliger Geist, Gott und Herr"를 불러 줄 것을 요청했다.[15] 이처럼 찬송은 종교개혁의 가장 효과적인 무기로 자리 잡았다. 당시 개신교 찬송의 힘은 상당했다. 주교의 도시인 힐데스하임에서는 1524년에 거리에서 노래 부르는 것이 금지되었고, 브라운슈바이크에서는 1526년에 신발 장인들이 개신교 찬송을 혼자 불렀다는 이유로 사제에게 고발당했다. 이러한 음악의 힘은 역사적으로 지속되어, 1989년 구 동독(독일민주공화국)의 평화 혁명에서도 개신 교회에서 시작돼 거리로 이어진 찬송이 중요한 도구가 되었다.

　종교개혁 시기에 신자들은 자신의 언어로 노래하며 하나님과 직접 소통할 수 있다는 개념에 크게 매료되었다. 특히 1529년에 출판된 루터의 찬송가집은 주목할 만하다.[16] 서문 이후 찬송가들을 다섯 부분으로 나누어 구성한 이 책의 첫 번째 부분에는, 루터가 작곡한 28개의 찬송이 포함되어 있으며, 이 중 24개는 1523년과 1524년에 작곡되어 악보로 배포된 것들이다. 이 찬송들은 에르푸르트와 스트라스부르에서 즉시 찬송가집과 전례서에 포함되었다. 두 번째 부분에는 루터와 긴밀히 협력한 작가들의 찬송이 실렸다. 세 번째 부분에는 독일어로 개작된 4개의 중세 찬송이 포함되어 있는데, 크리스마스 송가 2개, 저녁 기도 찬송, 부활절 찬송이다. "선한 그리스도인 형제들이여 기뻐하라In dulci jubilo"와 "그리스도 부활하셨네Christ ist erstanden"가 이 부분에 속해 있다.[17] 네 번째 부분에는 동시대 사람들이 작곡한 영적인 찬송이 이어진다. 마지막 다섯 번째 부분에는 15개의 칸티카가 포함되었고, 루터는 이를 "친애하는 족장들과 예언자들이 오래전에 만들고 부른 성경 찬송"이라고 설명한다.[18] 그중에는 성모 마리아 찬가도 포함되어 있다. 이《비텐베르크 회중 찬송가집》은 중세의 채색 필사본을 제외하면 삽화가 들어간 최초의 찬송가집이다. 즉, 음악, 말씀, 삽화가 하나로 어우러진 책이다. 루터에게 모든 예술은 하나님이 주시고 창조하신 것이기에, 예술은 궁극적으로 하나님을 섬기는 데 사용되어야 한다.

이 찬송가집이 1529년에 출간된 점이 흥미로운 것은, 같은 해에《기도서》,《소교리문답》,《대교리문답》이 출판되었기 때문이다. 기도서가 단순히 기도 모음집이 아니라 기독교 신앙을 소개하려는 의도를 가졌던 것처럼, 찬송가집도 예배에 필요한 찬송 모음일 뿐만 아니라 기독교 신앙을 노래로 표현하는 종합적인 책이었다. 대/소교리문답 역시 단지 교리문답을 위한 질문과 답 모음이 아니라 기독교적 삶의 실천을 소개하는 기능을 한다. 그리고 이 모든 출판물에 삽화가 포함되어 있다. 루터의 독일어 성경에도 삽화가 들어 있다. 루터에게 말씀과 삽화는 함께 어우러지는 것이었으며, 여기에 음악도 더해져 셋이 함께 기독교 신앙, 더 정확히는 종교개혁 신앙을 가르친다. 실천 신학자이자 루터 찬송 전문가인 마르쿠스 예니Markus Jenny(1924-2001)는 다음과 같이 설명한다. "찬송가집 작업은 전체 교회 공동체가 성숙해지는 데 있어서 자명하고 필수적인 부분이었다. 루터는 1528년의 교회 시찰단 보고서를 통해 그 필요성을 분명히 깨달았다. 루터가 찬송가 작업을 어떤 '전문가'에게 위임할 수 없고, 또 그러고 싶지 않았던 것은 이해할 만하다. 그는 이 작업을 자기가 직접 주도해야만 했다."[19]

루터는 젊었을 때부터 라틴어 성가뿐 아니라 독일어 찬송도 알고 있었지만, 종교개혁이 상당히 진행된 후에야 독일어 예배 찬송을 직접 만드는 작업에 들어갔다. 늘 그렇듯 루터는 필요가 생기길 때 행동했다. 독일인이 부를 적절한 예배 찬송가가 부족했기 때문에 찬송가 작곡가가 된 것이다. 1523년에 그는 이렇게 썼다.

나는 사람들이 예배 시간에 자신들의 언어로 부를 수 있는 노래가 가능한 한 많아지길 바란다. "층계송" "거룩송"

"하나님의 어린 양" 직후에 부를 수 있는 노래들 말이다.…하지만 우리 가운데 시인이 부족하거나 아직 알려지지 않아서인지, 바울이 말한[골 3:16] 복음적이고 영적인 교회 노래를 작곡할 수 있는 이가 거의 없다.[20]

비텐베르크에서는 초기 기독교의 회중 찬송 전통을 되살리기 위해 "미사 중에 부르는 독일어 찬송"이 필요했고, 결국 루터가 이를 만들게 된다. 루터의 1526년 독일어 미사를 보면, 예배의 맨 처음과 서신서 낭독 후에 독일어 찬송 순서가 배치되어 있고, 복음서 낭독 후 회중이 응답하며 신앙고백을 노래하는 찬송 "우리는 모두 한 분이며 참되신 하나님을 믿는다Wir glauben all an einen Gott"로 이어진다. 성찬례 순서에도 여러 절의 회중 찬송이 들어가 있다.[21] 루터가 처음부터 예배를 개혁하려고 했다기보다, 회중들의 요구가 생기면서 그에 따라 교회 공동체를 위한 작업이 필요해진 것이다. 그는 예배 개혁을 단행하기 전부터 교인들을 위한 회중 찬송을 만들었지만, 이와 같은 작업은 "직간접적으로 복음 선포를 위한" 봉사의 의미를 띠게 되었다.[22] 회중이 예배에 적극적으로 참여하려면 자연스럽게 독일어 찬송이 필요했던 것이다.

독일 회중 찬송의 역사를 보면, 초기에는 짧은 절로 된 노래 뒤에 "키리에레이스Kyrieleis"(주여, 우리에게 자비를 베푸소서)가 이어지는 단순한 형태였다. 이러한 노래들을 '라이젠'이라고 하며, 주로 순례나 행렬과 같은 특별한 행사에서 불렸고, 주일 미사에서는 드물게 사용되었다. 시간이 흐르며 이런 한 절짜리 찬송은 다절 찬송으로 확장되기도 했다. 그 예로, 루터 이전에 불렸던 부활절 찬송 "그리스도 부활하셨네"가 대표적이다. 14세기부터는 라틴어 찬송을 독일어로 번역하는 작업이 동시다발적으로 이루어졌다. 루터 시대에는 급진적 종교개혁자였던 토마스 뮌처도 이러한 번역 작업에 참여했다고 알려진다. 마르틴 루터에게 찬송가는 복음 선포의 중요한 도구였다. 그는 가사뿐만 아니라 곡도 복음의 기쁨을 전달해야 한다고 믿었다. 동시에 교육적 측면도 강조하면서, "이것이 거룩한 십계명 Dies sind die heil'gen zehn Gebot"과 같은 교리문답 찬송 시리즈를 작곡했고, 신앙고백, 세례, 주기도문에 관한 찬송가도 만들었다. 루터가 어린이 찬송의 중요성도 잘 알고 있었다는 사실은 크리스마스 송가 "하늘에서 내려왔네 Vom Himmel hoch" 같은 작품을 통해 확인할 수 있다.

　루터가 첫 찬송가를 작곡하게 된 계기는 1523년 7월 브뤼셀에서 일어난 비극적 사건이었다. 종교개혁을 지지하던 두 명의 아우구스티누스회 수도사가 화형에 처해진 사건이 그에게 깊은 영감을 주었고, 이에 대한 반응으로 찬송가를 작곡했다. 이 노래는 전단지로 널리 퍼졌으며, 외우기 쉬운 특성 덕분에 종교개혁의 메시지를 대중에게 효과적으로 전달할 수 있었다. 그 곡의 1절은 다음과 같다.[23]

　두 개의 큰 불 앞에

청년들이 끌려오자

모든 이가 놀라네.

그 고통의 멸시 앞에

기쁨으로 몸을 내어 주며

하나님을 찬양하네.

지혜롭다 자처하는 이들

새 일 앞에 기가 꺾여

하나님의 역사 드러나네.

회중이 부르는 '시편 찬송'은 마르틴 루터가 독창적으로 개척한 찬송 장르다. 마르쿠스 예니의 연구에 따르면, 이것은 루터 이전에는 존재하지 않았던 장르다. 하지만 루터가 시편 찬송을 만들어 예배에 사용하기 시작하자 "그 즉시 엄청나고 광범위한 효과를 발휘했다."[24] 루터의 시편 찬송 중 가장 유명한 작품은 시편 46편을 재해석한 "내 주는 강한 성이요 Ein feste Burg ist unser Gott"다. 이 찬송은 그리스도가 전쟁터 같은 삶을 지키고, 하나님의 말씀이 악한 마귀를 물리치며, 참된 믿음을 가진 성도들에게 하나님의 나라가 영원하다는 위로의 메시지를 담고 있다.

　루터는 작곡 활동에 그치지 않고, 동료들에게도 시편을 찬송 형식으로 번역하여 예배에 사용하도록 장려했다. 스트라스부르는 이러한 루터의 제안을 가장 먼저 수용한 도시로, 1524년부터 예배용 시편 찬송이 등장하기 시작했다. 이 영향

"Ein' feste Burg."

1533년 요제프 클루그가 개정하여 펴낸, 루터의 대표적 찬송가 "내 주는 강한 성이요" 악보. 루터에게 있어서 음악은 신학적이고 목회적 기능을 하는 도구였다. 종교개혁 500년이 지난 오늘까지도 교회 찬송가집에 그의 노래가 남아 있다는 것은 루터의 음악적 유산이 얼마나 오랫동안 영향력을 발휘했는지를 보여 준다.

은 곧 다른 종교개혁자들에게도 파급되어, 츠빙글리가 시편 찬송을 작곡하는 계기가 되기도 했으며, 뉘른베르크의 제화공 시인 한스 작스Hans Sachs(1494-1576)가 1526년에 13편의 시편 찬송을 출판하는 데 영감을 주기도 했다. 특히 주목할 만한 것은 칼뱅이 스트라스부르에서 독일어 시편 찬송을 접한 후, 이를 토대로 1539년 프랑스어로 된 《제네바 시편 찬송집Genevan Psalter》의 제작을 감독하게 되었다는 점이다. 이 시편 찬송집은 개혁교회 전통에서 널리 수용되었다.

그의 영향력은 1520년대부터 전단지와 찬송가집을 통해 로마교회가 지배적이던 오스트리아 지역으로도 퍼졌다. 1524년 티롤에서 출판된 찬송가집에서는 개신교 사상을 어렵지 않게 발견할 수 있다. 그리고 마침내 1574년에는 그라츠에서 안드레아스 프랑크Andreas Franck가 가톨릭과 개신교 찬송이 섞인 찬송가집을 출판했다는 흥미로운 기록도 있다. 그 이전인 1567년 바우첸에서 출판된 《참되고 올바른 신앙을 가진 고대의 사도적 기독 교회의 영적 찬송과 시편》은 반종교개혁 진영에서 나온 새로운 유형의 찬송가집이다. 이러한 역사적 맥락을 짚어 보면, "로마가톨릭 회중 찬송과 개신교 찬송가집의 역사는 루터의 공헌을 제외하고는 이해할 수 없다"는 주장은 매우 타당하다.[25] 16세기 최초의 포괄적인 로마가톨릭 찬송가집은 루사티아(현재 독일과 폴란드 국경 지역)에 있던 사도좌 행정관이 출판한 것이다. 이 가톨릭 찬송가집은 루터가 서문을 작성한 1545년 (발렌틴 밥스트가 인쇄한) 《라이프치히 찬송가집》에서 영향을 받은 것이 확실하다. 그러므로 루터를 개신교 찬송의 아버지이자 모든 찬송가집의 창시자라고 평가하는 것은 결코 과장이 아니다. 사실상 그의 음악적 유산은 독일을 넘어 전 세계 개신교 예배와 신앙생활에 지금까지도 깊고도 지속적인 영향을 미치고 있다.

    루터에게 찬송가집은 단순히 예배 의식서의 일부가 아니다. 그 책의 목적은 교회, 가정, 학교에서 그리스도인의 경건과 믿음을 증진하는 데 있으며, 음악의 중요성은 루터에게 너무나 자명하다. "학교에서 음악은 학과목으로 무조건 배정해야 한다. 가르치는 자라면 반드시 노래를 잘 부를 수 있어야 한다. 나는 음악이 뭔지 모르고 노래도 못하는 사람을 교사로 인정하지 않는다. 그런 자가 목사가 되려고 한다면 절대로 세우지 말라. 그는 학교로 돌아가 처음부터 다시 배워 오도록 돌려보내야 한다."[26]

    루터는 학교와 교회 사이에 유기적인 관계가 있다고 여겼다. 이는 종교개혁의 주요 관심사인 영혼과 지성의 전인적 교육과 관련이 있다고 할 수 있다. 중세에는 주로 수도원과 대성당 학교가 교육을 담당했지만, 종교개혁 시기에는 주로 두 가지 형태의 학교가 새롭게 등장했는데, 하나는 라틴어를 중심으로 한 도시 및 의회 학교이고, 다른 하나는 일반 대중을 위한 독일어 읽기·쓰기 학교였다. 라틴어 중심의 학교 교육과정에서 음악 수업은 특별한 위치를 차지했다. 이 수업은 학생들에게 음악적 소양을 가르칠 뿐만 아니라, 이들이 교회 예배에서 전례 봉사를 할 수 있도록 준비시켰다. 학생 합창단은 몇몇 성인 성가대원과 함께 교회 합창단으로 활동하기도 했는데, 이는 학교 음악과 교회 음악이 본질적으로 분리되지 않은 하나의 체계로 기능했다는 것을 의미한다.

루터는 교회 음악 발전을 위해 친구 요한 발터에게 다성 합창곡을 작곡해 줄 것을 의뢰했고, 그 결실로 1524년 비텐베르크에서 개신 교회 음악 역사상 최초의 합창 찬송가집이 출판된다. 여기에 루터의 대표곡인 "내 주는 강한 성이요"가 실려 있다. 당시 요한 발터는 토르가우의 선제후 궁정 합창단에서 베이스 성악가로 활동하고 있었는데, 1525년 프리드리히가 사망하고 그의 후계자 요한이 합창단을 해산시키자, 한동안 경제적으로 어려운 시간을 보내야 했다. 얼마가 지나 그는 토르가우 시립 학교의 교사가 되었는데, 거기서 '최초의 개신 교회 합창단'을 조직하게 된다. 이것으로 요한 발터는 루터교회 역사상 최초의 음악 감독, 즉 '시립 합창단 지휘자'라는 명예를 얻게 된다.[27] 루터는 《합창 찬송가집》 서문에 이렇게 썼다.

> 이 노래들은 4성부로 편곡되었는데, 이는 다름 아니라 젊은이들이 음악과 여타 올바른 예술을 교육받아야 한다고 생각하기 때문이다. 사랑 타령이나 음란한 노래 대신 여기 담긴 노래들로 유익한 것을 배우고 젊은이에게 어울리는 즐거움과 선한 것을 만끽하기를 바란다. 나는 복음으로 모든 예술을 파괴하고 없애 버려야 한다고 주장하는 일부 잘

못된 열광주의자들의 의견에 절대 동의하지 않는다. 오히려 그 반대다. 모든 예술, 특히 음악이 그것을 선물로 창조하신 분을 섬기는 데 사용되기 바란다.[28]

《합창 찬송가집》은 당시 유행하던 저질스러운 가사에서 벗어나 젊은이들을 좋은 음악으로 이끄는 교육적 가치에 무게를 둔다. 또한 루터는 서문에서 복음이 예술에 적대적이지 않으며, 오히려 음악을 포함한 모든 예술이 그것을 주시고 창조하신 하나님을 섬겨야 한다고 강조한다. 음악의 목적은 곧 하나님의 영광과 그분의 위대함을 찬양하는 것이다. 그렇다고 루터가 음악을 순수하게 예배와 신학에만 제한하는 원칙주의자는 아니다. 앞서 언급했듯이, 그는 집에서 류트를 들고 가족이나 식탁 동료들과 함께 노래를 부르기도 했다. 그에게 음악은 "인간이 만들어 낸 것이 아니라 하나님의 주신 선물이며 은사"다. 그래서 사람들을 행복하게 하고 모든 분노와 악덕을 잊게 하는 힘이 있다. 루터가 보기에 "신학 다음으로 최고 영예의 자리에 앉아야 하는 것은 음악이다."[29]

3. 신학과 음악

루터는 찬송을 창작하는 재능이 있었지만, 진짜 목표는 새로운 곡을 창작하는 것이 아니었다. 그보다는 기존 음악의 가사를 복음의 메시지에 맞게 정화하는 데 더 큰 관심을 두었다.

종교개혁 초기부터 노래는 루터파 신앙 공동체의 중요한 특징이었고, 실제로 종교개혁을 확산시키는 강력한 도구로 기능했다. 루터는 성악과 기악의 조화를 깊이 이해하고 사랑하는 재능 있는 음악가였다. 주목할 만한 점은 동시대 스위스 개혁자들인 츠빙글리와 칼뱅이 교회 음악에 대해 상당히 엄격하고 제한적인 입장을 취한 것과 달리, 루터는 음악에 매우 우호적인 태도를 보였다는 대목이다. 음악은 인간에게 기쁨을 주는 영광스럽고 신성한 하나님의 선물이기에 교회 예배에도 충분히 반영되어야 한다고 그는 강조했다.

루터는 "음악을 바꾸기보다 가사를 바꾸는 데" 초점을 두었다. 이는 그가 혁신적인 음악가로 기억되기보다는 복음을 전하는 개혁자로서의 정체성을 더 중요하게 여겼다는 점을 보여 준다. 그에게 음악의 목적은 분명하다. 음악은 "사랑하는 창조주와 그의 교회 공동체를 섬겨야 하며, 이를 통해 하나님이 찬양과 영광을 받으셔야 한다. 아름다운 음악으로 그의 거룩한 말씀이 마음에 새겨질 때 우리의 믿음이 성장하고 강해진다."[30] 1519-1521년에 쓴 시편 주해에서 이미 루터는 음악의 변질을 우려하며 "옛날에 음악은 신성하고 거룩했으나, 시간이 지나면서 다른 모든 것과 마찬가지로 화려함과 욕망의 도구가 되었다"고 지적한다.[31] 이러한 관점에서 루터에게 종교개혁의 음악적 과제는 분명했다. 인간의 자기표현과 욕망의 도구가 된 음악은 하나님과 복음을 섬기는 거룩한 목적으로 회복되어야 했다.

루터는 음악과 신학 사이에 본질적인 연결성을 발견했다. 그에게 음악은 단순한 예술적 표현이 아니라 신학적이고 목회적인 기능을 수행하는 도구다. 음악은 마음을 평화와 기쁨으로 이끌고, 마귀를 쫓아내며, 인간을 새롭게 한다. "언어의 은사와 노래의 은사는 인간에게만 주어졌다. 이는 말씀과 음악으로 하나님을 찬양해야 한다는 뜻이다. 즉, 음악을 통해 [하나님의 말씀을] 선포하고, 말씀에 달콤한 곡을 입히는 것이다."[32] 이런 관점에서 언어와 곡조를 결합하여 하나님을 찬양할 수 있다는 것은 인간이 다른 피조물과 구별되는 구분점이 된다.

말씀과 노래의 유기적인 결합은 루터의 예배 이해에서도 중요하다. 그래서 1544년 토르가우의 성채 교회 봉헌식에서 그는 이렇게 설교한다. "이 새 집의 목적은 오직 이것뿐입니다. 우리의 사랑하는 주님은 그의 거룩한 말씀으로 우리에게 말을 건네시고, 우리는 기도와 찬양으로 그분께 응답합니다. 여기서 이것 외에 어떤 일도 일어나지 않도록 해야 합니다."[33] 루터에게는 말만으로는 충분하지 않으며, "음표가 텍스트를 살아나게 한다."[34] 그는 심지어 하나님도 음악으로 복음을 전하신다고 말했고, 당대 저명한 음악가 조스캥 데 프레의 음악을 높이 평가하고 식탁에서 자주 노래했다.[35]

그는 기존의 라틴어 성가를 완전히 거부하지 않았지만, 사람들이 예배에서 모국어로 함께 노래할 수 있는 것이 중요하다고 생각했다. 그러나 가장 중요한 것은 노래를 통해 전달되는 말씀이다. 1542년 루터는 라틴어와 독일어로 된 장례곡을 모아 출판하며 라틴어 가사를 새롭게 다듬기도 했다.[36] 특히 주목할 점은 중세 그레고리오 성가에 대해 보인 균형 잡힌 태도다. 그는 책 서문에서 이렇게 말한다.

> 교황권 아래서 철야와 죽은 자를 위한 미사와 장례에 사용되었던 훌륭한 음악과 노래를 우리가 수집한 것은 이 때문이다. 그중 몇 가지 훌륭한 예를 이 책자에 인쇄했으며, 우리보다 더 재능 있는 누군가에 의해 앞으로도 더 많이 수집될 것이다. 그러나 우리는 이 음악에 다른 가사를 붙이고 부활의 조항을 넣었다. 원래는 연옥과 그 고통, 죄에 대한 보상에 관한 가사가 있었는데, 죽은 자가 잠들거나 쉬지 못하게 하는 내용들이었다. 그 곡과 음이 너무 소중해서 그것들이 사라지는 것은 아깝다. 다만 가사와 단어들은 비기독교적이고 터무니없어서 없앨 수밖에 없다.[37]

루터는 중세 교회의 아름다운 전통 음악과 노래의 예술적 가치를 깊이 인정하며, 그가 편찬한 책자에 인쇄된 것보다 더 많은 전통 음악을 교회 예배에 도입하기 원했다. 그러나 가사가 연옥, 죄에 대한 보상 등 중세적이고 비성경적인 신학을 담고 있어 기독교적 장례와 부활의 소망과 양립할 수 없다고 판단했다. 그래서 곡조는 유지하되 가사는 복음적으로 다듬어야 했다. "특히 대성당과 본당 교회에는 훌륭하고 아름다운 노래와 음악이 많다. 그러나 안타깝게도 온갖 불결하고 우상 숭배적인 가사로 쓰여 있다."[38]

주목할 것은 루터가 모든 교회에서 동일한 가사와 음악을 사용하는 획일성을 추구하지 않았다는 점이다. 그는 각 교회가 고유한 곡조와 전통을 유지해야 한다고 생각했다. "나 자신도 젊을 때 익숙했던 응답송이나 여타 노래의 음이 낯설게 변하는 것을 듣고 싶지 않다." 예를 들어, 비텐베르크에서 출판된 《장례를 위한 기독교 찬송집: 라틴어와 독일어》(1542)에 독일어 찬송뿐만 아니라 라틴어 응답송도 넣었는데, 이를 통해 의도적으로 전통과의 연속성을 유지하면서도 개신교적 의미에서 음악들을 발전시켰다.[39] 루터의 일반적인 목표는 갱신된 교회에서 라틴어 합창의 풍부한 유산을 버리지 않는 것이었다. 그는 전통에 일정한 권위를 부여했는데, 종교개혁의 핵심 통찰이 보존되는 한 예술적 자유를 제한하지 않기를 원했다.

이러한 접근을 통해, 루터의 독일어 찬송 즉 모국어 찬송은 "그때까지 교회에서 묵인되거나, 종종 거부되고, 드물게 장려되다가 이제는 종교개혁 프로그램의 본질적이고 필수적인 부분"이 되었다.[40] 이 찬송들은 예배 외에도 가정과 학교에서 널리 불리며, 끊임없는 확장과 보완, 변화에 열려 있었다. 그리고 이러한 루터의 접근은 로마가톨릭 교회의 찬송 전통도 풍성하게 하는 데 기여했다. 루터교 찬송의 특징은 구원사에 초점을 맞춘다는 점이다. 중세 찬송에서 흔히 발견되던 모방

imitatio, 감정의 강조, 비유적 표현보다는 하나님이 우리를 위해 행하신 일에 대한 찬양과 감사, 신자의 적극적인 믿음을 북돋우는 데 중점을 두었다. 루터가 복음에 부합하는 음악을 창작하려 했던 노력은 후대에 요한 세바스티안 바흐(1685-1750)의 칸타타, 모테트, 오라토리오, 수난곡과 헨델(1685-1759)의 오라토리오로 이어진다. 루터 사망 1년 전인 1545년에 출판된 《밥스트 찬송가집 *Bapstsche Gesangbuch*》은 그가 서문을 쓴 당시까지 가장 포괄적인 루터교회 찬송가집이었고, 18세기까지 루터교 찬송가 편집의 기초가 되었다. 이 찬송가집이 로마가톨릭 교회로 하여금 자체 독일어 찬송가집을 출판하도록 영감을 주었다는 점은 루터의 음악적 개혁이 얼마나 광범위한 영향력을 미쳤는지 잘 보여 준다.

토론을 위한 질문

1. 루터는 음악과 신학 사이에 어떤 연관성이 있다고 보았는가?

2. 루터의 찬송가와 예배 의식에 대한 접근 방식은 어떻게 교파를 초월하여 기독교에 영향을 미쳤는가?

3. 오늘날 그리스도인들은 예술과 복음의 관계를 어떻게 이해해야 할까?

루터로부터 시작된 영향력은
개신교만이 아니라,
인식하지 못하는 사이에
가톨릭까지 갱신하게 만드는
촉매 역할을 했다.
뿐만 아니라 그는
독일어와 일반 사회와 일상에도
지대한 공헌을 했다.
그는 루터교회만의 인물이 아니다.
마르틴 루터는 무엇보다
모든 그리스도인들,
그리고 타인을 위해 봉사하며
더불어 살아가는 모든 이들의
모범이다.

15

마르틴 루터:
이단인가, 성인인가, 개혁자인가?

루터가 사망하자 구시대적 신앙관을 가진 사람들 사이에서 온갖 이야기가 퍼졌다. 예를 들어, 죽음을 앞두고 자신의 교리적 입장을 철회했다거나, 침대 기둥에 목매달아 자살했다는 이야기, 심지어 그 집에서 유황 냄새가 났다는 이야기도 돌았다. 사탄이 루터의 영혼을 지옥으로 끌고 갔다는 뜻이다. 내가 1981년 레겐스부르크 대학교에서 개신교 신학 교수직을 맡았을 때, 로마가톨릭 사제 테오발트 베어 Theobald Beer(1902-2000)는 루터가 처음부터 무신론자였다고 주장하면서 나를 설득하려고 했다. 오늘날에도 일부 극단적인 보수주의자들은 여전히 루터를 이단자로 규정하곤 한다. 하지만 이런 주장들은 현대 주류 로마가톨릭 신학자들에 의해 강하게 반박되고 있다.

사려 깊은 가톨릭 신자들이 종종 제기하는 질문은 이런 것이다. '루터가 교회를 분열시키지 않았는가? 그 분열로 오늘까지 우리가 고통받고 있지 않은가?' 16세기의 교회 분열이 이 시대에도 영향을 미치고 있다는 점은 부인할 수 없다. 그러나 우리는 그때도 교회가 이미 분열의 역사를 걸어오고 있었다는 사실을 기억해야 한다. 1054년 7월 16일, 교황 레오 9세가 그리스 교회 즉 정교회에 금지령을 선포하면서 동방교회와 서방교회가 나뉘었다. 1415년 콘스탄츠 공의회에서 얀 후스가 화형당한 후 보헤미아에서 후스파가 일어났고, 이후로 그들은 교황의 권위 안으로 들어오지 않았다. 잉글랜드의 헨리 8세도 1534년 수장령으로 로마에서 독립하여 잉글랜드 국교회의 수장이 되었다. 이런 역사적 맥락을 고려할 때, 루터만 교회를 분열시킨 인물이라고 지적할 수 있을까? 그는 일종의 불법자로 간주되어 교회에서 쫓겨난 것은 아닐까? 그는 생애 마지막까지 로마교회가 그의 개혁안을 받아들이지 않고 새로운 교회가 생겨나는 현실을 괴로워했다. 그는 결코 자신의 이름을 딴 교회가 생겨나기를 원하지 않았다.

루터의 유산을 논할 때 피할 수 없는 또 다른 문제는 반유대주의적 입장이다. 특히 2017년 종교개혁 500주년을 맞아 유대인을 향한 루터의 끔찍한 발언들이 다시 주목받았다. 나치 시대에 율리우스 슈트라이허 Julius Streicher(1885-1946)와 같은 국가사회주의 지도자들이 루터의 이러한 발언을 자신들의 이데올로기를 정당화하는 데 이용한 것은 사실이다. 그러나 루터의 발언이 변명의 여지가 없다는 점을 인정하면서도, 그의 주장이 나치의 인종주의적 이데올로기(북유럽 인종이 우월하며, 슬라브족, 집시, 유대인과 같은 '열등한' 민족을 제거해야 한다는 생각)와는 본질적으로 다른 맥락에서 나왔다는 점을 구분할 필요가 있다. 이와 더불어 루터의 반유대적 견해가 당시 시대적 흐름과 일치했다는 점도 역사적 맥락에서 짚어야 한다. 이미 1290년 에드워드 1세가 잉글랜드에서 유대인들을 추방했던 역사가 있고, 1492년 스페인과 1506년 리스본에서도 유대인 추방이 있었다. 심지어 인문주의 학자로 널리 존경받던 에라스무스조차 1517년에 프랑스가 유대인과 혼혈 유대인들로부터 오염되지 않았다고 칭찬할 정도였다.[1] 1519년만 해도 레겐스부르크 대성당 설교자 발타자르 후브마이어가 주도하여 도시에 거주하던 유대인을 축출하고 유대인 집성촌을 철거한 후 그 자리에 마리아 교회를 세운 사건도 있다. 루터의 경우, 종교개혁 초기에는 유대인들과 우호적인 관계를 유지했지만, 말년에 이르러 당시 지배적인 반유대적 정서에 휩쓸리고 말았다. 이는 루터 개인의 한계이자 그가 살았던 시대의 어두운 측면이기도 하다.

    루터도 분명히 약점이 있고 그것은 종종 그의 공격적인 발언에서 드러난다. 그렇다고 해서 그를 이단자로 단정 지을 수는 없다. 이와 반대로, 성인으로 격상시키는 것도 그의 복잡한 면모를 고려할 때 적절치 않다. 개혁자로서 그는 교부들과 성인을 높이 평가했는데, 그들이 신앙과 삶의 모범이 될 수 있다고 보았기 때문이다. 하지만 성인들이 인간과 하나님 사이의 중재자 역할을 한다는 관점은 강력하게 거부한다. 루터에게 유일한 중재자는 예수 그리스도였고, 그를 통해서만 우리가 하나님 아버지께 나아갈 수 있다고 믿었다. 루터 자신은 결코 성인으로 여겨지기를 원하지 않았다. 루터교회는 어떤 경우에도 그를 후광을 가진 모습으로 묘사하지 않는다. 그는 항상 자신도 다른 모든 사람과 같은 인간이고, 약점과 강점을 동시에 지닌 존재라는 사실을 잘 알고 있었다. 처음부터 교회나 독일의 개혁자가 되겠다는 확고한 목표를 가진 것은 아니었으며 오히려 그 반대였다!

루터는 당시 모두를 괴롭히던 문제로 고민했는데, 그것은 바로 '어떻게 하면 하나님의 은혜를 내 것으로 만들 수 있을까' 하는 것이었다. 16세기 유럽에서 삶은 짧았고, 고통스러웠다. 사람들은 고난, 결핍, 질병으로 40세를 넘기기 어려웠고, 이런 상황에 무력했다. 지상에서 긍정적인 것을 기대할 수 없기에, 적어도 하나님의 은혜로 천국의 영광을 확보하고 싶어 했다. 이런 열망으로 여러 단체와 수도원이 세워지고, 온갖 참회 훈련이 행해졌으며, 루터와 같은 사람들이 수도원에 발을 들였다. 그러나 루터는 수도원 생활 속에서도 자신이 하나님이 원하시는 죄 없는 모습, 하나님을 기쁘시게 하는 인간이 될 수 없음을 곧 깨달았다. 수도원에서의 큰 전환점은 루터가 생애 처음으로 성경을 직접 읽을 기회를 얻었다는 점이다. 성경 연구는 그를 구원의 참된 근원인 그리스도께로 인도하게 된다. 그는 성경을 통해, 인간의 노력만으로는 구원을 얻는 것이 불가능하다는 사실을 깨달았다. 그리스도를 통해 루터는 하나님이 우리의 죄를 벌하시는 복수심에 찬 심판자가 아니라, 우리를 사랑하는 아버지처럼 받아들이신다는 것을 이해하게 되었다. 이러한 깨달음은 우리가 전적으로 하나님께 의지할 때 가능해진다. 루터는 하나님의 은혜에 대한 지식이 점차 자라났고, 이 은혜는 그리스도를 통해 우리에게 주어진다는 확신을 얻게 되었다. 하지만 이런 지식이 교회에서도 제대로 전달되고 있었을까?

튀빙겐 대학교의 로마가톨릭 신학자 노르베르트 그라이나허Norbert Greinacher는 15세기 교회의 상태를 다음과 같이 설명한다.

> 15세기의 교회는 신학적 뿌리와 민중을 향한 사명과는 너무 멀어진 기관이 되어 버렸다.… 그 안에는 예수의 사명을 알려 주는 것이 거의 남아 있지 않았다. 그것은 오히려 음모와 권력, 부로 특징지어진 기관이었다. 르네상스 교황 시대의 끔찍한 이야기들은 널리 퍼져 있었고, 주교의 궁정과 대수도원에서도… 별반 다르지 않았다. 교회는 세속적 기관이 되어 있었다.… 뛰어난 몇몇 인물들이 보이지만, 불행히도 교회 전체의 모습을 밝히기에는 턱없이 부족하다.[2]

도시의 지식인과 귀족들이 교회를 '머리부터 발끝까지 개혁하라'고 요구한 것은 당연한 일이었다. 가톨릭 교회사학자 요제프 슈타버 Josef Staber(1912-1981)는 레겐스부르크 대교구의 역사를 서술하면서 판크라츠 폰 진첸호펜 주교(1538-1548 재임)에 관해 기록했다. 그는 레겐스부르크 주교들의 여름 별장인 뵈르트 성에 거주했는데, 슈타버는 그가 대주교로 선출된 것을 두고 교회 지도부의 '매우 불행한 선택'이라고 표현한다. 종교개혁 시기 개신교 신앙이 교구 안에서 빠르게 확산하는 상황에서 가톨릭 신앙을 굳건히 수호할 정직한 지도자가 필요했지만, 판크라츠는 정반대였다. 그는 자신을 선출해 준 성직자들에게 성직록聖職祿을 보상으로 주었다. 성직록은 임명된 지역에서 정당한 직무를 수행할 때만 받을 수 있지만, 판크라츠는 지역에 거주하지도 않는 성직자의 이름을 올리고 복수 성직을 인정하는 등 온갖 부정한 방법을 동원하여 성직록을 빼돌렸다. 게다가 그는 사제의 독신 의무 조항을 저버린 "아들을 둔 아버지였는데, 1541년 레겐스부르크 제국의회는 그가 아들을 두었음에도 이를 합법으로 인정했고, 그에게는 정신병까지 있었다."[3]

루터는 교회의 이런 심각한 문제들을 점점 더 많이 알게 되었다. 하지만 초기에는 교황이 이런 문제들을 알게 된다면 분명히 조치를 취할 것이라고 순진하게 생각했다. 하지만 교황이 해결책이 아니라 문제의 핵심이라는 사실을 점차 깨닫게 된다. 교황 알렉산더 6세(1492-1503 재임)는 껍데기 신자를 넘어 불가지론자였고, 율리우스 2세(1503-1513)에게 붙은 '무시무시한 자'라는 별명은 우연이 아니었다. 그는 예산 대부분을 전쟁에 사용했다. 그럼에도 그는 1506년부터 성 베드로 대성당 건축을 추진하고 르네상스 예술을 후원하기도 했다. 그런데 이에 필요한 자금은 거의 면죄부 판매를 통해 조달했다. 루터는 이러한 사실들을 알게 되면서 성서학 교수로서 양심에 가책을 느꼈고, 결국 의도치 않게 개혁자가 되었다. 그렇다면 그는 어떤 일을 했을까?

그때는 후기 르네상스 시대였고, 따라서 마르틴 루터는 원천으로 돌아가는 방식을 택했다. 그에게 이는 성경으로 돌아가는 것을 의미한다. 성경을 모르면 진정한 그리스도인이 될 수 없다고 믿었기에, 일반 대중이 이해할 수 있는 언어로 성경을 번역했다. 하지만 당시 문맹률이 높았던 탓에 우선 읽는 법부터 가르쳐야 했다. 이에 남녀 모두를 위한 도시 교육기관 확장을 추진하게 된다. 특히 당시 교육 대상에서 제외되던 여성들을 포함하는 것은 대단히 혁신적인 시도였다. 루터는 기독교 신앙 이해를 돕기 위해 《소교리문답》과 《대교리문답》을 쓰고, 기도서와 찬송가집도 제작했다. 노래로 부르는 것이 단순히 읽는 것보다 더 잘 기억된다고 생각했기 때문이다. 또한 목회자의 교육 수준을 향상하는 일과 회중이 찬송을 통해 예배에 참여할 수 있는 예배 의식을 발전시키는 데도 힘썼다. 이러한 루터의 개혁이 가톨릭교회에 미친 영향은 무엇일까?

이 대목에서 "경쟁이 사업을 자극한다"라는 속담이 적절할 것이다. 트리엔트 공의회는 종교개혁 노선으로부터 엄격하게 경계를 긋는 중요한 역할을 하게 된다. 예를 들어, 루터가 히브리어 구약과 그리스어 신약성경으로 돌아간 것과 달리, 가톨릭교회는 라틴어 성경인 불가타Vulgate를 공식 교리의 원천으로 지정하게 된다. 이와 더불어 성례의 수를 개혁자들과 달리 일곱 개로 확정하게 된다. 트리엔트 공의회는 종교개혁의 핵심 교리인 칭의론에 대해서도 상세히 다루며, 개혁적 요소로 인식되는 것들을 거부하고 가톨릭의 입장을 공고히 확립했다. 이러한 대립은 오늘날에 이르러서야 서서히 극복되고 있다. 또한 이 공의회는 면죄부 제도와 같은 심각한 악습을 폐지하고, 사제들이 돈을 내고 여러 주교직을 동시에 맡는 불법을 금지했다. 성직자들의 더 나은 교육을 위해 신학교가 설립되고, 루터가 하나님의 말씀 선포로서 중요시한 설교 의무가 도입되었다. 사제 독신제가 의무화된 것도 이 공의회의 결실이다. 이로써 사제들은 더 이상 사실혼 관계를 맺을 수 없게 되었다. 기독교 신앙 교육을 위해 로마 교리문답이 도입되었고, 예배를 위한 찬송가집도 만들어졌다. 이러한 개혁의 상당 부분은 루터의 정신과 일치한다.

루터의 영향을 받은 개혁 중 일부는 제2차 바티칸 공의회에 이르러서야 실현되었다. 이때 비로소 평신도의 지위가 향상되고, 평신도 사도직이 "교회의 구원하는 사명에 참여하는 것"임을 인정하고, "성경에 대한 무지는 그리스도에 대한 무지"임이 강조되었다.⁴ 이와 더불어, 트리엔트 공의회에서 개혁자들에 대항하여 규범으로 정한 라틴어 불가타를 넘어 성경의 그리스어와 히브리어 원문으로 돌아갈 것과, "분리된 형제들"(개신교인들)과 협력하여 "성경 원문을 다양한 언어로 유용하고 정확하게 번역할 것"을 요구했다.⁵

이 맥락에서 성만찬(성체성사)을 둘러싼 논쟁을 살펴볼 필요가 있다. 종교개혁 시기에 루터교인들에게는 성만찬이 빵과 포도주 두 가지 형태로 신자들에게 제공되는 것이 중요했다. 반면 가톨릭 측에서는 신자들에게는 성체만 제공하고, 사제에게만 빵과 포도주가 모두 허용되었다. 그러나 현재는 로마가톨릭에서도 신자들이 둘 다 받는 것이 가능해졌다(이는 제2차 바티칸 공의회 이후 개혁의 일환으로 이루어진 변화다. 공의회 문헌인 〈전례 헌장 Sacrosanctum Concilium〉과 이후 교황청의 지침에 따라, 지역 주교의 재량과 특정 상황에 따라 신자들이 양형 성찬을 할 수 있도록 허용되었다. 1970년대부터 미국과 유럽의 많은 가톨릭교회들이 이를 수용했다. 다만 이는 의무 사항이 아닌 선택 사항으로, 여전히 성체만 제공하는 미사가 일반적이다―역주).

성만찬에서 또 다른 쟁점은 실체변화설 transubstantion(화체설)이다. 제4차 라테란 공의회(1215년)에서는 정식으로 서품받은 사제를 통해 빵과 포도주의 보이지 않는 실체 substance가 그리스도의 몸과 피로 변화한다고 강조했다. 그러나 빵과 포도주의 우유성 accidents 즉 외형은 변하지 않는다. 이는 아리스토텔레스에 기원을 둔 실체와 우유성의 철학적 구분에 기초한 것이다. 20세기 후반에 이르러 가톨릭과 루터교 신학자들은 교리적 대화를 통해 성만찬에 관한 서로의 입장을 더 깊이 이해하게 되었다. 그들은 다음과 같은 중요한 공통점을 발견하게 된다. 양측 모두 성만찬에서 그리스도가 실제로 현존하심을 믿고(루터교는 이를 실재설이라 하고 가톨릭은 화체설이라 표현한다), 양측 모두 성만찬을 통해 신자들이 그리스도와 진정한 교제를 나눈다고 믿으며, 양측 모두 성만찬이 단순한 상징이나 기념 이상의 것이라고 이해한다는 점이다. 이러한 깨달음으로 가톨릭 측은 '의미변화 trans-signification'라는 개념을 수용할 수 있게 되었다.[6] 이는 실체 변화를 뜻하는 화체설을 부정하지 않으면서도, 성만찬의 의미와 목적에 더 초점을 맞춘 접근법이라고 할 수 있다. 성만찬의 요소들(빵과 포도주)은 단순히 물리적으로 변화하는 것이 아니라, 그리스도를 나타내고 그분과의 교제를 가능하게 하는 의미의 변화를 겪게 된다는 것이다. 빵과 포도주 안에 그리스도가 본질적으로 현존함으로써 그 요소에 중대한 변화가 일어난다는 이런 생각에도 루터의 이해가 긍정적 영향을 미쳤다고 볼 수 있다.

그럼에도 여전히 의견 차이가 있는데, 가톨릭의 이해에 따르면 자신의 주교와, 나아가 로마의 주교와 일치하는 사제만이 완전히 유효한 성체성사를 집전할 수 있기 때문이다. 당연히 개신교에서는 이러한 조건이 충족될 수 없다. 아마도 미래에는 성만찬이 특정 교회의 성례가 아니라 그리스도의 만찬이며, 그리스도는 분열시키지 않고 하나로 묶는다는 관점

마르틴 루터, 그에 대한 평가는 처음부터 무신론자였다는 이야기에서부터 교회를 분열시킨 이단자, 교회의 성인, 탁월한 종교개혁가라는 평가에 이르기까지 다양하다. 분명한 것은 그가 모든 그리스도인들, 그리고 타인을 위해 봉사하며 살아가는 모든 이들의 모범이었다는 것이다. 사진은 비텐베르크 성채 교회당 내부에 안장된 루터의 묘.

이 우세해질 것이다. 그렇게 된다면 이 논쟁점도 해소되어 서로를 주님의 식탁에 초대하게 될 날이 올 것이다.[7]

루터의 영향력은 교회의 울타리를 넘어선다. 그의 성경 번역은 현대 표준 독일어 형성에 결정적인 역할을 했으며, 다양한 표현과 속담을 통해 독일어를 풍부하게 만들었다. 하나님은 모든 개인을 하나님과 이웃을 책임질 수 있는 특정한 직업과 여러 봉사의 일로 부르셨다는 '직업 소명론'은 오늘날에도 유효한 직업윤리를 촉진하고 있다. 효율성, 청렴함, 직무에 대한 충성으로 특징지어지는 이른바 프로이센 공무원 제도도 루터의 직업 소명론이 없었다면 결코 성립될 수 없었을 것이다.

루터는 누구였으며, 왜 루터파 교인이 아닌 사람들에게도 중요할까? 그는 토마스 아퀴나스와 같은 규모의 신학자는 아니었다. 오히려 그는 바울과 아우구스티누스의 전통에 서 있던 그리스도인으로, 이 전통 안에서 온 우주의 창조주인 하나님이 인간에게 베푸신 값없는 은총을 새롭게 빛나게 했다. 이 하나님의 값없는 은총에 대한 깨달음은 많은 이들이 이웃에게 다가가도록 영감을 주었고 우리는 코로나 위기를 겪으며 이것을 경험할 수 있었다. 루터로부터 시작된 영향력은 개신교만이 아니라, 인식하지 못하는 사이에 가톨릭까지 갱신하게 만드는 촉매 역할을 했다. 뿐만 아니라 그는 독일어와 일반 사회와 일상에도 지대한 공헌을 했다. 그래서 2017년 루터의 95개 논제 발표 500주년을 단지 종파적 행사로 끝내지 않은 것은 매우 타당했다. 마르틴 루터의 영향력은 독일 교회와 국민을 훨씬 넘어서기 때문이다. 그는 루터교회만의 인물이 아니다. 그러므로 그의 이름을 딴 교회를 세운 것이 그렇게 옳지만은 않은 것 같다. 마르틴 루터는 무엇보다 모든 그리스도인들, 그리고 타인을 위해 봉사하며 더불어 살아가는 모든 이들의 모범이다.

토론을 위한 질문

1. 루터가 남긴 다양하고도 복잡한 유산을 어떻게 평가하는가?

2. 루터교인과 비루터교인들은 루터 사상의 유익한 측면들을 오늘날 어떻게 계승해 나가야 하겠는가?

참고 문헌

Althaus, Paul. *The Ethics of Martin Luther*. Translated by Robert Schultz. Philadelphia: Fortress, 1972.

─────. *The Theology of Martin Luther*. Translated by Robert Schultz. Philadelphia: Fortress, 1966.

Anttila, Miikka. *Luther's Theology of Music: Spiritual Beauty and Pleasure*. Berlin: de Gruyter, 2013.

Barth, Hans-Martin. *The Theology of Martin Luther: A Critical Assessment*. Minneapolis: Fortress, 2013.

Bayer, Oswald. *Martin Luther's Theology: A Contemporary Interpretation*. Translated by Thomas H. Trapp. Grand Rapids: Eerdmans, 2008.

Brecht, Martin. *Martin Luther: His Road to Reformation, 1483-1521*. Translated by James L. Schaaf. Philadelphia: Fortress,

1985.

———. *Martin Luther: Shaping and Defining the Reformation, 1521-1532*. Translated by James L. Schaaf. Minneapolis: Augsburg Fortress, 1990.

———. *Martin Luther: The Preservation of the Church, 1532-1546*. Translated by James L. Schaaf. Minneapolis: Augsburg Fortress, 1992.

Elert, Werner. *The Structure of Lutheranism: The Theology and Philosophy of Life of Lutheranism, Sixteenth and Seventeenth Centuries*. Vol. 1. Translated by Walter Hansen. St. Louis: Concordia, 1962, 1974.

Grane, Leif. *The Augsburg Confession: A Commentary*. Translated by John Rasmussen. Minneapolis: Augsburg, 1987.

Kittelson, James M. *Luther the Reformer: The Story of the Man and His Career*. Minneapolis: Augsburg, 1987.

Kolb, Robert, and Charles P. Arand. *The Genius of Luther's Theology: A Wittenberg Way of Thinking for the Contemporary Church*. Grand Rapids: Baker, 2008.

Kolb, Robert, Irene Dingel, and Lubomír Batka, eds. *Oxford Handbook of Martin Luther's Theology*. Oxford: Oxford University, 2014.

Lohse, Bernhard. *Martin Luther: An Introduction to His Life and Work*. Translated by Robert C. Schultz. Philadelphia: Fortress, 1986.

———. *Martin Luther's Theology: Its Historical and Systematic Development*. Translated by Roy A. Harrisville. London: T&T Clark, 1999.

Luther, Martin. *D. Martin Luthers Werke: Kritische Gesamtausgabe*.

McGrath, Alister E. *Luther's Theology of the Cross: Martin Luther's Theological Breakthrough*. 2nd ed. Malden, MA: Wiley-Blackwell, 2011.

Oberman, Heiko A. *Luther: Man between God and the Devil*. Translated by Eileen Walliser-Schwarzbart. New Haven: Yale University Press, 1986.

Pelikan, Jaroslav. *Obedient Rebels: Catholic Substance and Protestant Principle in Luther's Reformation*. New York: Harper & Row, 1964.

Stjerna, Kirsi I., and Brooks Schramm. *Martin Luther, the Bible, and the Jewish People*. Minneapolis: Fortress, 2012.

Wengert, Timothy J., gen. ed. *Dictionary of Luther and the Lutheran Traditions*. Grand Rapids: Baker Academic, 2017.

Wilson, Derek. *Out of the Storm: The Life and Legacy of Martin Luther*. London: Hutchinson, 2007.

약어표

LW	*Luther's Works: American Edition*. Vols. 1-30 edited by Jaroslav Pelikan. Vols. 31-54 edited by Helmut T. Lehmann. Vols. 56- edited by Christopher Boyd Brown. St. Louis: Concordia; Philadelphia: Fortress, 1955-1967; St. Louis: Concordia, 1968-.
WA	*D. Martin Luthers Werke: Kritische Gesamtausgabe; Schriften*, 73 vols. Weimar: Hermann Böhlaus Nachfolger, 1883-2009.
WA BR	*D. Martin Luthers Werke: Kritische Gesamtausgabe; Briefwechsel*. 18 vols. Weimar: Hermann Böhlaus Nachfolger, 1930-1985.
WA DB	*D. Martin Luthers Werke: Kritische Gesamtausgabe: Die Deutsche Bibel*. 12 vols. Weimar: Hermann Böhlaus Nachfolger, 1906-1961.
WA TR	*D. Martin Luthers Werke: Kritische Gesamtausgabe; Tischreden*. 6 vols. Weimar: Hermann Böhlaus Nachfolger, 1912-1921.

주

들어가는 글

1. Karl Lehmann and Wolfhart Pannenberg, eds., *The Condemnations of the Reformation Era: Do They Still Divide?*, trans. Margaret Kohl (Minneapolis: Fortress, 1990), 168; *Lehrverurteilungen - kirchentrennend? Rechtfertigung, Sakramente und Amt im Zeitalter der Reformation und heute*, hg. v. Karl Lehmann und Wolfhart Pannenberg (Freiburg: Herder, 1986), 177.
2. *Condemnations of the Reformation Era*, 169.
3. Peter Manns, "Was macht Martin Luther zum 'Vater des Glaubens' für die eine Christenheit?", in *Martin Luther "Reformator und Vater im Glauben": Referate aus der Vortragsreihe des Instituts für Europäische Geschichte Mainz*, hg. v. Peter Manns (Wiesbaden: Franz Steiner, 1985), 15.

4. "Declaration on the Doctrine of Justification," October 31, 1999, 서문, 5항, https://tinyurl.com/mr2p3uee.
5. 1996년 독일 파더보른에서 요한 바오로 2세가 '독일 복음주의 교회'와 '독일 기독교 교회 협의회' 대표들에게 한 연설. https://tinyurl.com/mtawn3uy.

1장 신앙의 기본 원리

1. "The Formula of Concord (The Epitome)", in *The Book of Concord: The Confessions of the Evangelical Lutheran Church*, ed. Robert Kolb and Timothy J. Wengert (Minneapolis: Fortress, 2000), 486. 일치신조문 (1577) 제1항,《신앙고백서》(컨콜디아사), 465.
2. Martin Luther, "Against the Heavenly Prophets in the Matters of Images and Sacraments" (1525), LW 40:98.
3. Martin Luther, "A Mighty Fortress Is Our God", in *Evangelical Lutheran Worship* (Minneapolis: Augsburg Fortress, 2006), 503, stanza 2.
4. Karl Barth, "The Christian Community and the Civil Community", in *Community, State and Church: Three Essays* (Gloucester, MA: Peter Smith, 1968), 134, 186; Karl Barth, *Rechtfertigung und Recht und Christengemeinde und Bürgergemeinde* (Zürich: Theologischer Verlag, 1979²), 34, 80.
5. Martin Luther, *Der Große Katechismus*, in *Die Bekenntnisschriften der Evangelisch-Lutherischen Kirche*, 1110. 《마르틴 루터 대교리문답》(복있는사람, 최주훈 역).
6. Philipp Melanchthon, *Apologia Confessionis Augustanae*, in *Die Bekenntnisschriften der Evangelisch-Lutherischen Kirche*, 512.
7. Martin Luther, *Large Catechism*, in *Luther's Works* (Philadelphia: Fortress Press), 440.
8. Martin Luther, *Vorlesung über den Hebräerbrief* (1517), *Weimarer Ausgabe* (WA) 57/III:99.3f., Scholie zu Heb 1:2.

9. Martin Luther, *Vorreden zum Neuen Testament* (Vorrede zum Jakobusbrief, 1522), *Weimarer Ausgabe* (WA) DB 7:384.25-32.
10. Martin Luther, *Schmalkaldische Artikel*, in *Die Bekenntnisschriften der Evangelisch-Lutherischen Kirche*, 776.

2장 세계를 향한 개혁

1. Martin Luther, Brief an Spalatin vom 20. Juli 1519, *Weimarer Ausgabe* (WA) BR 1:422.65-66 (Nr. 187).
2. Amedeo Molnár, "Luthers Beziehungen zu den Böhmischen Brüdern", in *Leben und Werk Martin Luthers von 1526 bis 1546*, hg. v. Helmar Junghans (Göttingen: Vandenhoeck & Ruprecht, 1983), 1:627-639.
3. Martin Luther, *Von den neuen Eckischen Bullen und Lügen* (1529), WA 6:587.21-24.
4. Briefe von Johann Poduška und von Wenzel von Roždalowky (17. Juli 1519) und Brief Luthers an Johann Staupitz (3. Oktober 1519) WA BR 1:514.27-30.
5. Martin Luther, *Vom Anbeten des Sakraments des heiligen Leichnams Christi* (1523), WA 11:432.1-3.
6. Martin Luther, *An Benedict Bavorinský, Bischof der böhmisch-mährischen* Brüder, vom 18. April 1535, WA BR 7:176 (Nr. 2189).
7. Amedeo Molnár, "Luthers Beziehungen zu den Böhmischen Brüdern", 1:637.
8. Zum Folgenden vgl. James Atkinson, "Luthers Beziehungen zu England", in *Leben und Werk Martin Luthers von 1526 bis 1546*, hg. v. Helmar Junghans, 1:677-687.
9. Johann Froben an Luther vom 14. Februar 1519, WA BR 1:332.26.
10. Brief Nr. 93 von "Archbishop Warham to Cardinal Wolsey", in

Original Letters, llustrative of English History, Henry Ellis, Hg., Third Series, Bd. 1 (London: Richard Bentley, 1846), 239.

11. 이하 단락은 아래 글을 참조하라. Martin Schwarz, "Luthers Beziehungen zu Skandinavien", in Helmar Junghans, Hg., *Leben und Werk Martin Luthers von 1526 bis 1546*, 1:689-697.

12. Ulrich Gäbler, "Luthers Beziehungen zu den Schweizern und Oberdeutschen von 1526 bis 1530/1531", in Helmar Junghans, Hg., *Leben und Werk Martin Luthers von 1526 bis 1546*, 1:482.

13. *Das Marburger Gespräch und die Marburger Artikel* (1529), WA 30/III:170.5-14.

14. Johann Calvin an Luther, 21. Januar 1545, WA BR 11:28.1 (Nr. 4072).

15. Brief Nr. 120 von Calvin an Bullinger vom 25.11.1544, in *Johannes Calvins Lebenswerk in seinen Briefen. Eine Auswahl von Briefen Calvins in deutscher Übersetzung*, Rudolf Schwarz, Hg., Bd. 1 (Tübingen: J.C.B. Mohr, 1909), 201.

16. "Luther an Bucer", WA BR 8:569.29-31 (Nr. 3394).

17. WA TR 5:461.18f. (6050).

18. Tibor Fabiny, "Luthers Beziehungen zu Ungarn und Siebenbürgen," in *Leben und Werk Martin Luthers von 1526 bis 1546*, hrsg. von Helmar Junghans (Göttingen: Vandenhoeck & Ruprecht, 1983), 1:641-646.

19. Tibor Fabiny, "Luthers Beziehungen zu Ungarn und Siebenbürgen", 1:641.

20. Martin Luther, *Brief an die Königin von Ungarn* (1531), *Weimarer Ausgabe* (WA) BR 6:194-7 (Nr. 1866), Zitat 196.25-30.

21. Martin Luther, *Brief an den Grafen Franz von Reway* (4. August 1538), *Weimarer Ausgabe* (WA) BR 8:258-61 (Nr. 3246), bes. 260.22-25.

22. Friedrich Myconius, *Geschichte der Reformation*, hrsg. von Otto Clemen (Leipzig: Reclam, 1914), 22.

23. Heiner Lück, "Wittenberg, Universität", *Theologische Realenzyk-*

lopädie (TRE) 36:234.

3장 '오직 은혜로': 루터파를 넘어

1. Martin Luther, *Ninety-Five Theses* (1517; LW 31:26). 《마르틴 루터 95개 논제》(감은사, 최주훈 해제).
2. Karl Barth, "Das Wort Gottes als Aufgabe der Theologie"[1922], in *Anfänge der dialektischen Theologie*, Teil 1, hrsg. von Jürgen Moltmann (München: Christian Kaiser, 1966), 211.
3. Martin Luther, *Die kleine Antwort auf Herzog Georgen nächstes Buch (1533)*, Weimarer Ausgabe (WA), 38:143.26f.
4. Augustine, *De correptione et gratia*, 11.31; *On Rebuke and Grace* 31, in *Nicene and Post-Nicene Fathers*, First Series (NPNF1) 5:484.
5. Martin Luther, *Vorlesung über Jesaia* (1527-1529), WA 25:106.44f., in der Scholie zu Jes. 4,6; *Lectures on Isaiah* (1527-1529), *Luther's Works* (LW) 16:55, on Isa. 4:6.
6. Martin Luther, "From Heaven Above", in *Evangelical Lutheran Worship*, hymn 268, stanzas 5 and 3.
7. Martin Luther, *Operationes in Psalmos* (1519-1521), *Weimarer Ausgabe* (WA) 5:176.32-33, on Ps. 5:12.
8. Martin Luther, *Tischrede* Nr. 153 (1531/32), WA TR 1:72.16f; *Luther's Works* (LW) 54:22.
9. 참조. 《마르틴 루터 소교리문답·해설》(복있는사람, 최주훈 역).
10. Martin Luther, *Predigt über Joh 1,1ff* (1522), *Weimarer Ausgabe* (WA) 11:227.12f.
11. Martin Luther, *Lectures on Hebrews* (1517/18), *Luther's Works* (LW) 29:111, on Heb. 1:2.
12. Martin Luther, *Disputation de divinitate et humanitate Christi* (1540), *Weimarer Ausgabe* (WA) 39/II:110.22-23.
13. Martin Luther, *Disputation de divinitate et humanitate Christi*, in WA,

vol. 39/II, 121.1-2.

14. Martin Luther, *Contra Malignum I. Eccii judicium M. Lutheri defensio* (1519), in WA, vol. 2 (Weimar: Böhlau, 1884), 649.2-3.

15. Martin Luther, *Preface to the Epistle of St. James and Jude* (1522), *Weimarer Ausgabe* (WA) DB 7:384.19-22.

16. *Dogmatic Constitution Dei verbum: Revelation 2.9, 6.25*, in Heinrich Denzinger, *Compendium of Creeds, Definitions, and Declarations on Matters of Faith and Morals*, 43rd ed., ed. Peter Hünermann (San Francisco: Ignatius Press, 2012), 922, 929.

17. "Joint Declaration on the Doctrine of Justification", 19.

18. Cardinal Gerhard Ludwig Müller, interview, News Service of the Roman Catholic Church in Germany, April 11, 2017.

19. Martin Luther, *The Freedom of a Christian* (1520), in LW, vol. 31 (Philadelphia: Muhlenberg Press, 1957), 361; *Martin Luther, Von der Freiheit eines Christenmenschen* (1520), in WA 7:32.4-7.

20. Martin Luther, *Resolutio disputationis de fide infusa et acquisita* (1520; WA 6:95.15-18).

21. Martin Luther, *Sermon*, April 27, 1522 (WA 10/III:98.15-17).

22. Martin Luther, *Predigten aus den Jahren ca. 1514-1520* (Lenten sermon; WA 4:653.1).

23. Martin Luther, *Christmas Postil 1522* (Luke 2:33-49, Gospel on the Sunday after Christmas; LW 75:416).

4장 헤아릴 수 없는 하나님

1. Immanuel Kant, *Critique of Pure Reason*, trans. Werner S. Pluhar (Indianapolis: Hackett, 1996), 31 (B xxx); Immanuel Kant, *Kritik der reinen Vernunft*, in *Werke in zehn Bänden*, ed. Wilhelm Weischedel, vol. 3 (Darmstadt: Wissenschaftliche Buchgesellschaft, 1968), 33.

2. Dietrich Bonhoeffer, *Letters and Papers from Prison*, rev. and en-

larged ed., ed. Eberhard Bethge, trans. Reginald Fuller (New York: Macmillan, 1967), 188; Dietrich Bonhoeffer, *Brief an Eberhard Bethge vom 16.-18. Juli 1944*, in *Widerstand und Ergebung*, hg. v. Christian Gremmels u. a. (München: Christian Kaiser, 1998), 533-535.《옥중서신: 저항과 복종》(복있는사람).

3. Martin Luther, *Large Catechism*, 386; Martin Luther, *Der Große Katechismus*, in *Die Bekenntnisschriften der Evangelisch-Lutherischen Kirche*, 930 und 932.

4. Martin Luther, *Lecture on Galatians* (1535; LW 26:399); Martin Luther, *In epistolam S. Pauli ad Galatas Commentarius* (1535), WA 40/I:607.28.

5. Martin Luther, *Predigten über das 5. Buch Mose* (1529), in WA 28:609.29-610.19, on Deut. 5:6.

6. Martin Luther, *Lectures on Jonah* (1526), LW 19:54, on Jonah 1:5; *Der Prophet Jona ausgelegt*, WA 19:206.2-5.

7. Martin Luther, *Lectures on Jonah* (1526), LW 19:53, on Jonah 1:5; WA 19:205.35f.

8. Martin Luther, *Commentary on the Epistle to the Romans*, trans. J. Theodore Mueller (Grand Rapids: Kregel, 1976), 43, commenting on Rom. 1:19; *Römerbriefvorlesung* (1515/16), Weimarer Ausgabe (WA) 56:177.6ff.

9. Martin Luther, *Lectures on Genesis* (1535-1545), LW 3:117, on Gen. 17:7; *Vorlesungen über 1. Mose* (1535-45), WA 42:631.36f.

10. Martin Luther, *Über das 1. Buch Mose. Predigten* (1527; WA 24:9.20-21).

11. Martin Luther, *Large Catechism*, 388; *Der Große Katechismus*, in *Die Bekenntnisschriften der Evangelisch-Lutherischen Kirche*, 936.

12. Martin Luther, *Lectures on Galatians* (LW 26:399), on Gal 4:8-9; Luther, *In epistolam S. Pauli ad Galatas Commentarius* (1535), WA 40/I:607.8.

13. Martin Luther, *Sermons on the Gospel of St. John* (1537/38), *Luther's*

Works (LW) 22:150, on John 1:18; *Auslegungen des ersten und zweiten Kapitels Johannes in Predigten* (1537/38), Weimarer Ausgabe (WA) 46:667.10f.

14. Martin Luther, *Against the Heavenly Prophets in the Matter of Images and Sacraments* (1525), LW 40:96-97; *Wider die himmlischen Propheten, von den Bildern und Sakrament* (1525), WA 18:80.18-23.

15. Ernest Thompson Seton, *The Ten Commandments in the Animal World* (Garden City, NY: Doubleday, 1925); Wolfgang Wickler, *The Biology of the Ten Commandments*, trans. D. Smith (New York: McGraw-Hill, 1972).

16. Martin Luther, "Epistel am Sonntag Trinitatis. Röm 11:33-36", *Crucigers Sommerpostille* (1537; WA 21:510.39-511.1).

17. Martin Luther, "Tischrede", *table talk* 6530 (undated; WA TR 6:20.19-29).

18. Martin Luther, *Eine kurze Form der zehn Gebote, des Glaubens und des Vaterunsers* (1520; WA 7:205.17).

19. Martin Luther, *Lectures on Genesis* (LW 7:336), on Gen 43:23; Luther zu Gen 43:23, in *Vorlesungen über 1. Mose* (1535-45), WA 44:549.25f.

20. Martin Luther, *Lectures on Deuteronomy* (1523/24; LW 9:53), on Deut 4:3; Luther, *Vorlesungen über das Deuteronomium* (1523/24), WA 14:588.14-16.

21. Matin Luther, *Lectures on Jonah*, Latin text (1525; LW 19:11), on Jonah 1:4; Luther, Jona 1,4, in *Praelectiones in prophetas minores* (1524-26), WA 13:246.11f.

22. Martin Luther, sermon, September 10, 1525 (WA 17/I:412.19-20), on Luke 17:11-13.

23. Matin Luther, *Lectures on Jonah*, Latin text (LW 19:11), on Jonah 1:4; WA 13:246.11f.

24. Martin Luther, *Lectures on Romans* (LW 25:157), on Rom 1:19; Luther in einer Scholie zu Röm 1,19, in *Römerbriefvorlesung* (1515/16),

WA 56:177.8ff.

25. Martin Luther, *Sermon von dem Sakrament* (1526; WA 19:492.22-26).
26. Martin Luther, *Predigten über das 5. Buch Mose* (WA 28:608.8-9).
27. Martin Luther, *Vorlesungen über Jesaia* (1527-1529; WA 25:106.43-44), in a scholium of 1534 on Isa 4.
28. Martin Luther, *Lectures on Jonah* (LW 19:55), on Jonah 1:5; *Der Prophet Jona ausgelegt* (1526), WA 19:207.11-13.
29. Martin Luther, *Predigten über das erste Buch Mose* (1523-1524; WA 14:213.13), in sermon on Gen 11.
30. *Evangelisches Gesangbuch*, Nr. 23, Vers 3.
31. Martin Luther, *Lectures on the First Epistle of St. John* (1527; LW 30:238), on 1 John 2:3; *Vorlesung über den ersten Brief des Johannes* (1527), WA 20:641.26-27.
32. Martin Luther, *Table talk* 153 (LW 54:22); Luther, "Tischrede Nr. 153" (1531/32), WA TR 1:72.16f.
33. Martin Luther, *Lectures on Hebrews* (LW 29:111), on Heb 1:2; Luther in seinem Kommentar zu Heb 1,2, in *Die Vorlesung über den Hebräerbrief* (1517), WA 57/III:99.3f.
34. Martin Luther, *Dictata super Psalterium* (1513-1516; WA 3:143.9-10), on Ps 25.
35. Martin Luther, *Operationes in Psalmos* (1519-1521; WA 5:176.32-33), on Ps 5:12.
36. Jürgen Moltmann, *The Crucified God: The Cross of Christ as the Foundation and Criticism of Christian Theology*, trans. R. A. Wilson and John Bowden (Minneapolis: Fortress, 1993), 72.
37. Martin Luther, explanation of thesis 20 of the *Heidelberg Disputation* (LW 31:53); These 20 der *Heidelberger Disputation* (1518), WA 1:362.18f.
38. Martin Luther, explanation of thesis 21 of the *Heidelberg Disputation*.
39. Martin Luther, Selected Psalms II (1534-1535; LW 13:111), on Ps

90:7.

40. Martin Luther, explanation of thesis 6 of the *Heidelberg Disputation* (LW 31:45).

5장 복음은 율법이 아니다

1. Karl Barth, *Church Dogmatics*, vol. 2, *The Doctrine of God*, part 2, ed. G. W. Bromiley and T. F. Torrance (Edinburgh: T&T Clark, 1957), 509; Karl Barth, *Die Kirchliche Dogmatik*, Bd. 2/2: *Die Lehre von Gott* (Zürich: EVZ, 1954), 564.《교회교의학》(대한기독교서회).
2. Martin Luther, *Antinomian Theses Circulated among the Brethren* (1537; LW 73:48); *Die Thesen gegen die Antinomer* (1537-40), WA 39/I:344.30; WA 39/I.349.39f.
3. Luther, *Lectures on Galatians* (LW 27:184), on Gal 1:12; Luther, *In epistolam Pauli ad Galatas commentarius* (1519), WA 2:466.12f.
4. Martin Luther, *Die Promotionsdisputation von Palladius und Tilemann* (1537; WA 39/I:219.23-24), thesis 36.
5. Dietrich Bonhoeffer, *The Cost of Discipleship*, rev. and unabridged ed., trans. R. H. Fuller (New York: Macmillan, 1979), 46; Dietrich Bonhoeffer, *Nachfolge*, 9. Aufl. (München: Chr. Kaiser, 1967 [1937]), 13.
6. Martin Luther, *The Third Disputation against the Antinomians* (1538; LW 73:197), concerning thesis 67; Luther, "Die dritte Disputation gegen die Antinomer" (1538) in *Die Thesen gegen die Antinomer* (1537-40), WA 39/I:546.14-16.
7. Martin Luther, *[Theses for] The Third Disputation of Dr. Martin Luther [Against the Antinomians]* (LW 73:58), thesis 17; WA 39/I:351.1f.
8. Martin Luther, *The Small Catechism*, in Kolb and Wengert, *Book of Concord*, 360.
9. Martin Luther, *First Disputation against the Antinomians* (LW 73:100); *Die Thesen gegen die Antinomer* (1537-40), WA 39/I:398.15f.

10. Martin Luther, *The Theses for the Doctoral Examination of Hieronymus Weller and Nikolaus Medler* (September 11, 1535; LW 34:112-13), 52-58; WA 39/I:47.25-36.
11. Paul Althaus, *The Theology of Martin Luther*, trans. R. Schultz (Philadelphia: Fortress, 1989), 271-273; Paul Althaus, *Die Theologie Martin Luthers* (Gütersloh: Gerd Mohn, 1962), 236f.

6장 하나님의 두 통치

1. Martin Luther, *On Temporal Authority: To What Extent It Should Be Obeyed* (1523), Luther's Works (LW) 45:91; *Von weltlicher Obrigkeit, wie weit man ihr Gehorsam schuldig sei* (1523), Weimarer Ausgabe (WA) 11:251.15-18.
2. Martin Luther, *Explanations of the Ninety-Five Theses* (1518; LW 31:244), thesis 80; Luther, *Resolutiones disputationum et indulgentiarum virtute* (1518), WA 1:624.13.
3. Martin Luther, *Lectures on Zechariah* [1527; LW 20:173], Zech 1:11.
4. Martin Luther, *Whether Soldiers, Too, Can Be Saved* [1526; LW 46:99-100]; *Ob Kriegsleute auch in seligem Stande sein können* [1526], WA 19:629.17-28.
5. Martin Luther, *Lectures on Zechariah* (LW 20:172), on Zech 1:7; *Der Prophet Sacharja ausgelegt* (1527), WA 23:513.36f.
6. Martin Luther, *Die Zirkulardisputation über Matth. 19,21* (1539; WA 39/II:42.3-4), thesis 52.
7. 황제는 세속적인 행정 업무를 주교들에게 크게 의존했다. 그들은 공식적인 독신 생활을 했기 때문에 각 귀족 가문과 이해관계가 없고, 세습의 문제도 없었기 때문이다.
8. Martin Luther, *Wochenpredigten über Matth. 5-7* (1530-1532; WA 32:390.15-18), in sermon on Matt 5:38-42.
9. Martin Luther, *Temporal Authority* (LW 45:113); Luther, *Von weltli-*

cher Obrigkeit (1523), WA 11:267.30f.

10. Martin Luther, *Wochenpredigten über Matth. 5-7* (WA 32:304.21-32).
11. Martin Luther, *Temporal Authority* (LW 45:104-5); *Von weltlicher Obrigkeit*, WA 11:261.34ff.-262.1.
12. Martin Luther, *Predigten des Jahres 1522* (WA 10/III:275.7-10), in sermon on Luke 16:1-3 on August 17, 1522.
13. 나중에 다루겠지만, 루터 시대 이자율은 엄청나게 높았다.
14. Martin Luther, *Temporal Authority* (LW 45:126); WA 11:278.19-23.
15. Martin Luther, *Open Letter on the Harsh Book against the Peasants* (1525; LW 46:84); *Ein Sendbrief von dem harten Büchlein wider die Bauern* (1525), WA 18:400.22f.
16. Martin Luther, *Admonition to Peace* (LW 46:22-23); Luther, *Ermahnung zum Frieden auf die zwölf Artikel der Bauerschaft in Schwaben* (1525), WA 18, 299.4-6.
17. Martin Luther, *Admonition to Peace* (LW 46:25); Ebd., WA 18:303.13-15.
18. Martin Luther, *Admonition to Peace* (LW 46:40); Ebd., WA 18:329.6-8.
19. Martin Luther, *Against the Robbing and Murdering Hordes of Peasants* (1525; LW 46:52-53); Luther, *Wider die räuberischen und mörderischen Rotten der Bauern* (1525), WA 18:360.1-3.
20. Martin Luther, *Temporal Authority* (LW 45:124-25); *Von weltlicher Obrigkeit*, WA 11:277.4f.
21. Martin Luther, *Den 82. Psalm ausgelegt* (1530; WA 31/I:193.24-25).
22. Walter Künneth, *Politik zwischen Dämon und Gott* (Berlin: Lutherisches Verlagshaus, 1954).
23. Martin Luther, *Temporal Authority* (LW 45:91); Luther, *Von weltlicher Obrigkeit*, WA 11:251.22-31.

7장 모두를 위한 교육

1. Martin Luther, *To the Councilmen of All Cities in Germany That They Establish and Maintain Christian Schools* (1524; LW 45:360); Luther, *An die Bürgermeister und Ratsherren aller Städte deutschen Lands, dass sie christliche Schulen aufrichten und halten sollen* (1524), WA 15:38.8f.
2. Martin Luther, *Vom Anbeten des Sakraments des heiligen Leichnams Christi* (1523; WA 11:455.30-34).
3. Martin Luther, *To the Christian Nobility of the German Nation Concerning the Reform of the Christian Estate* (1520), LW 44:205-6; *An den christlichen Adel deutscher Nation: Von des christlichen Standes Besserung* (1520), WA 6:461.11-15. 대학 개혁에 관해서는 WA 6:457 이하 참조.
4. Martin Luther, *A Sermon on Keeping Children in School* (1530), LW 46:231; *Eine Predigt, dass man Kinder zur Schule halten soll* (1530), WA 30/II:565.22.
5. Martin Luther, *A Sermon on Keeping Children in School* (1530), LW 46:213; WA 30/II:517.9.
6. Martin Luther, *A Sermon on Keeping Children in School* (1530), LW 46:215; WA 30/II:519.17-23.
7. Martin Luther, *Sermon on Keeping Children in School* (LW 46:234); WA 30/II:519.17-23.
8. Martin Luther, *Sermon on Keeping Children in School* (LW 46:226); WA 30/II:537.26-28; 30f. und 538.18f.
9. Martin Luther, *Sermon on Keeping Children in School* (LW 46:231); WA 30/II:545.16-18.
10. Martin Luther, *Sermon on Keeping Children in School* (LW 46:237); WA 30/II:545.16-18.
11. Martin Luther, *Sermon on Keeping Children in School* (LW 46:239); WA 30/II:545.25-30.
12. Martin Luther, *Sermon on Keeping Children in School* (LW 46:241);

WA 30/II:554.35.

13. Martin Luther, *Sermon on Keeping Children in School* (LW 46:244); WA 30/II:565.37f.
14. Martin Luther, *Sermon on Keeping Children in School* (LW 46:253); WA 30/II:579.29-34; 580:19-21.
15. 이는 수녀원에서 라틴어를 배운 루터의 아내에게도 해당된다.
16. Martin Luther, *To the Councilmen of All Cities* (LW 45:350-51); Luther, *An die Bürgermeister und Ratsherrn aller Stände deutschen Lands* (1524), WA 15:30.26f.
17. Martin Luther, *To the Councilmen of All Cities* (LW 45:353); WA 15:32.15-18.
18. Martin Luther, *To the Councilmen of All Cities* (LW 45:360); WA 15:38.13-15.
19. Martin Luther, *To the Councilmen of All Cities* (LW 45:367); WA 15:44.11-14.
20. Martin Luther, *To the Councilmen of All Cities* (LW 45:367-68); WA 15:44.16-18.
21. Martin Luther, *To the Councilmen of All Cities* (LW 45:368-69); WA 15:44.26-33.
22. Martin Luther, *To the Councilmen of All Cities* (LW 45:370-71); WA 15:47.1-4, 7-8, 13-16.
23. Martin Luther, *To the Councilmen of All Cities* (LW 45:373, 375); WA 15:49.12-14.
24. Sascha O. Becker and Ludger Woessmann, "Luther and the Girls: Religious Denomination and the Female Education Gap in 19th Century Prussia", in *IZA Discussion Papers 3837* (Institute for the Study of Labor, 2008), 1.
25. Becker and Woessmann, "Luther and the Girls", 15.
26. Becker and Woessmann, "Luther and the Girls", 18.

8장 소명은 사제만의 것이 아니다

1. Martin Luther, *Lectures on Genesis* (LW 3:321), on Gen 20; Luther, *Vorlesungen über 1. Mose* (1535-1545), WA 43:106.2-6.
2. Martin Luther, *Christmas Postil 1522* (LW 75:353-54), in sermon on John 21:19-24; *Kirchenpostille 1522* (WA 10/I/1:308.6-12).
3. Martin Luther, "Sermon for the First Sunday after Easter", April 27, 1522 (LW 69:332), on John 20:21-23; WA 10/III:98.15-17
4. *Evangelisches Gesangbuch*, Nr.383, Vers 2.
5. Martin Luther, *Lectures on Genesis* (LW 3:217), on Gen 18:15; *Vorlesungen über 1. Mose* (1535-1545), WA 43:30.13-15.
6. Martin Luther, *The Holy and Blessed Sacrament of Baptism* (1519; LW 35:39); *Ein Sermon vom Sakrament der Taufe* (1519), WA 2:734.24-27.
7. Martin Luther, *Lectures on Genesis* (LW 7:184), on Gen 41:40; *Vorlesungen über 1. Mose* (1535-1545), WA 44:435.40f.
8. Martin Luther, *Lectures on Genesis* (LW 3:128), on Gen 17:9; *Vorlesungen über 1. Mose von 1535-45*, WA 42:639.16-19; 24-26; 28-32.
9. Martin Luther, *Lectures on Genesis* (LW 3:128), on Gen 17:9.
10. Martin Luther, *Lectures on Genesis* (LW 3:63), on Gen 16:7-9; *Vorlesungen über 1. Mose von 1535-45*, WA 42:593.4-6.
11. Martin Luther, *Selected Psalms* (1532; LW 14:114), on Ps 147:3; *Der 147. Psalm, Laude Jerusalem, ausgelegt* (1532), in seiner Erklärung von Ps 147,3, WA 31/I:436.10f.
12. Martin Luther, *Lectures on Isaiah* (LW 17:384), on Isa 65:12; Scholie zu Jes 65,12, in *Vorlesungen über Jesaja* (1532-1534), WA 25:385.26-29.
13. Martin Luther, Predigt über Mt 9,1-3, in *Predigten des Jahres 1529*, WA 29:566.39-567.20-21.
14. Martin Luther, Predigt über Mt 22,34ff., in *Predigten des Jahres 1532*, WA 49:606-14.
15. Martin Luther, *Predigten des Jahres 1544* (WA 49:606-14).

16. Martin Luther, *Sermon on Keeping Children in School* (LW 46:250-51); *Eine Predigt, dass man Kinder zur Schule halten soll* (1530), WA 30/II:576.21-24.
17. Martin Luther, *Sermon on Keeping Children in School* (LW 46:231-32); WA 30/II:577.23-25.
18. Martin Luther, *Predigten des Jahres 1534* (WA 37:480.2-8), sermon on Luke 5:1-3.

9장 소통의 정석

1. Christian Feldmann, "Der genialste Sprachschöpfer aller Zeiten", *Frankfurter Allgemeine Zeitung*, June 12, 2017, https://tinyurl.com/hnnw57av.
2. Martin Luther, *Sendbrief vom Dolmetschen* (1530; WA 30/II:636.15-20). 아우로갈루스Aurogallus의 실명은 Matthäus Goldhahn이며, 비텐베르크 대학 교수로 1519년부터 그리스어, 라틴어, 히브리어를 가르쳤다.
3. 루터는 독일어 표기법에도 영향을 미쳤다. 예를 들어, 1534년 그가 번역한 신구약 성경에서 그는 거의 모든 곳에서 명사를 대문자로 표기한 최초의 인물이었다. 17세기에는 독일어를 제외한 모든 유럽 언어에서 이 규정이 사라졌지만, 독일어에서만큼은 여전히 루터의 용례를 따른다.
4. Martin Luther, *Sendbrief vom Dolmetschen* (WA 30/II:637.17-22).
5. Martin Luther, *Sendbrief vom Dolmetschen* (WA 30/II:637.23,26,32).
6. Martin Luther, *Sendbrief vom Dolmetschen* (WA 30/II:637.36-7,38-9; 638.8-9).
7. Martin Luther, *Sendbrief vom Dolmetschen* (WA 30/II:638.13-27).
8. Martin Luther, *Sendbrief vom Dolmetschen* (WA 30/II:640.20-22).
9. Martin Luther, *Summarien über die Psalmen und die Ursachen des Dolmetschen* (1531-1533; WA 38:9-18).
10. Martin Luther, *Summarien über die Psalmen* (WA 38:11.11-17).

11. Martin Luther, *Summarien über die Psalmen* (WA 38:11.27-32).
12. Martin Luther, *Summarien über die Psalmen* (WA 38:16.17-19).
13. Christian Feldmann, "Martin Luther—Der genialste Sprachschöpfer aller Zeiten" (June 12, 2017: FAZ).

10장 약탈적 자본주의에 반대하며

1. Martin Brecht, *Martin Luther: His Road to the Reformation, 1483-1521*, trans. James Schaaf (Philadelphia: Fortress, 1985), 179에 따르면, 푸거 가문은 21,000두카트 투자로 52,286두카트의 수익을 얻어 200퍼센트 이상의 수익을 창출했다. 루터는 이에 의문을 제기했다. "단기간에 왕과 황제를 좌우할 만큼 부를 축적하는 것이 어떻게 옳고 하나님의 뜻에 부합할 수 있는가?" Martin Luther, *Trade and Usury* (1524), LW 45:271.
2. Ludwig Veit, "Albrecht Dürer und seine Familie: Dokumente" in *Albrecht Dürer 1471-1971*, 3rd ed. (Munich: Prestel, 1971), 31, zit. 43 (55).
3. Martin Brecht, *Martin Luther: Shaping and Defining the Reformation, 1521-1532*, trans. James Schaaf (Philadelphia: Fortress, 1990), 145.
4. Martin Luther, *To the Christian Nobility* (LW 44:212-13).
5. Leo the Great, *Letter* 4.3, in NPNF2 12:3-4.
6. Thomas Aquinas, *Summa theologica*, II-II, question 78 ("The Sin of Usury"), answer 2, response.
7. Hans-Jürgen Prien, *Luthers Wirtschaftsethik* (Göttingen: Vandenhoeck & Ruprecht, 1992), 63.
8. Martin Luther, *(Kleiner) Sermon von dem Wucher* (1519; WA 6:2).
9. Martin Luther, *(Kleiner) Sermon von dem Wucher* (WA 6:4.36-5.2).
10. Martin Luther, *(Kleiner) Sermon von dem Wucher* (WA 6:6.6-8, 19-20, 12-14).
11. Martin Luther, *(Kleiner) Sermon von dem Wucher* (WA 6:6.24-40).

12. Martin Luther, *Long Sermon on Usury* (1520; WA 6:33).
13. Martin Luther, *Long Sermon on Usury* (LW 45:273, 279); WA 6:40.9-11.
14. Martin Luther, *Long Sermon on Usury* (LW 45:280); WA 6:41.16f.
15. Martin Luther, *Long Sermon on Usury* (LW 45:285-86); WA 6:44.34-45.2.8.
16. Martin Luther, *Long Sermon on Usury* (LW 45:295-96); WA 6:51.20-22.
17. Andreas Pawlas, "Luther zu Geld und Zins. Mit einem Vorwort über Lutherische Erwägungen zu Geld und Zins", University of Uppsala, Working Paper 2013, 28.
18. Martin Luther, *Long Sermon on Usury* (LW 45:301-2); WA 6:57.17-19.
19. Martin Luther, *Long Sermon on Usury* (LW 45:303).
20. Martin Luther, *Long Sermon on Usury* (LW 45:309).
21. Martin Luther, "To Gregory Brück", October 18, 1523 (LW 49:52-54 [letter 136]). 여기서 쟁점은 신약의 공동체가 구약의 신명기 15:1-11에 언급된 사회법까지 지켜야 하느냐다.
22. Martin Luther, *Trade and Usury* (LW 45:248); Luther, *Von Kaufshandlung und Wucher* (1524), WA 15:295.20-2.
23. Martin Luther, *Trade and Usury* (LW 45:253); WA 15:299.4f.
24. Martin Luther, *Trade and Usury* (LW 45:253); WA 15:302.33-37.
25. Martin Luther, *Trade and Usury* (LW 45:258, 260); WA 15:302.37-303.1
26. Martin Luther, *Trade and Usury* (LW 45:262); WA 15:305.17f.
27. Martin Luther, *Trade and Usury* (LW 45:265); WA 15:307.20f.
28. Martin Luther, *Trade and Usury* (LW 45:270); WA 15:311.24f.
29. Martin Luther, *An die Pfarrherrn wider den Wucher zu predigen, Vermahnung* (1540), WA 51:332.32-33.
30. Martin Luther, *An die Pfarrherrn* (WA 51:337.32).
31. Aristotle, *Pol.* 1.10, trans. Benjamin Jowett, https://tinyurl.

com/47yn72h4; Aristoteles, *Politik*, Buch 1 (10), übers. u. erl. V. Eckart Schütrumpf (Darmstatt: Wissenschaftliche Buchgesellschaft, 1991), 28.
32. Martin Luther, *An die Pfarrherrn* (WA 51:365.18-19).
33. Martin Luther, *An die Pfarrherrn* (WA 51:380.23).
34. Martin Luther, *An die Pfarrherrn* (WA 51:387.19-20).
35. Martin Luther, *An die Pfarrherrn* (WA 51:396.28-30).
36. Martin Luther, *An die Pfarrherrn* (WA 51:412.23-25, 30-32).
37. Martin Luther, *An die Pfarrherrn* (WA 51:419.24-27).
38. 참조. Theodor Strohm, "Luthers Wirtschafts-und Sozialethik", in Helmar Junghans, Hg., *Leben und Werk Martin Luthers von 1526 bis 1546*, 1:215-217.
39. Martin Luther, *Small Catechism*, 353.

11장 과학에 열려 있는 기독교 신앙

1. Martin Luther, *Table talk* 4638 (LW 54:359). 흥미로운 점은 이 탁상 담화의 제목이 "Luther Rejects the Copernican Cosmology"라는 것이다; Luther, WA TR 4:412.35-413.1-3, Nr. 4638.
2. Andreas Kleinert, "Eine handgreifliche Geschichtslüge. Wie Martin Luther zum Gegner des kopernicanischen Weltsystems gemacht wurde", in *Berichte zur Wissenschaftsgeschichte* (July 2003), 26:101-11.
3. 로마가톨릭 교회는 정치, 과학, 문화 전반에 걸쳐 영향력을 확대하려 했지만, 프로이센의 강한 반대에 부딪혔다.
4. 이 책은 오랫동안 개신교 국가들에서 널리 사용된 교과서였다. 1549년부터 1600년까지 최소 22번 출판되었고, 기회가 될 때마다 개정되었다.
5. Harold P. Nebelsick, *Circles of God: Theology and Science from the Greeks to Copernicus* (Edinburgh: Scottish Academic Press, 1985), 237.

6. Werner Elert, *The Structure of Lutheranism*, trans. Walter A. Hansen (St. Louis: Concordia, 1962), 1:423, 424; Werner Elert, *Morphologie des Luthertums. Erster Band: Theologie und Weltanschauung des Luthertums hauptsächlich im 16. und 17. Jahrhundert* (München: C. H. Beck, 1965³ [1931]), 371f.,

7. Werner Elert, *Structure of Lutheranism* 1:425; Werner Elert, *Morphologie des Luthertums*, 1:372f.

12장 점성술은 미래를 보여 주지 않는다

1. Klaus Matthäus, "Astrologie II/2. Reformationszeit und Neuzeit", TRE 4:288.
2. Stefano Caroti, "Melanchthon's Astrology", in *"Astrologi hallucinati": Stars and the End of the World in Luther's Time*, ed. Paola Zambelli (Berlin: de Gruyter, 1986), 118-119.
3. Martin Luther, *Table talk* 1026 (WA TR 1:519.3-4).
4. Martin Luther, *Table talk* 17 (1531; WA TR 1:7.9-10).
5. Martin Luther, *Table talk* 2730a (WA TR 2:619.12-14).
6. Martin Luther, *Table talk* 855 (WA TR 1:421.21).
7. Martin Luther, *Table talk* 2413a (WA TR 2:457.24-25).
8. Martin Luther, *Table talk* 2952b (1533; WA TR 3:114.24-26).
9. Martin Luther, *Table talk* 4846 (July 1543; WA TR 4:543.12-13).
10. Martin Luther, *Table talk* 1480 (1532; WA TR 2:109.20-22).
11. Martin Luther, *Table talk* 2892a (1533; WA TR 3:57.8).
12. Martin Luther, *Table talk* 5573 (spring 1543; LW 54:458).
13. Martin Luther, *Table talk* 855 (WA TR 1:420.23-26).
14. Martin Luther, *Table talk* 855 (WA TR 1:421.3-10).
15. Martin Luther, *Decem praecepta Wittenbergensi praedicata populo* (1518; WA 1:404.37-405.2).
16. Martin Luther, *Table talk* 2102 (1531; WA TR 2:322.14-15).

17. Klaus Lämmel, "Luthers Verhältnis zu Astronomie und Astrologie (nach Äußerungen in Tischreden und Briefen)", in *Lutheriana. Zum 500. Geburtstag Martin Luthers von den Mitarbeitern der Weimarer Ausgabe*, ed. Gerhard Hammer und Karl-Heinz zur Mühlen (Vienna: Böhlau, 1984), 312.
18. Martin Luther, *Deutung des Mönchkalbs zu Freyberg* (1523; WA 11:380.1-3).
19. 참고. Robin B. Barnes, *Introduction to Luther's preface to Lichtenberger's Prophecy* (LW 59:176).
20. Martin Luther, "Martin Luther's Preface to Johannes Lichtenberger's Prophecy: How This Prophecy and Ones Like It Should Be Understood" (1527; LW 59:180).
21. Martin Luther, "Martin Luther's Preface" (LW 59:182).
22. Martin Luther, *Table talk* 678 (WA TR 1:322.15).
23. Ingetraut Ludolphy, "Luther über Astrologie", in *Und fragten nach Jesus. Beiträge aus Theologie, Kirche und Geschichte. Festschrift für Ernst Barnikol zum 70. Geburtstag* (Berlin: Evangelische Verlagsanstalt 1964), 175.
24. Martin Luther, *Table talk* 3520 (January 1537; LW 54:219-20).

13장 그리스도인의 결혼

1. Martin Luther, *Table talk* 2847b (1532/33; LW 54:174); WA TR 2:25.38-26.2 Nr. 2847a.
2. Martin Luther, *Table talk* 1979 (1531; WA TR 2:286.13).
3. Martin Luther, *Sermon Preached at the Marriage of Sigmund von Lindenau in Merseburg on Heb. 13,4*, August 4, 1545 (LW 51:359); Luther, *Predigt bei der Hochzeit Sigmunds von Lindemann in Merseburg gehalten zu Heb. 13,4* (4. August 1545), WA 49:798.25-30.
4. Martin Luther, Sermon Preached at the Marriage (LW 51:358).

5. 서품 받은 사람의 결혼을 금지하는 최초의 규정은 314년 앙키라 공의회에서 제정되었지만, 실제로는 교회 역사의 첫 천 년 동안 대다수의 성직자가 결혼했다.
6. Martin Luther, *The Estate of Marriage* (1522; LW 45:17-18); Martin Luther, *Vom ehelichen Leben* (1522), WA 10/II:276.3f.
7. Martin Luther, *The Estate of Marriage* (LW 45:18); WA 10/II:276.4-8.
8. Martin Luther, *The Estate of Marriage* (LW 45:21); WA 10/II:276.18-20.
9. Martin Luther, *The Estate of Marriage* (LW 45:38); WA 10/II:294.22-26.
10. Martin Luther, *Christliche Schrift an W. Reißenbusch, sich in den ehelichen Stand zu begeben* (1525; WA 18:275.25-28).
11. Martin Luther, *The Estate of Marriage* (LW 44:9); Luther, *Ein Sermon von dem ehelichen Stand* (1519), in: WA 2:167.33-35.
12. Martin Luther, *Predigten des Jahres 1531* (WA 34/I:73.3-10), 히브리서 13:4에 관한 결혼 설교, 1531년 1월 8일[?].
13. Martin Luther, "The Sixth Commandment", in *Small Catechism*, 353; Vgl. Luther, "*Das sechste Gebot*": *Der Kleine Katechismus*, in *Die Bekenntnisschriften der Evangelisch-Lutherischen Kirche*, 866.
14. Martin Luther, *A Sermon on the Estate of Marriage* (LW 44:9).
15. Martin Luther, "The Sixth Commandment", in *Small Catechism*, 353.
16. 이 사실은 오늘날에도 여전히 유효하다. 독신을 서약한 사제 집단에서도 성추행 사건이 많이 발생하는 이유다.
17. Martin Luther, *Estate of Marriage* (LW 45:21).
18. Martin Luther, *Estate of Marriage* (LW 45:47).
19. 물론 이 원칙을 오늘의 상황에 그대로 대입할 수는 없다. 당시에는 혼자서 가정을 꾸리는 것이 사실상 불가능했고, 성인이 되어서도 가족 공동체에 의존해야 했다.
20. Martin Luther, *Predigten des Jahres 1531* (WA 34/I:67.5-7).

21. Martin Luther, *A Marriage Booklet for Simple Pastors*, in Kolb and Wengert, *Book of Concord*, 367; Luther, *Ein Traubüchlein für die einfältigen Pfarrherr* (1529), WA 30/III:74.3.
22. 현대 사회에서 결혼식은 두 영역으로 구분되는데, 하나는 법적 효력을 갖는 시청에서의 민사 결혼식이고 하나는 종교적 의미를 지니는 교회에서의 결혼식이다. 이러한 구분은 교회와 국가의 분리 원칙에서 비롯되었다. 로마가톨릭 교회는 결혼을 세속적 계약이 아닌 성사聖事로 이해한다. 이러한 신학적 관점 때문에 20세기 후반까지 독일 가톨릭교회는 교회에서의 결혼예식 전에 민사 결혼을 먼저 해야 한다는 국가 제도에 반대했다. 그 결과 가톨릭이 우세한 지역에서는 법적 절차를 무시하고 교회에서 결혼식을 먼저 거행하는 사례가 자주 발생했다. 이에 비해, 루터교회의 관점에서 교회 결혼식은 순수하게 종교의식으로 이해된다. 이미 법적으로 결혼한 부부가 목사를 찾아와 그들의 결합에 대한 하나님의 축복을 요청하면, 목사는 그 부부에게 예식을 통해 축복을 선포한다. 이처럼 루터교는 결혼의 법적 측면과 종교적 측면을 명확히 구분한다.
23. 루터는 교회가 하나님이 제정하신 자연적 질서에 관해서는 어떠한 법도 제정할 수 없다고 설명한다. 이는 그리스도와 사도들도 마찬가지였다. 유일한 예외는 양심의 문제가 관련된 경우다. 이러한 상황에서는 목회자의 역할이 중요해진다. 목회자는 사람들이 양심에 혼란을 겪거나 결혼의 적절한 질서를 위반했을 때 조언하고, 필요하다면 위로를 제공해야 한다. 루터는 서신과 탁상담화에서 결혼 문제를 자주 다루었는데, 이러한 측면에서 가치 있는 조언자로 존경받았다.
24. Martin Luther, *Exempel, einen rechten christlichen Bischof zu weihen* (1542; WA 53:257.8-10).
25. Martin Luther, *Estate of Marriage* (LW 45:43); WA 10/II:299.6f.
26. Martin Luther, *Sermon on Estate of Marriage* (LW 44:10-110); Luther, *Ein Sermon vom ehelichen Stand* (1519), WA 2:168.38-169.2.
27. Martin Luther, *Estate of Marriage* (LW 45:36); Luther, *Vom ehelichen Leben* (1522), WA 10/II:292.17-20.
28. Martin Luther, *Estate of Marriage* (LW 45:35); WA 10/II:291.29f.
29. Martin Luther, *Table talk* 5524 (winter 1542/43; LW 54:444); WA TR

5:214.27f.

30. Martin Luther, *Wochenpredigten über Mt 5-7* (1532; WA 32:372.18-21), sermon on Matt 5:27-29.
31. Martin Luther, "The Fourth Commandment", in *Small Catechism*, 864.
32. Martin Luther, *Estate of Marriage* (LW 45:40); Luther, *Vom ehelichen Leben* (1522), WA 10/II:296.2-11.
33. Martin Luther, preface to *Large Catechism*, 362; Luther, *Der Große Katechismus*, Vorrede, in *Die Bekenntnisschriften der Evangelisch-Lutherischen Kirche*, 912.
34. Martin Luther, *Decem praecepta Wittenbergensi praedicata populo* (WA 1:449.35-39).
35. Ingetraut Ludolphy, "Frau VI. Reformationszeit", TRE 11:443.

14장 행복한 예배

1. Conzenius (1620), according to Karl Anton, *Luther und die Musik*, 8th ed. (Zwickau: Johannes Herrmann, 1928), 11.
2. Joachim Stalmann, "Luther, Martin", in *Musik in Geschichte und Gegenwart* (2004), Personenteil, 11:636-54.
3. Martin Brecht, *Martin Luther: His Road to the Reformation 1483-1521* 1:18.
4. Martin Brecht, *Martin Luther: His Road to the Reformation 1483-1521* 1:43.
5. Martin Luther, *Table talk* 6428 (WA TR 5:657.11-12).
6. Martin Luther, "Luther an Joh. Walther", September 21, 1526, no. 1041 (WA BR 4:121.3-8).
7. "Introduction to the German Mass and Order of Service" (LW 53:55); WA 35:82.
8. Martin Brecht, *Martin Luther: Shaping and Defining the Reformation*

1521-1532 2:376; Martin Brecht, *Martin Luther. Ordnung und Abgrenzung der Reformation 1521-1532* (Stuttgart: Calwer Verlag, 1987), 363.

9. Martin Luther, "An Hieronymus Baumgartner in Nuremberg" (January 1, 1531; WA BR 6:1.4-7).
10. Martin Luther, "To Louis Senfl", October 4, 1530 (LW 49:427-28); WA BR 5:639.8, 12f., 21, Nr. 1727.
11. Martin Luther, "To Louis Senfl" (LW 49:427-28).
12. Martin Luther, "Letter to Marcus Crodel", August 26, 1542 (LW 50:231); WA BR 10:134.4f., 18f., Nr. 3783.
13. 라틴어 문맹률이 심각했기에 단어의 오용도 발생했다. 예를 들어, 널리 알려진 이론에 따르면 '호커스포커스'라는 마술 용어는 'hoc est corpus meum'(그것이 나의 몸이다)라는 미사 용어에서 유래했다. 신자들은 사제가 마법사처럼 빵과 포도주의 성분을 그리스도의 몸과 피로 변화시킨다고 믿었다.
14. Martin Luther, "To George Spalatin", 1523 (LW 50:231); WA BR 3:220.1-3, Nr. 698.
15. Wolfgang Suppan, "Reformation", in Oesterreichisches Musiklexikon Online, May 15, 2005, https://tinyurl.com/mrxcweup; Evangelical Lutheran Worship, 395.
16. Markus Jenny, "Luthers Gesangbuch", in Junghans, *Leben und Werk Martin Luthers* 1:303-21.
17. *Evangelical Lutheran Worship*, hymns 288, 372.
18. Markus Jenny, "Luthers Gesangbuch", in Helmar Junghans, Hg., *Leben und Werk Martin Luthers von 1526 bis 1546*. 1:305.
19. Markus Jenny, "Luthers Gesangbuch", 321.
20. Martin Luther, *An Order of Mass and Communion for the Church at Wittenberg* (1523; LW 53:36); Luther, *Formula Missae et Communionis* (1523), WA 12:218.15-16; 21-23.
21. Martin Luther, *Formula Missae et Communionis* (1523), WA 12:218.15-16; 21-23.

22. Markus Jenny, "Luther als Liedschöpfer", in *Martin Luther und die Reformation in Deutschland. Ausstellung zum 500. Geburtstag Martin Luthers. Veranstaltet vom Germanischen Nationalmuseum in Nürnberg in Zusammenarbeit mit dem Verein für Reformationsgeschichte*, ed. Gerhard Bott (Frankfurt am Main: Insel, 1983), 294.

23. "Luther's First Song: Ein neues Lied (1523)", Luther: A Site of the Antwerp Protestants, March 20, 2018, https://tinyurl.com/yzbs5py5.

24. Markus Jenny, *Luther—Zwingli—Calvin in ihren Liedern* (Zürich: Theologischer Verlag Zürich, 1983), 18.

25. Markus Jenny, "XI. Kirchenlied, Gesangbuch und Kirchenmusik", in Gerhard Bott (Hg.), *Martin Luther und die Reformation*, 293.

26. WA TR 1:90, Nr. 968; WA TR 5:557.19-21, Nr.6248.

27. Markus Jenny, "Johann Walter übertrug Luthers Musikanschauung in die Praxis", in Gerhard Bott (Hg.), *Martin Luther und die Reformation*, 321.

28. Martin Luther, "Preface to the Wittenberg Hymnal" (1524; LW 53:316); "Die Vorrede des Wittenberger Gesangbuchs von 1524", WA 35.474.18-475.5.

29. Luther, *Table talk* 7034 (WA TR 6:348.20-24).

30. Martin Luther, "Preface to the Burial Hymns" (1542; LW 53:328); "Die Vorrede zu der Sammlung der Begräbnislieder 1542," WA 35:480.15f.

31. Luther, *Operations in Psalmos* (WA 5:98.38-40), on Ps 4.

32. Martin Luther, "Preface to Georg Rhau's symphoniae iucundae" (1538; LW 53:323-24); WA 50:372.16-20.

33. Martin Luther, "Sermon to the Dedication of the Castle Church in Torgau", October 5, 1544 (LW 51:333); Luther, "Predigt am 17. Sonntag nach Trinitatis, bei der Einweihung der Schlosskirche zu Torgau gehalten" (5. Oktober 1544), WA 49:588.15-18.

34. Martin Luther, *Table talk* 2545b (1532; WA TR 2:518.6-7).

35. Martin Luther, *Table talk* 1258 (1531; LW 54:130n8); WA TR 2:11, 26.
36. Markus Jenny, "Luther als Schöpfer des evangelischen Gesangbuches", in Bott, *Martin Luther und die Reformation*, 307.
37. Martin Luther, "Preface to the Burial Hymns" (LW 53:327); "Vorrede zu der Sammlung der Begräbnislieder" (1542), WA 35:479.19–27; 480.1–3; 13–15.
38. Martin Luther, "Preface to the Burial Hymns" (LW 53:327).
39. Markus Jenny, "Sieben biblische Begräbnisgesänge", in Hammer and zu Mühlen, *Lutheriana*, 459.
40. Gerhard Hahn, ed., *Martin Luther, Die deutschen geistlichen Lieder* (Tübingen: Max Niemeyer, 1967), xix.

15장 마르틴 루터: 이단인가, 성인인가, 개혁자인가?

1. Heiko Oberman, "Luthers Beziehungen zu den Juden. Ahnen und Geahndete", in Junghans, *Leben und Werk Martin Luthers* 1:519.
2. "Luther in Rom", Roma Culta, https://tinyurl.com/mt9b8xdj.
3. Josef Staber, *Kirchengeschichte des Bistums Regensburg* (Regensburg: Josef Habbel, 1966), 114.
4. *Lumen gentium*, Churches (33), in Denzinger, *Compendium of Creeds*, no. 4159, p. 893; *Dei verbum*, Revelation (25), in Denzinger, *Compendium of Creeds*, no. 4232, p. 929.
5. *Dei verbum*, Revelation (22), in Denzinger, *Compendium of Creeds*, no. 4229, p. 928.
6. Lehmann und Pannenberg, *Condemnations of the Reformation Era*, 99.
7. 물론, 루터교와 로마가톨릭 사이의 합의 선언은 다른 개신교 교파들에도 혜택을 주었다. 이는 우리가 칭의론에 관한 공동 합의에서 언급한 바 있다. 사실상 거의 모든 개신교 교파는 루터의 종교개혁으로 거슬러 올라갈 수 있다. 우리는 츠빙글리와 칼뱅이 루터로부터 어떻게 영향을

받았는지 보았다. 수 세기 후 존 웨슬리 역시 오직 믿음으로 구원을 발견한 것은 루터 덕분이었다고 진술한다.

옮긴이 **최주훈**

루터대학교 신학과와 한신대학교 신학대학원을 졸업하고, 독일 레겐스부르크 대학교에서 조직신학으로 철학박사 학위를 받았다. 현재 중앙루터교회 담임목사로 있다. 저서로 《루터의 재발견》, 《마르틴 루터, 대교리문답》, 《마르틴 루터, 소교리문답·해설》(이상 복있는사람), 《예배란 무엇인가》, 《최주훈의 명화 이야기》(이상 비아토르) 등 다수가 있고, 역서로 《마르틴 루터 95개 논제》(감은사) 외 다수가 있다.

모두를 위한 루터

한스 슈바르츠 지음 | 최주훈 옮김

2025년 10월 29일 초판 1쇄 발행

펴낸이 김도완
등록 제2021-000048호
 (2017년 2월 1일)
전화 02-929-1732
전자우편 viator@homoviator.co.kr

펴낸곳 비아토르
주소 서울시 종로구 삼일대로 428, 500-26호
 (우편번호 03140)
팩스 02-928-4229

편집 정효진
제작 제이오
디자인 김진성
인쇄 (주)민언프린팅
제본 다온바인텍

ISBN 979-11-94216-27-8 03230 　　저작권자 ⓒ 한스 슈바르츠, 2025